社会养老保险
对农村老人的福利效应研究

聂建亮◎著

中国社会科学出版社

图书在版编目（CIP）数据

社会养老保险对农村老人的福利效应研究／聂建亮著．—北京：中国社会科学出版社，2017.12

ISBN 978－7－5203－1868－6

Ⅰ.①社…　Ⅱ.①聂…　Ⅲ.①养老保险制度—影响—农村—老年人—福利制度—研究—中国　Ⅳ.①D632.1

中国版本图书馆CIP数据核字（2017）第320804号

出 版 人　赵剑英
责任编辑　马　明
责任校对　王　龙
责任印制　王　超

出　　版　中国社会科学出版社
社　　址　北京鼓楼西大街甲158号
邮　　编　100720
网　　址　http://www.csspw.cn
发 行 部　010－84083685
门 市 部　010－84029450
经　　销　新华书店及其他书店

印　　刷　北京君升印刷有限公司
装　　订　廊坊市广阳区广增装订厂
版　　次　2017年12月第1版
印　　次　2017年12月第1次印刷

开　　本　710×1000　1/16
印　　张　17.5
插　　页　2
字　　数　278千字
定　　价　75.00元

前　言

2009 年新型农村社会养老保险（简称“新农保”）开始试点推行，掀开了制度性养老保障在农村发展的新篇章。以新农保及之后的城乡居民社会养老保险为代表的社会养老保险在农村地区的实施，解决了长期以来农村地区养老制度性保障不足的问题，有利于促进社会公平正义，有利于破除城乡二元结构，从而逐步实现基本公共服务的均等化。以新农保为代表的社会养老保险已在农村试点实施数年，其政策效果逐渐显现，因此对社会养老保险在农村实施绩效的评价成了一项重要的研究课题。

农村老人是社会养老保险最直接的受益人，增加农村老人的福利是社会养老保险的重要目标。因此，研究社会养老保险在农民层面的绩效，分析社会养老保险对农村老人的福利效应，有助于更好地认识社会养老保险在农村的实施绩效，促进当前城乡居民基本养老保险的健康可持续发展。基于此，本书以处于中部地区的湖北省为例，采用实地调查数据，立足福利经济学、生命周期、需求层次等相关理论，通过对农村地区社会养老保险的发展历程进行回顾，并对农村老人享受养老金的状况进行描述后，从经济福利和非经济福利两个角度，综合考察了当前农村地区社会养老保险对农村老人的福利效应，以求更清晰地认识当前农村地区社会养老保险实施所产生的效果，为农村地区社会养老保险的进一步发展提供理论指导和现实借鉴。

本书的主要研究内容和结论如下：

第一，农村地区社会养老保险的发展经历三个阶段。根据不同时期社会养老保险政策的内容以及对农民福利可能的影响，我国农村地区社会养老保险的发展可以划分为老农保阶段、新农保阶段和统一城乡居民养老保险阶段。老农保、新农保与城乡居民基本养老保险的基本内容存在一定的差异，但总体来看，城乡居民基本养老保险由新农保发展而来，两者之间的差异较小，而这两者与老农保之间的差异较大。从农民福利角度对老农保、新农保与城乡居民基本养老保险进行比较分析后发现，相对于老农保，新农保及城乡居民基本养老保险明显提升了农民的福利。

第二，农村老人享受养老金状况的同质性强且状况良好。通过对湖北省 3 个县（市）抽样调查数据的描述分析发现，农村老人对社会养老保险的了解程度并不太高，但对社会养老保险的认同度和满意度却很高。在领取养老金之前，大部分农村老人并没有缴纳过养老保险费，而是直接领取基础养老金。农村老人普遍认为社会养老保险的养老金待遇偏低。对于大多数农村老人而言，目前社会养老保险的养老金待遇并不能满足其基本生活需要，不过农村老人却比较认同社会养老保险在改善老年贫困人口生活方面的作用，也即虽然大多数农村老人并不认同社会养老保险较高层次的养老保障能力，但是却比较认同其较低层次的养老保障能力，可以说当前农村地区的社会养老保险仅是有限保障。

第三，社会养老保险的实施对农村老人具有福利的提升效用，且不同方面福利提升的程度不同。社会养老保险的实施提升了农村老人的经济福利：从客观收入和客观消费支出福利角度看，养老金收入已成为农村老人最主要的收入来源，占总纯收入的比重达到了 28.4%，而且养老金平均可以应对农村老人消费支出的 21.5%。从主观收入和主观消费支出福利角度看，农村老人普遍认为养老金提高了其收入，增强了其消费支出能力，尤其是增强了其基本生活消费的支出能力。社会养老保险的实施提升了农村老人的非经济福利：农村老人认为社会养老保险的实施对其闲暇和休闲以及夫妻关系的影响较小，但是却认为社会养老保险的实施明显改善了农村老人所在家庭的代际关系，提高了农村老人的心理福利。综合来看，社会养老保险对农村老人收入福利和心理福利的提升效应最明显，其次是对消费支出福利和代际关系福利的提升效应，最后是对闲暇与休闲福利以及夫妻关系福利的提升效应。

第四，政策认知、养老阶段、禀赋特征等显著影响了社会养老保险对农村老人的福利效应，但享受养老金状况的影响却不太显著。通过建立多元线性回归模型和有序 Logistic 回归模型进行实证分析发现，政策认知在一定程度上显著影响了社会养老保险的经济福利效应和非经济福利效应。说明增进农村老人对政策的了解，提高社会养老保险的待遇，进而提高农村老人对社会养老保险养老保障能力的认可度，将提高农村老人对社会养老保险福利效应的感知。当然，研究也发现享受养老金状况对社会养老保险福利效应的影响不太显著，也即无论农村老人是否缴纳过养老保险费、多久领取一次养老金、养老金是否由自己支配等均不影响其对社会养老保险福利效应的评价。实证分析还发现，社会养老保险对农村老人的福利效应存在养老阶段的差异，综合看来处于半自养阶段的农村老人相对于处于自养阶段和他养阶段的农村老人更认可社会养老保险福利的提升效应，半自养阶段成为农村老人养老的特殊阶段，因此在社会养老保险制度设计和实践中应特别关注处于半自养阶段的农村老人。研究还将禀赋特征分为个人禀赋特征和家庭禀赋特征，实证分析了禀赋特征对农村老人福利效应的影响，发现社会养老保险对农村老人的福利效应存在个人禀赋和家庭禀赋特征的差异。应该说具有不同禀赋特征的农村老人对不同层次需求的程度不同，因此对社会养老保险不同方面福利提升效应的评价也不同。

本书可能的创新点有：

第一，研究内容方面的创新。目前农村地区的社会养老保险作为一种新的经济社会政策，有其特殊性，其嵌入的环境也有特殊性，对社会养老保险的福利效应进行研究本身就是一种新的探索，更何况目前相关的研究成果本身就少。

第二，研究视角方面的创新。已有研究主要关注社会养老保险的经济效果而较少关注社会效果，同时，已有研究主要从宏观、中观层次分析社会养老保险的绩效，而较少有基于微观层次的研究。本书关注社会养老保险微观层次的绩效，即社会养老保险对直接保障对象——农村老人的福利效应，既分析社会养老保险的经济福利效应，又讨论其非经济福利效应。

第三，研究思路方面的创新。本书创新性地将农村老人的养老，从生命周期的视角分为自养阶段、半自养阶段和他养阶段。考虑到农村养老的实际情况以及土地等生产资料的作用，本书从养老阶段视角讨论社会养老保险的福利效应，拓宽了对社会养老保险绩效的研究。

目　录

第一章

绪　　论

第一节　研究背景

现代意义上的社会保险起源于19世纪80年代的德国。作为工业社会的产物，社会保险是国家立法规范，面向劳动者建立的一种强制性社会保障制度，包括养老保险、医疗保险、工伤保险、失业保险、生育保险等项目，是各国社会保障体系中的主要组成部分。① 其中，养老保险被认为是社会保险中的重要项目，德国1989年颁布的《老年和残障社会保险法》被认为是具有现代意义的养老保险制度。自德国建立养老保险100余年以来，到1999年有167个国家建立了社会养老保险制度。② 社会养老保险可以说不仅是人类社会发展的普遍需求，也是政府着力推行的重大社会政策。③ 而社会政策就是通过国家立法和行政干预，解决社会问题，促进社会安全，改善社会环境，增进社会福利的一系列行动准则和规定的总称，其目标是保护在市场经济条件下的公民社会权利和整个社会福祉。④

在中国古代，先贤们已经有丰富的社会养老思想和制度设计，但是中国历史上的养老制度长期存在官吏和平民的差别，一般官吏退休后可获得占原有工资一定比例的工资，而对于平民的养老保障，主要采取立

---

① 郑功成主编：《社会保障学》，中国劳动社会保障出版社2005年版，第298页。

② 李珍主编：《社会保障理论》第二版，中国劳动社会保障出版社2007年版，第151页。

③ 郑功成主编：《社会保障学》，中国劳动社会保障出版社2005年版，第301页。

④ 林闽钢：《社会政策：全球本地化视角的研究》，中国劳动社会保障出版社2007年版，第2—3页。

法和道德约束的方式，推行家庭养老。[①] 应该说我国现代意义上的养老保险制度是在中华人民共和国成立以后才得以建立。虽然我国现代意义上的养老保险制度建立较晚，但因为历史原因存在着严重的城乡差别，并未表现出后发优势。1951 年政务院颁布《中华人民共和国劳动保险条例》，建立了企业职工退休养老制度。行政事业单位也相应地建立了大同小异于企业职工劳动保护体系的退休金制度。而后，国家在企业及城镇的养老保险制度几经变革，也逐渐完善。1997 年《国务院关于建立统一的企业职工基本养老保险制度的决定》发布，确立了社会统筹与个人账户相结合的社会养老保险制度，标志着城镇职工养老保险的新体制基本建立起来。

然而与城市相比，中国农村长期缺少现代养老保险制度。直到 20 世纪 80 年代，“以个人交纳为主，集体补助为辅，国家予以政策扶持”的农村社会养老保险（简称“老农保”）才开始在部分农村地区实行。从 1986 年开始，民政部就根据“七五计划”关于“抓紧研究建立农村社会保险制度，并根据各地经济发展情况，进行试点，逐步实行”的发展目标，开始对农村社会养老保险制度进行积极的探索。在进行了大量试点工作的基础上，1992 年 1 月 3 日民政部颁布并开始实施《县级农村社会养老保险基本方案（试行）》，标志着我国农村社会养老保险制度开始建立。老农保虽然取得了一定的成就，但实践中效果并不理想，存在不少问题，主要有制度推广困难、保障水平低、农民参加意愿低等。[②] 最终因为我国农村尚不具备普遍实行农村社会养老保险的条件，这一制度在 1999 年进入停滞与整顿时期。

随着城乡经济的发展，我国总体上已经进入以工促农、以城带乡的发展阶段，进入着力破除城乡二元结构、形成城乡经济社会发展一体化新格局的重要时期，[③] 因此，农村社会养老保险制度的建设工作重新被

① 王文素：《中国古代社会保障研究》，中国财政经济出版社 2009 年版，第 5 页。

② 胡宏伟、蔡霞、石静：《农村社会养老保险有效需求研究——基于农民参保意愿和缴费承受能力的综合考察》，《经济经纬》2009 年第 6 期。

③ 参见《中国共产党第十七届中央委员会第三次全体会议公报》（2008 年 10 月 12 日中国共产党第十七届中央委员会第三次全体会议通过）。

提上议事日程。[①] 2003 年以后，我国部分地区又相继开始开展农村社会养老保险试点。到 2005 年年底，全国已有 31 个省、自治区、直辖市的 1900 个县、市、区不同程度地开展了农保工作。[②] 但总体来看，这些农保尚不具备新农保的性质，也就是说全国性新农保政策的试点工作尚未开始。

而因为人均预期寿命的延长和计划生育政策的实施，使得中国提前进入老龄化社会。[③] 2010 年第六次全国人口普查数据显示，60 岁及以上人口占总人口的比重为 13.26%。如果按照实际赡养比计算，中国在 2010 年即进入深度老龄化社会，[④] 而中国农村更是面临日趋加剧的人口老龄化问题。据统计，2010 年我国农村 60 岁及以上老年人口占总人口的比重为 15.4%，比全国 13.26% 的平均水平高出 2.14 个百分点。[⑤] 农村老龄化发展速度和规模是出乎预料的，加上城乡二元格局并存，农村社会保障网络不健全，农民收入增长缓慢，劳动力大量外流等问题，中国的农村养老问题变得更加严峻和突出。[⑥] 传统养老模式逐渐难以承载养老重负，社会化的养老保障成为解决农民养老问题的必然趋势。[⑦] 于是，为解决农村居民老有所养的问题，国务院决定从 2009 年开始开展新农保试点。新农保的推行不仅仅是为了应对人口老龄化的挑战，也是国家应对国际金融危机、扩大内需的重要举措。[⑧] 作为一项重大的惠农政策，新农保是国家朝着促进社会公平正义、破除城乡二元结构、逐步实现基本公共服务均

---

① 林淑周：《农民参与新型农村社会养老保险意愿研究——基于福州市大洋镇的调查》，《东南学术》2010 年第 4 期。

② 劳动和社会保障部、国家统计局：《2005 年劳动和社会保障事业发展统计公报》，2014 年 12 月 15 日（http://www.stats.gov.cn/tjgb/qttjgb/qgqttjgb/t20060609_402329458.htm）。

③ 中国社会科学院经济研究所社会保障课题组：《多轨制社会养老保障体系的转型路径》，《经济研究》2013 年第 12 期。

④ Hu, N. & Yang, Y., "The Real Old-Age Dependency Ratio and the Inadequacy of Public Pension Finance in China", *Journal of Population Ageing*, Vol. 5, No. 3, 2012, pp. 193 - 209.

⑤ 参见卫敏丽、朱薇《中国农村人口老龄化程度高于城市达到 15.4%》，2014 年 12 月 15 日（http://news.xinhuanet.com/society/2011-09/19/c_122056867.htm）。

⑥ 胡宏伟、蔡霞、石静：《农村社会养老保险有效需求研究——基于农民参保意愿和缴费承受能力的综合考察》，《经济经纬》2009 年第 6 期。

⑦ 郝金磊、贾金荣：《西部地区农民新农保参与意愿研究》，《西北人口》2011 年第 2 期。

⑧ 胡晓义：《我国农村社会保险制度的政策要点和社会实践》，《行政管理改革》2010 年第 7 期。

等化的一个重要步骤。[①]

目前，新农保及之后的城乡居民社会养老保险已在全国各地普遍推行，新农保试点地区农民参保缴费以及年满60周岁的农村老人享受基础养老金已经数年有余，[②] 同时，也已经有一大批农民在缴费后开始享受养老金。新农保及之后的城乡居民社会养老保险等实施数年后，政策效果已开始显现，因此研究以新农保为代表的社会养老保险对农村老人的福利效应，[③] 有利于深入推进农村地区的社会养老保险，对实现制度的可持续发展具有重要的现实意义。

另外，从学界对农村地区社会养老保险的研究来看，当前已到研究社会养老保险实施效果的阶段了。在2009年新农保制度开始试点推行之前，学者们对老农保进行过大量的研究。随着老农保被叫停，学者们开始将研究侧重点转向新农保。[④] 这时对新农保的研究主要集中在新农保制度需求以及制度设计方面。学者们基于中国经济社会发展状况、国家政策导向以及农民对新农保制度的需求角度论证新农保制度推行的必要性和可行性，并尝试借鉴国外社会养老保险制度经验对新农保制度进行创新设计。[⑤] 还有一些学者则对某些地方性新农保

---

① 《开展新型农村社会养老保险试点工作　逐步推进基本公共服务均等化——温家宝总理在全国新型农村社会养老保险工作会议上的讲话》，载人力资源和社会保障部社会保险事业管理中心主编《新型农村社会养老保险经办实务手册》，中国劳动社会保障出版社2010年版，第3页。

② 新农保的相关政策规定，“新农保制度实施时，已年满60周岁、未享受城镇职工基本养老保险待遇的，不用缴费，可以按月领取基础养老金”。而后各地的城乡居民社会养老保险及国家统一的城乡居民养老保险均有相似的规定。

③ 自2009年后，农村地区的社会养老保险先后或同时存在多个名称，包括新农保、城乡居民社会养老保险及城乡居民基本养老保险，但是基本规定性是基本一致的，本书统称为社会养老保险，但是，从已有研究来看，学者们一般都沿用新农保这一名称，具体阐释参见本章核心概念界定部分。

④ 在老农保被叫停后，学者们开始设计不同于老农保的社会养老保险，当时一般称“新农保”，同时一些地区也在进行地方性的“新农保”探索，但多数地区探索的“新农保”制度与2009年国家开始正式试点推行的全国范围的新农保有一定的差异。

⑤ 卢海元：《中国农村社会养老保险制度建立条件分析》，《经济学家》2003年第5期；米红主编：《农村社会养老保障理论、方法与制度设计》，浙江大学出版社2007年版；刘昌平、殷宝明、谢婷：《中国新型农村社会养老保险制度研究》，中国社会科学出版社2008年版；刘晓梅：《中国农村社会养老保险理论与实务研究》，科学出版社2010年版。

试点的实践进行了研究。[①] 但是总体来看，2009 年新农保制度确立并开始试点实施后，学者们的研究旨趣发生了转向，集中对新农保制度以及实践进行了卓有成效的研究。

在新农保试点起始阶段，相关研究主要总结分析新农保试点的进展、成效及问题，[②] 而后对农民/农户参保意愿和行为的研究逐渐增多，[③] 也有研究开始进一步关注农民/农户参保缴费档次的选择问题。[④] 还有学者对新农保政策及其推行状况进行了探讨，例如，有学者分析了新农保制度的缺陷，[⑤] 尤其是其中的捆绑规定，[⑥] 也有学者开始对新农保与相关制度

---

① 张大勇、李茜、于占杰：《农民养老保障制度的实现途径仍需探索——胶东农村社会养老保险试点区制度运行困境的观察和思考》，《中国农业大学学报》（社会科学版）2005 年第 1 期；卢海元：《创新与突破——北京市新型农村社会养老保险制度之探索》，《中国劳动保障》2006 年第 3 期；刘昌平：《新型农村社会养老保险制度模式分析——以六个典型试点地区为例》，社会保障问题研究——和谐社会构建与社会保障国际论坛，武汉，2007 年。

② 卢海元：《我国新型农村社会养老保险制度试点问题研究》，《毛泽东邓小平理论研究》2010 年第 6 期；苏东海、周庆：《新农保试点中的问题及对策研究——基于宁夏新农保试点县的调查分析》，《社会科学》2010 年第 9 期。

③ 张朝华：《农户参加新农保的意愿及其影响因素——基于广东珠海斗门、茂名茂南的调查》，《农业技术经济》2010 年第 6 期；吴玉锋：《新型农村社会养老保险参与行为实证分析——以村域社会资本为视角》，《中国农村经济》2011 年第 10 期；钟涨宝、李飞：《动员效力与经济理性：农户参与新农保的行为逻辑研究——基于武汉市新洲区双柳街的调查》，《社会学研究》2012 年第 3 期；穆怀中、闫琳琳：《新型农村养老保险参保决策影响因素研究》，《人口研究》2012 年第 1 期；罗遐：《政府行为对农民参保选择影响的实证分析——基于新农保试点的调查》，《山东大学学报》（哲学社会科学版）2012 年第 12 期；王永礼、林本喜、郑传芳：《新农保制度下农民参保行为影响因素分析——对福建 656 户农民的实证研究》，《福建论坛》（人文社会科学版）2012 年第 6 期；高文书：《新型农村社会养老保险参保影响因素分析——对成都市的实地调查研究》，《华中师范大学学报》（人文社会科学版）2012 年第 4 期；赵光、李放、黄俊辉：《新农保农民参与行为、缴费选择及其影响因素——基于江苏省的调查数据》，《中国农业大学学报》（社会科学版）2013 年第 1 期。

④ 金刚、柳清瑞：《新农保补贴激励、政策认知与个人账户缴费档次选择——基于东北三省数据的有序 Probit 模型估计》，《人口与发展》2012 年第 4 期；王国辉、陈洋、魏红梅：《新农保最低档缴费困境研究——基于辽宁省彰武县新农保的调查》，《经济经纬》2013 年第 2 期；赵建国、海龙：《"逆向选择"困局与"新农保"财政补贴激励机制设计》，《农业经济问题》2013 年第 9 期；邓道才、蒋智陶：《知沟效应、政策认知与新农保最低档次缴费困境——基于安徽调查数据的实证分析》，《江西财经大学学报》2014 年第 1 期。

⑤ 丁煜：《新型农村社会养老保险制度的缺陷与完善》，《厦门大学学报》（哲学社会科学版）2011 年第 3 期。

⑥ 盛学军、刘广明：《"新农保"个人缴费"捆绑制"的实践考察与理论研判》，《河北法学》2012 年第 3 期。

的衔接问题展开探讨。[①] 不过，更多学者关注新农保基金的筹集与管理，包括新农保的筹资机制、[②] 新农保的账户结构、[③] 新农保的财政投入与管理。[④] 当然还有一些学者关注着新农保的保障能力与保障水平，[⑤] 尤其关注了新农保养老金替代率。[⑥] 随着新农保的进一步推广，截至2012年9月，中国已基本实现了新农保制度在所有县级行政区的全覆盖。这时候，研究新农保可持续问题的重要性更加凸显出来，并逐渐受到了众多研究者的关注。[⑦] 从

---

① 邓大松、刘远风：《制度替代与制度整合：基于新农保的规范分析》，《经济学家》2011年第4期；王翠琴、薛惠元：《新型农村社会养老保险与相关制度衔接问题初探》，《经济体制改革》2011年第4期；贾丽萍：《新型农村养老保险和城市居民养老保险运行情况及制度整合研究——以吉林省为个案的分析》，《社会科学战线》2013年第5期；高君：《基本养老保障从城乡统筹迈向城乡一体化——基于浙江德清县新农保推广的思考》，《西北农林科技大学学报》（社会科学版）2013年第3期；彭浩然、肖敏慧、徐政：《我国城乡养老保险制度衔接研究——基于参保人权益保护的视角》，《保险研究》2013年第11期。

② 薛惠元、张德明：《新型农村社会养老保险筹资机制探析》，《现代经济探讨》2010年第2期；付洪垒、仪秀琴、胡胜德：《黑龙江省新农保资金筹集制度完善研究——基于农民保险金收入替代率的视角》，《农业技术经济》2013年第6期。

③ 张思锋、杨潇：《新型农村社会养老保险账户结构研究》，《人文杂志》2012年第1期。

④ 范永茂：《新型农村养老保险财政管理问题研究——以某省会城市四个县区的改革试点为例》，《中山大学学报》（社会科学版）2011年第4期；张华初、吴钟健：《新型农村社会养老保障财政投入分析》，《经济评论》2013年第2期；薛惠元、邓大松：《新农保基金入市及资产配置比例模拟分析》，《江西财经大学学报》2012年第4期；马伟：《新型农村社会养老保险基金保值增值问题研究》，《西安交通大学学报》（社会科学版）2012年第5期。

⑤ 张思锋、张园、何江平：《“新农保”对农村老年居民基本生活的保障程度研究》，《中国人口科学》2013年第1期；薛惠元：《新农保能否满足农民的基本生活需要》，《中国人口·资源与环境》2012年第12期；钟涨宝、聂建亮：《农民的养老观念与新农保养老保障能力评价》，《中南民族大学学报》（人文社会科学版）2014年第1期。

⑥ 邓大松、薛惠元：《新型农村社会养老保险替代率的测算与分析》，《山西财经大学学报》2010年第4期；贾宁、袁建华：《基于精算模型的“新农保”个人账户替代率研究》，《中国人口科学》2010年第3期；何晖、殷宝明：《“新农保”基础养老金计发办法与筹资机制研究》，《中国软科学》2012年第12期。

⑦ 薛惠元：《新型农村社会养老保险财政保障能力可持续性评估——基于政策仿真学的视角》，《中国软科学》2012年第5期；王小春、苑帅民：《新型农村社会养老保险制度可持续性评价指标体系研究》，《社会福利》2013年第5期；黄瑞芹：《贫困地区新型农村社会养老保险可持续发展研究——基于两个贫困民族自治县的调查》，《社会保障研究》2013年第1期；钟涨宝、聂建亮：《新农保制度的可持续性探讨——基于农民参保行为选择的视角》，《中国农村观察》2013年第6期；聂建亮、钟涨宝：《新农保养老保障能力的可持续研究——基于农民参保缴费档次选择的视角》，《公共管理学报》2014年第3期；姚俊：《理性选择、外部激励与新农保连续性参保——基于四省的调查》，《中国人口科学》2015年第4期；米红、贾宁、周伟：《未来70年新农保收支预测与制度完善》，《西北农林科技大学学报》（社会科学版）2016年第4期。

已有研究文献来看，学者们对农村地区以新农保为代表的社会养老保险实施效果的研究明显偏少，[①] 对社会养老保险与农村老人福利关系的研究则更少。[②] 因此，基于对现实背景与研究背景的分析，研究农村地区社会养老保险的实施效果，尤其是社会养老保险对农村老人的福利效应正当其时。

第二节　研究目的与意义

一　研究目的

自2009年底开始的以新农保为代表的社会养老保险已经在农村实施数年，社会养老保险的实施对农民产生了怎样的福利效应，尤其是对60岁及以上农村老人这一直接受益群体的福利效应如何？这一问题目前很少有研究涉及或者进行全面阐释，因此，本书的主要目的在于探讨社会养老保险的实施对农村老人的福利效应，具体来说是解决以下三个方面的问题：

第一，当前农村地区社会养老保险的实施对农村老人是否具有福利的提升效用？福利的提升效用表现在哪些方面，是经济方面还是非经济方面？

第二，当前农村地区社会养老保险的实施对农村老人福利效应提升的程度如何？不同福利效应方面提升的程度是否存在差异，且存在怎样的差异？

第三，当前农村地区社会养老保险对农村老人产生福利效应的内在逻辑是怎样的？农村老人对社会养老保险的政策认知与社会养老保险的福利效应之间存在怎样的关系？农村老人享受养老金的状况与社会养老保险的福利效应之间存在怎样的关系？社会养老保险对农村老人的福利效应是否存在养老阶段的差异？社会养老保险对农村老人的福利效应是

---

① 赵丽琴、刘召贤：《基于断点回归设计的新农保政策实施效果研究》，《山东财经大学学报》2016年第6期。

② 解垩：《“新农保”对农村老年人劳动供给及福利的影响》，《财经研究》2015年第8期；刘西国、刘晓慧：《基于断点回归法的“新农保”主观福利效应检验》，《统计与信息论坛》2017年第5期。

否存在禀赋特征的差异？

二 研究意义

农村老人是当前农村地区社会养老保险最直接的受益群体，研究农村地区社会养老保险农民层面的绩效，分析社会养老保险的实施对农村老人的福利效应具有重要的理论和现实意义。

第一，理论意义。农村养老保障模式或者说养老保障体系已存在数千年，自成体系，目前社会养老保险作为一种经济社会政策，甚至说是政治政策嵌入农村以及业已形成的农村养老保障模式中，本身即是一个理论命题。另外，本书基于生命周期理论，构建了农村老人养老的阶段模型，将农村老人相对于国家机关及企事业单位退休老人的特殊性剥离开来，认为农村老人的养老阶段根据生活资源供给状况可以分为自养阶段、半自养阶段以及他养阶段。基于这一理论模型分析社会养老保险在农村实施的福利效应，探讨处于不同养老阶段的农村老人面对社会养老保险的不同福利感受。应该说对农村老人养老阶段的划分和阐释可能是本书有益的理论贡献。

第二，现实意义。自 2009 年新农保在全国部分地区试点实施以来，农村地区的社会养老保险就备受争议，一些研究者以及政府工作人员对其作用表示并不认可，但是这些观点主要还是研究者或者政府工作人员从自身理解的角度做出的判断，而缺少政策受益人方面的证据材料。作为直接受益人的农村老人对这一政策的认知如何？社会养老保险的实施对农村老人是否具有福利提升效应？不同福利方面的提升效应是否存在程度的差异？农村老人是一个复杂的群体，存在一定的群体分异，那么处在不同养老阶段，具有不同禀赋特征的农村老人对社会养老保险福利效应的认识是否存在差异？这些都是需要用实际调研数据进行说明的，也是需要用理论进行解释的。所以，作为一种应用经济学或者说应用社会学的研究，重要的是实用价值，本书的研究可以增进相关研究人员及政府工作人员对当前农村地区社会养老保险的认识，对完善当前农村地区的社会养老保险具有重要的实践意义。

第三节　核心概念界定

概念界定的必要性主要是为了避免逻辑上的混淆。[①] 迪尔凯姆曾提出，科学研究的第一步就是将所要研究的事物加以明确的定义，从而确定自己所研究的到底是什么事物，同时也让别人能够明白。[②] 应该说这是科学证明的第一步，也是最重要的条件。任何社会科学都应该有相似的研究范式，作为一项应用经济学或应用社会学研究，本书也对相关核心概念进行了界定。

一　社会养老保险

社会养老保险是国家立法强制征集社会保险费（税），并形成养老社会保险基金，当劳动者退休后支付其退休金，以保证其基本生活需要的社会保障制度。[③] 这个定义是一般意义上的定义，而要理解本书研究所指称的当前农村地区的社会养老保险需要先明晰以下几个概念：老农保、新农保、城乡居民社会养老保险和城乡居民基本养老保险。

老农保即农村社会养老保险，特指20世纪90年代在我国农村推行的一项社会养老保险制度，该制度以1992年《县级农村社会养老保险基本方案（试行）》的印发为主要标志，成为当时农村地区养老制度性的保障策略，并在全国大范围推广。但是，老农保并没有实现可持续发展，于1999年进入停滞与整顿时期。

新农保即新型农村社会养老保险，如此命名的目的是为了区别于老农保。2009年《国务院关于开展新型农村社会养老保险试点的指导意见》印发，标志着新农保制度的诞生。在新农保开始试点实施的第三年，即2011年，国家发布《国务院关于开展城镇居民社会养老保险试点的指导

① 陈传波：《中国小农户的风险及风险管理研究》，博士学位论文，华中农业大学，2004年，第17页。

② ［法］迪尔凯姆：《社会学方法的规则》，胡伟译，华夏出版社1998年版，第28页。

③ 李珍主编：《社会保障理论》第二版，中国劳动社会保障出版社2007年版，第145页。

意见》，各地开始试点城镇居民社会养老保险（简称“城居保”）。因为新农保和城居保的基本规定相近，且城居保制度的参保人数很少，所以有些地区在 2011 年城居保起步时将新农保和城居保合并为城乡居民社会养老保险实施。比如湖北省在 2011 年 7 月进行新农保第三批试点时直接实施的便是城乡居民社会养老保险。之后，湖北省农村地区同时存在新农保和城乡居民社会养老保险两种政策形式。而到 2014 年，《国务院关于建立统一的城乡居民基本养老保险制度的意见》发布，在国家层面正式将新农保和城居保进行合并，称之为城乡居民基本社会养老保险，简称城乡居民养老保险。

也就是说自 2009 年后，农村中先后或同时存在着新农保、城乡居民社会养老保险和城乡居民基本养老保险，三者虽然名称不一，但是基本规定性是一致的。为了研究的科学性和严谨性，本书不宜直接采用新农保、城乡居民社会养老保险及城乡居民基本养老保险任何一个名称，因此特别使用当前农村地区的社会养老保险指代在 2009 年以后存在于农村地区，尤其是湖北农村地区的新农保、城乡居民社会养老保险及城乡居民基本养老保险。

二　农村老人

农村老人首先是农民，因此界定农村老人首先需要明白农民这一概念。对于农民世界上并没有统一的定义，法国社会学家 H. 孟德拉斯曾这样定义农民：农民是相对于城市限定的，如果没有城市就无所谓农民。[①] 这一定义将农民的相对性特征表现了出来。当然，国外学者对农民的界定也有基于生产关系及社会关系进行的。在我国，对于农民的定义一般存在两个视角，一是从职业角度定义农民，二是从身份角度定义农民。从职业角度来定义，农民即从事农业生产的劳动者，这是相对于工人、知识分子等而言的，是比较中性的定义。从身份角度定义的话，农民即具有农村户籍的人。身份视角定义的农民源自我国一种划分城乡人口的方法——户籍制度，户籍制度是一个历史

① ［法］H. 孟德拉斯：《农民的终结》，李培林译，中国社会科学出版社 1991 年版，第 7 页。

概念，或者即将成为历史概念，因为国家即将进行的户籍制度改革或将取消城乡户籍。当然，在此之前户籍仍然是划分城乡身份以及附着之上的各种利益的方式。

借鉴 H. 孟德拉斯等的定义，本书研究的农村老人首先是生活在农村中的居民，即农村居民，而不包括生活在非农村地区的居民。又因为新农保在试点实施时保障的对象为农村有户籍的老人，因此为了研究群体的统一，这里的农村老人进一步界定为具有农村户籍的农村居民，而不包括非农村户籍的农村居民。

农村老人是老人，而老人又是一个与年龄高度关联的概念。判断老年的标准可以是日历年龄、生理年龄、心理年龄、社会年龄等，而在社会保障领域一般以日历年龄为标准。目前，西方一些发达国家认为 65 岁是老年的分界点，而我国一般以 60 岁为分界点。又因为新农保、城乡居民社会养老保险、城乡居民基本养老保险所规定的享受养老金的年龄也是 60 周岁，因此本书所指的农村老人需年满 60 周岁。

综合以上分析，本书的农村老人是指年满 60 周岁具有农村户籍的农村居民。

三 福利与福利效应

福利（welfare）是日常生活和学术研究中的常用词，但同时人们对福利的理解也有很大的不同。《韦伯斯特新世界大学词典》对福利的解释是："一种健康、幸福和舒适的良好状态。"一方面它与人的需求的满足与否有关，另一方面它与人的需求的满足程度、人的主观感受有关。[①] 郑功成总结福利的含义时认为，福利包括以下三个方面：（1）最一般意义上的"福利"，常指人们社会生活中的一种良好的状态和总体上的利益，包含了富裕、幸福、平等等人们追求的价值理想；（2）"福利"是一种物质的或者是货币的资源分配方式，如福利性住房分配、福利性津贴制度等；（3）"福利"指对特殊社会成员提供帮助或者特殊服务的方式，通常用来指一些专门针对贫困者、残疾人、孤寡老人和孤儿等特殊群体的社

① 参见范斌《福利社会学》，社会科学文献出版社 2006 年版，第 2 页。

会救济和特殊服务。[①]

“福利经济学之父”庇古认为福利可以分为经济福利和非经济福利，经济福利是能够直接或间接与货币这一测量尺度有关的那部分社会福利。[②] 经济福利只能受每个人消费的并能换成金钱的物品和劳务数量的变动以及他所做工作的影响。[③] 一般情况下，个人福利可以利用个人的效用或偏好来表示。[④] 但黄有光认为由于对别人福利的关心或无知或非理性的原因，福利与效用（或偏好）可能会不一致。[⑤] 黄有光将个人福利（individual welfare）定义为个人的快乐，这种快乐包括声色和痛苦以及精神上的愉悦和折磨。[⑥] 森认为个人福利应定义为个人所拥有的或者可能拥有的能力，是可能带来的机会和活动，其福利概念基于个人能力的集合。[⑦]

庇古过多地关注经济福利，虽然可以测度，但是并未考虑非经济的因素。森的可行能力方法则考虑到了经济福利和非经济福利，同时使福利通过功能性活动指标可以测量。综合以上分析，并借鉴已有研究，[⑧] 这里仍然将福利分为经济福利和非经济福利。非经济福利有别于经济福利，根据本书的研究旨趣，非经济福利为社会养老保险的实施引起的闲暇与休闲、家庭关系及心理的改善。因此，本书的经济福利包括收入、消费支出，非经济福利包括闲暇与休闲、家庭关系和心理，而家庭关系可以从夫妻关系和代际关系两个维度进行考察（见图1—1）。经济福利和非经济福利之间存在一定的层次关系，非经济

---

① 参见郑功成《社会保障学》，中国劳动社会保障出版社2005年版，第360页。

② ［英］A. C. 庇古：《福利经济学》，朱泱等译，商务印书馆2006年版，第16页。

③ ［英］李特尔：《福利经济学评述》，陈彪如译，商务印书馆2014年版，第11—12页。

④ 参见姚明霞《福利经济学》，经济日报出版社2005年版，第5页。

⑤ ［澳］黄有光：《福祉经济学——一个趋于更全面分析的尝试》，张清津译，东北财经大学出版社2005年版，第13页。

⑥ 参见姚明霞《福利经济学》，经济日报出版社2005年版，第4页。

⑦ ［印度］阿玛蒂亚·森：《以自由看待发展》，任赜、于真译，中国人民大学出版社2002年版，第63页。

⑧ ［英］A. C. 庇古：《福利经济学》，朱泱等译，商务印书馆2006年版；樊士德：《中国外流劳动力的社会福利效应研究——基于微观调研的经验分析》，《新疆社会科学》2014年第2期。

福利相对处于较高的层次，经济福利和非经济福利还存在相互关系，经济福利在很大程度上影响了非经济福利。

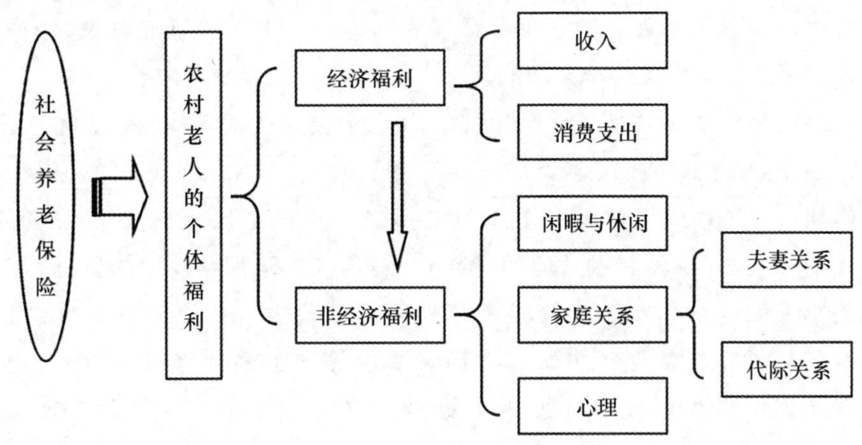

图 1—1　福利形态及关系

如果将经济和非经济维度作为横坐标，再引入另外一个主客观维度，那么福利形态可以形成四个象限，如图 1—2 所示。第 Ⅰ 象限为客观—经

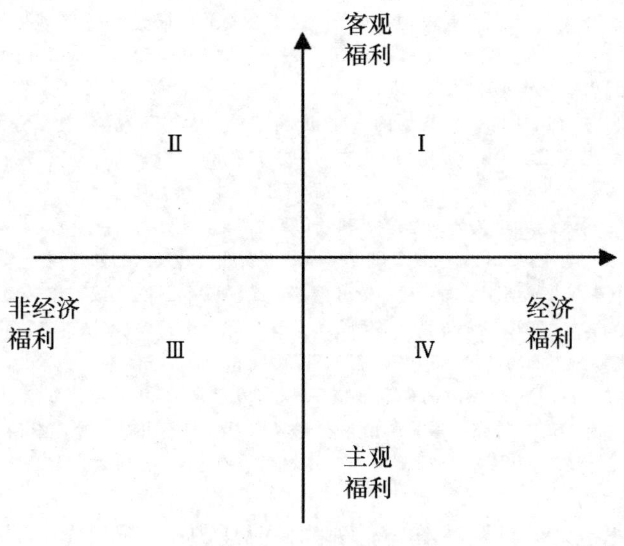

图 1—2　福利的维度

济福利，第Ⅱ象限为客观—非经济福利，第Ⅲ象限为主观—非经济福利，第Ⅳ象限为主观—经济福利。因此，可以将福利分为客观经济福利、主观经济福利、客观非经济福利以及主观非经济福利。根据研究旨趣和研究方法，本书主要从主观方面考察福利。另外，本书的研究对象是农村老人，因此将集中关注个人福利。

福利效应概念是建基于福利概念之上的。对于福利效应这一概念，目前已经出现在很多经济学研究中，比如对国际贸易相关福利效应的研究，① 对价格波动福利效应的研究，② 对土地流转福利效应的研究，③ 对医疗保险福利效应的研究，④ 对养老保险福利效应的研究等，⑤ 但是福利效应的内涵似乎又是不言自明的，很少有研究对这一概念进行专门的界定，甚至很多研究将福利效应等同于福利进行使用。孙坚强在研究中将福利效应分为狭义的福利效应、系统效应和方差效应，其中狭义的福利效应即社会福利水平改变程度，⑥ 这应该描述出了福

---

① 孙烽：《关税、走私和福利效应》，《财经研究》2001 年第 9 期；刘宁、吴鹏飞：《东盟自由贸易区的福利效应分析》，《国际贸易问题》2003 年第 9 期；唐宜红：《出口补贴的福利分析及其对反补贴的含义》，《数量经济技术经济研究》2003 年第 12 期；郑桂环、汪寿阳：《关税递减的福利效应及其实证分析——CEPA 货物贸易零关税的一种验证》，《公共管理学报》2005 年第 3 期；赵书博：《出口退税福利效应研究》，《管理世界》2008 年第 5 期；戴翔：《美国贸易逆差的福利效应研究——基于 OLG 和 R-C-K 理论的实证分析》，《世界经济研究》2010 年第 12 期。

② 易晓文：《我国住房价格波动的作用机制与福利效应研究》，博士学位论文，厦门大学，2008 年；苗珊珊：《中国粮食价格波动的农户福利效应研究》，《资源科学》2014 年第 2 期。

③ 彭开丽：《农地城市流转的社会福利效应》，博士学位论文，华中农业大学，2008 年；林乐芬、金媛：《农地流转方式福利效应研究——基于农地流转供求方的理性选择》，《南京社会科学》2012 年第 9 期；胡动刚、闫广超、彭开丽：《武汉城市圈农地城市流转微观福利效应研究》，《中国土地科学》2013 年第 5 期；王珊、张安录、张叶生：《农地城市流转的农户福利效应测度》，《中国人口·资源与环境》2014 年第 3 期。

④ 梁润、汪浩：《医疗保险的福利效应》，《南方经济》2010 年第 6 期；侯志远：《新型农村合作医疗福利效应研究——基于山东和宁夏六县实证分析》，博士学位论文，山东大学，2012 年；赵蔚蔚、于长永、乐章：《新型农村合作医疗福利效应研究》，《人口与经济》2012 年第 2 期。

⑤ 封进、宋铮：《中国人口年龄结构与养老保险制度的福利效应》，《南方经济》2006 年第 11 期；刘西国、刘晓慧：《基于断点回归法的“新农保”主观福利效应检验》，《统计与信息论坛》2017 年第 5 期。

⑥ 孙坚强：《农产品期货市场福利效应分析》，博士学位论文，厦门大学，2006 年。

利效应的核心内涵。彭开丽对福利效应的界定比较有代表性，即福利效应指一项社会经济活动对社会福利状况带来的改变（影响），即该项社会经济活动究竟是将增加社会福利，还是将降低社会福利。[①] 福利效应概念是建立在福利概念之上的，上文对福利的分类适用于福利效用，也就是说福利效应可分为经济福利效应和非经济福利效应，以及客观福利效应和主观福利效应，同时，福利效应也包含福利的提升效应和福利的损失效应，或者说是包含正的福利效应和负的福利效应。[②]

本书研究的是社会养老保险对农村老人的福利效应，即社会养老保险的实施对农村老人福利状况带来的改变，或者说对农村老人福利的影响。这一福利效应是针对农村老人的，既包括对农村老人的经济福利效应，也包括对农村老人的非经济福利效应。另外，本书认为社会养老保险作为一种纯惠农政策，其对农村老人产生的主要是正的福利效应，因此本书的福利效应特指福利的提升效应，不涉及福利的损失效应。正如前文对福利的界定，本书特别关注福利效应的主观方面，也即主观福利效应，因此后文将使用的社会养老保险对农村老人的收入福利效应、消费支出福利效应、闲暇福利效应、休闲娱乐福利效应、夫妻关系福利效应、代际关系福利效应以及心理福利效应均特指主观方面的福利效应，而养老金占总纯收入的比重、养老金的消费支出贡献率则特指客观方面的福利效应。

第四节　研究内容与技术路线

一　研究内容

本书的研究内容用一句话概括为：社会养老保险对农村老人的福利效应，既有经济福利效应也有非经济福利效应。本书基于福利经济学相

---

① 彭开丽：《农地城市流转的社会福利效应》，博士学位论文，华中农业大学，2008 年。

② 彭开丽：《农地城市流转的社会福利效应》，博士学位论文，华中农业大学，2008 年；王珊：《公益性和非公益性农地城市流转的农户福利效应研究》，博士学位论文，华中农业大学，2013 年。

关理论、生命周期理论、需求层次理论的分析，提出了一些基本研究假设，利用在湖北省 3 个县（市）的抽样调查数据对研究假设进行了检验。结合本书的研究目标，本书的主要内容如下：

第一，追溯农村地区社会养老保险的历史演进，并对不同时期社会养老保险的基本内容从政策的基本规定性、保险基金的筹集、待遇的领取情况、制度运行的管理与监督、制度衔接管理等方面进行比较，勾勒农村地区制度性养老保障变革的过程和脉络，探讨不同时期相关制度对农民福利的可能影响。

第二，通过对政府提供的统计数据以及实地抽样调查数据的分析，描述社会养老保险在农村的实施状况，重点关注农村老人享受养老金后福利的变化，即社会养老保险对农村老人的福利效应。

第三，实证分析社会养老保险对农村老人的福利效应，通过建立多元线性回归模型、有序 Logistic 回归模型，探讨社会养老保险是如何影响农村老人福利的，以及是哪些因素在这一影响中起关键作用，尤其关注处于不同养老阶段的农村老人对社会养老保险福利效应的反应，目的是厘清社会养老保险对农村老人福利影响的内在逻辑。

二　技术路线

在研究思路上，本书遵循“问题提出→理论分析→现状描述→实证分析→研究结论”的行文逻辑。首先通过对当前实际以及研究现状的分析提出研究问题，然后对当前社会养老保险的相关研究进展进行梳理，在理论分析的基础上提出基本研究假设，再在对当前农村地区社会养老保险的实施现状进行描述后，分两个章节实证检验相关基本假设，最后得出研究结论并进行讨论。

本书具体的技术路线如图 1—3 所示。

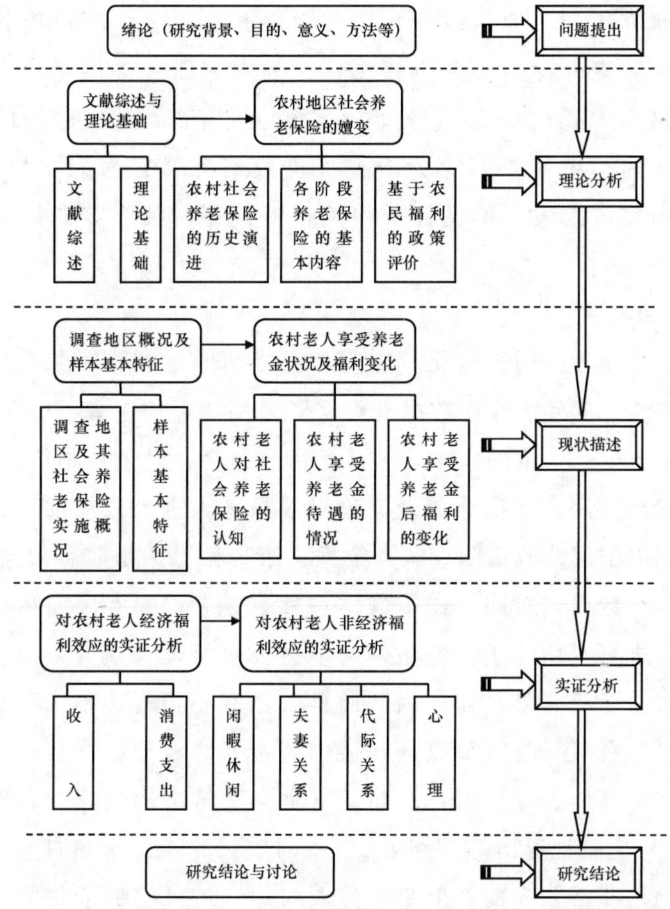

图 1—3　技术路线

第五节　研究方法

一　资料收集方法

（一）文献法

文献法即文献研究，是一种通过收集和分析现有文献资料，来探讨和分析各种社会行为、社会关系及其他社会现象的研究方式，其收集和分析的文献资料以文字、数字、符号、画面等的形式出现。[①] 本书的文献研究工作主要从以下几个方面展开：第一，通过查找和分析国内外社会养老保险的相关研究文献，为本书研究提供理论支撑和研究思路的借鉴；第二，通过收集国家相关部门及地区的人口普查资料、统计报表、统计年鉴等为研究提供数据资料方面的支撑；第三，通过收集历年政府发布的文件及相关材料，探讨社会养老保险在农村发展的脉络。

（二）问卷法

问卷法是一种采用结构化调查问卷直接面向被调查对象收集数据资料的研究方法。问卷法收集数据资料需要采用特定的工具，即调查问卷，遵照一套系统的、特定的程序要求，是目前社会科学领域中广泛使用的、强有力的研究方法。在社会养老保险对农村老人福利效应的研究中，笔者曾试图用以下思路收集问卷调查数据：第一种思路是前后数据的对比，即用追踪调查数据，对同一样本群体在社会养老保险实施前后分别进行调查，然后进行对比分析，但是因为笔者在进行此项研究之时，社会养老保险在农村已经实施数年，因此此种方法并不可行。第二种思路是在设计问卷时，在某一时间节点询问被调查者某些方面在社会养老保险实施前后的状态，然后进行对比分析，这种方法常被用来分析农地征用、[②] 农地整理、[③] 宅基地退出等，[④] 因为这些对农民来说是大事件，对其生产生活的影响是非常明显的，但是当前农村地区的社会养老保险对农村老人来说只是每月几十数百元的收入增加，显然对农村老人的影响并非是重大的，因此这种测量的方法并不合适。第三种思路是采用倍差法收集分析数据资料，这就要求在同一时间节点一部分被调查者已经享受养老金，而另外一部分被调查者没有享受养老金，且这两个群体的同质性很

---

① 风笑天：《社会学研究方法》第二版，中国人民大学出版社 2005 年版，第 224 页。

② 郭玲霞：《农地城市流转对失地农户福利影响及征地补偿研究》，博士学位论文，华中农业大学，2012 年。

③ 赵京：《农地整理对农户农业生产及福利的影响研究》，博士学位论文，华中农业大学，2012 年。

④ 黄贻芳：《农村宅基地退出中农民权益保护问题研究》，博士学位论文，华中农业大学，2014 年。

强。这些基本假设在本书研究的时间节点都已经不存在，因为农村地区的社会养老保险已经在 2012 年下半年全面推开，也即农村老人已基本享受养老金，同一时间节点、同一地区农村老人不存在差异。因此，本书最终采用量表直接询问农村老人享受养老金后各种福利的变化情况，即主要测量的是社会养老保险对农村老人的主观福利效应。

本书的研究对象是农村老人，所以问卷调查的对象即为年满 60 周岁的农村老人。研究的范围为处于中部地区的湖北省，期望通过对湖北省的研究可以映射中国农村的情况。为了对湖北省农村地区社会养老保险的发展情况有较全面的体现，本书研究选取了开始实施时间不同的县（市）进行抽样，每个县（市）选取 3 个乡镇，每个乡镇选取 4 个行政村，每个行政村选取 24 个样本。研究期望通过对 36 个行政村 800 多个样本的调查来推论湖北省的整体状况。

二　资料分析方法

资料的分析方法一般是根据研究主题和研究数据资料而定。根据本书的研究主题和研究数据，选择以下分析方法：

（一）比较法

对农村地区社会养老保险的演进进行追溯后，采用比较法从政策的基本规定性、保险基金的筹集、待遇的领取情况、制度运行的管理与监督、制度衔接管理等方面对处于不同发展阶段的老农保、新农保及城乡居民基本养老保险进行比较，从而更深入理解目前农村地区社会养老保险的福利特征。

（二）频次分析与交互分析

对通过问卷调查收集的数据进行基础性分析，主要通过频次分析描述农村老人对社会养老保险的认知、农村老人享受养老保险金待遇的情况以及农村老人享受养老金后福利的变化，并通过相关项目与农村老人所处养老阶段以及所在地区等进行交互分析，探讨农村老人对社会养老保险的政策认知、农村老人享受养老保险金待遇情况的群体差异与地区差异。

（三）回归模型分析

采用多元线性回归模型和有序 Logistic 回归模型，分析社会养老保险对农村老人福利效应的影响因素。本书将福利分为经济福利和非经济福利，相应地，福利效应也就包括经济福利效应和非经济福利效应，经济福利效应从收入、消费支出两个方面进行讨论，而非经济福利效应则从闲暇与休闲、家庭关系以及心理福利三个方面进行讨论。通过建立多元线性回归模型和有序 Logistic 回归模型探讨政策认知、享受养老金状况、养老阶段、禀赋特征对社会养老保险不同方面福利效应的影响，从而验证相关基本研究假设。

第六节 研究的创新和不足

一 研究的创新之处

研究可能的创新处主要体现在以下几个方面：

第一，研究内容方面的创新。目前农村地区的社会养老保险作为一种新的经济社会政策，有其特殊性，其嵌入的环境也有特殊性，对社会养老保险的福利效应进行研究本身就是一种新的探索，更何况目前相关的研究成果本身就很少。

第二，研究视角方面的创新。已有研究主要关注社会养老保险的经济效果而较少关注社会效果，同时，已有研究主要从宏观、中观层次分析社会养老保险的绩效，而较少有基于微观层次的研究。本书关注社会养老保险微观层次的绩效，即社会养老保险对直接保障对象农村老人的福利效应，既分析社会养老保险的经济福利效应，又讨论其非经济福利效应。

第三，研究思路方面的创新。本书创新性地将农村老人的养老，从生命周期的视角分为自养阶段、半自养阶段和他养阶段。考虑到农村养老的实际情况以及土地等生产资料的作用，本书从养老阶段视角讨论社会养老保险的福利效应，拓宽了对社会养老保险绩效的研究。

二 研究不足

由于研究者研究能力和研究手段的限制，本书也存在一些明显的不足，主要体现在：

第一，在本书的研究方法中，笔者对所选择的方法进行了说明，但是仍可能存在更好的研究方法，因此研究方法的选择是本书可能的不足之一。

第二，本书分析认为经济福利效应和非经济福利效应之间存在相互关系，因为经济福利在很大程度上影响了非经济福利，但是限于研究手段，本书并没有对经济福利效应与非经济福利效应之间的关系进行证明，这也是本书可能的不足之一。

第三，通过对已有研究的回顾发现，福利效应包括正的福利效应和负的福利效应，或者说包括福利的提升效应和福利的损失效应，限于研究旨趣和研究精力，本书主要关注社会养老保险正的福利效应，而对负的福利效应关注较少，这也是本书可能的不足之一。

第二章

文献综述与理论基础

第一节　相关研究综述

现有关于农村地区社会养老保险对农村老人福利效应的系统性研究文献较少，但国内外对社会养老保险经济社会效应的研究对本书具有一定的借鉴意义。

一　社会养老保险的经济社会效应

作为一种社会制度，社会养老保险具有一定的社会功能。社会养老保险支出作为一种社会保障支出具有巨大的社会效应，它有助于维护人的基本生存权，促进社会公平，维护社会稳定，可以说是社会经济实现可持续发展的重要保证。① 但是社会养老保险不仅是一种社会制度，也是一种经济制度，所以具有一定的经济功能。经济发展是社会养老保险存续的物质基础，所以人们会十分关注经济发展对社会养老保险制度的影响，不过，社会养老保险制度一旦建立，就会对经济发展的各个方面产生重要的影响。②

（一）社会养老保险对经济增长的影响

社会养老保险与经济增长的关系一直是社会保障研究的重要课题。

---

① 于长革：《政府社会保障支出的社会经济效应及其政策含义》，《广州大学学报》（社会科学版）2007 年第 9 期。

② 李珍主编：《社会保障理论》第二版，中国劳动社会保障出版社 2007 年版，第 60 页。

田存志、杨志刚建立了一个内生增长模型，证明发现在一定条件下养老金投资对经济增长具有正效应。[①] 张璐琴、景勤娟也证明了设计合理的养老保险制度可以通过不断刺激人们增加人力资本投资来提高经济增长的速度。[②]

当然，不可忽视的是社会养老保险一般分为现收现付制和基金积累制两种财务制度，所以多数学者研究养老保险的经济增长效应时也会考虑两种财务制度的差异。别朝霞通过对文献的总结发现，在对物质资本积累影响的方面，现收现付制养老保障制度与基金积累制养老保障制度一样，对储蓄的作用是不确定的；但在激励人力资本投资方面，现收现付制养老保障制度的独特运行模式则更能发挥其优势。[③] 其实，很多学者在 Samuelson[④] 和 Diamond[⑤] 的世代交叠模型（OLG）的基础上，将养老保险、人力资本投资与经济增长的其他要素相联系进行了大量的理论和应用研究。

在国内，柏杰利用无限期的世代交叠模型，比较分析了现收现付制和基金积累制两种养老保险制度。[⑥] 田银华、龙朝阳在一个内生经济增长的 OLG 模型框架下研究现收现付制养老保险的挤出效应表明，存在向上利他动机的情况下，挤出效应的大小取决于养老基金的规模，适度规模的公共养老金计划不会挤出私人储蓄，而有利于消费增加与经济增长。[⑦] 黄莹、林金忠在内生增长的 OLG 模型中引入养老保险制度，通过对现收现付的养老保险制度与经济增长关系进行实证研究表明，现收现付制能

---

① 田存志、杨志刚：《养老金投资对经济增长的影响研究——一种新的理论视角》，《财经研究》2006 年第 2 期。

② 张璐琴、景勤娟：《养老保险制度与经济增长的关系——基于新增长理论模型的思考》，《人口与经济》2007 年第 4 期。

③ 别朝霞：《养老保障与经济增长文献述评》，《经济评论》2004 年第 5 期。

④ Samuelson, P. A., "An Exact Consumption-Loan Model of Interest with or without the Social Contrivance of Money", *Journal of Political Economy*, Vol. 66, No. 6, 1958, pp. 467 - 482.

⑤ Diamond Peter., "National Debt in a Neoclassical Growth Model", *American Economic Review*, Vol. 55, No. 5, 1965, pp. 1126 - 1150.

⑥ 程杰：《养老保障的劳动供给效应》，《经济研究》2014 年第 10 期。

⑦ 田银华、龙朝阳：《养老保险现收现付制的挤出效应——一个内生生育率模型》，《西北人口》2008 年第 6 期。

有效促进经济长期稳定增长。[①] 当然，并不是所有研究都支持现收现付制养老保险对经济增长的促进作用。彭浩然、申曙光利用世代交叠内生增长模型分析表明，现收现付制会促进人口增长，降低储蓄率，对经济增长产生不利影响，但对人力资本投资的影响并不确定。[②]

中国的社会养老保险制度有其特殊性，所以一些学者专门对中国的社会养老保险制度与经济增长的关系进行了研究。万春、许莉利用叠代模型、个人效用函数结合新古典经济增长模型构建相应模型，研究由个人账户和社会统筹账户组成的中国混合制养老保险系统缴费率变动的经济增长效应表明，个人账户缴费率变动的经济增长效应比较微弱，而社会统筹账户缴费率的增加会导致显著的经济增长负效应。[③] 而徐景峰、田存志则基于我国的宏观经济时间序列，实证考察了养老金投资对经济增长的影响显示，养老金投资对我国经济增长具有正效应，但还不是十分显著。[④] 郑伟、孙祁祥则针对中国目前正在进行的社会养老保险制度变迁，构建了一个两期的动态生命周期模型，分析认为，此次中国养老保险制度变迁的经济效应是正面的。[⑤]

（二）社会养老保险对居民储蓄与消费的影响

经济学家一直认为储蓄是经济增长的动力，所以社会养老保险对经济增长的影响往往以社会养老保险与居民储蓄的关系作为中介，也有一些研究专门探讨社会养老保险对居民储蓄的影响。现收现付的社会养老保险对储蓄的影响最先受到研究者的关注，争论也最为激烈。一般认为存在三种观点：一是认为现收现付的社会养老保险会降低储蓄率，即所谓的“挤出储蓄论”；二是认为现收现付的社会养老保险可以提高储蓄

---

① 黄莹、林金忠：《现收现付制与经济增长关系的实证研究》，《人口与经济》2009 年第 6 期。

② 彭浩然、申曙光：《现收现付制养老保险与经济增长：理论模型与中国经验》，《世界经济》2007 年第 10 期。

③ 万春、许莉：《养老保险缴费率变动的经济增长效应分析——基于资本视角》，《财经理论与实践》2006 年第 6 期。

④ 徐景峰、田存志：《中国养老金投资与经济增长的实证研究》，《经济管理》2006 年第 6 期。

⑤ 郑伟、孙祁祥：《中国养老保险制度变迁的经济效应》，《经济研究》2003 年第 10 期。

率，即所谓的“挤入储蓄论”；三是认为现收现付的社会养老保险对储蓄没有影响，即所谓的“中性理论”。

持“挤出储蓄论”观点的代表人物是 Feldstein，其讨论了社会保障与私人储蓄之间的关系，认为社会保障具有资产替代作用，社会保障抑制了私人储蓄。[①] 而后，Feldstein 进一步对研究进行修正和更新，不过结论仍然支持社会保障大大抑制了私人储蓄。[②] 而后一些研究者基本赞同现收现付制对储蓄的挤出效应，[③] 但是对引致退休以及挤出储蓄的数量等方面存在差异。当然也有一些研究者持“挤入储蓄论”观点，如 Cagan、Thaler & Hersh、Bernheim & Scholz 等从不同的角度论证了现收现付制社会养老保险制度对储蓄增加的作用。[④] 持“挤出储蓄论”观点的代表人物是 Barro，Barro 认为现收现付制社会保障制度对私人储蓄的挤出效应为零。与现收现付制一样，基金积累制社会养老保险对储蓄的影响也存在不同的观点。[⑤] 世界银行通过对一些国家养老保险方案进行实证研究后发现，基金积累制能够增加居民的储蓄。[⑥] 而后 Davis 对基金积累制社会养

---

① Feldstein, M., “Social Security, Induced Retirement and Aggregate Capital Accumulation”, *Journal of Political Economy*, Vol. 82, No. 5, 1974, pp. 905 - 926.

② Feldstein, M., “Social Security, Induced Retirement and Aggregate Capital Accumulation: A Correction and Updating”, NBER Working Paper, No. 579, 1980.

③ Boskin, M. J., “Too Many Promises: The Uncertain Future of Social Security”, *Irwin Professional Pub*, 1986; Danziger, S., Robert H. & Robert P., “How Income Transfer Payments Affect Work, Saving, and the Incom Distribution: A Critical Review”, *Journal of Economic Literature*, Vol. 19, No. 3, 1981, pp. 975 - 1021; Munnell, A., *The Effect of Social Security on Personal Saving*, Cambridge, Massachusetts: Ballinger Publishing Company, 1974; Munnell, A., “Private Pensions and Saving: New Evidence”, *Journal of Public Economics*, Vol. 84, No. 5, 1976, pp. 1013 - 1032; Hubbard, R. G., Judd, K. L., “Liquidity Constraints, Fiscal Policy, and Consumption”, *Brooking Papers on Economic Activity*, No. 1, 1986, pp. 1 - 50.

④ Cagan P., “Effect of Pension Plans on Aggregate Saving: Evidence from a Sample Survey”, *Journal of Finance*, Vol. 21, No. 3, 1965, p. 576. Thaler, R., Hersh, S., *Quasi Rational Economics*, New York: Russell Sage Foundation, 1991. Bernheim, B. D., Scholz, J. K., “Private Saving and Public Policy”, *Social Science Electronic Publishing*, (Volume 7), 1992, pp. 73 - 110.

⑤ Barro, R. J., “Are Government Bonds Net Wealth?” *Journal of Political Economy*, Vol. 82, No. 6, 1974, pp. 1095 - 1117.

⑥ 参见李珍《社会保障理论》第二版，中国劳动社会保障出版社 2007 年版，第 68 页。

老保险对储蓄的影响也开展了卓有成效的研究。[①]

以上是国外学者对社会养老保险与储蓄关系的经典研究，国内学者对社会养老保险与储蓄的关系也进行了研究。蒲晓红分析了我国养老保险和居民储蓄存款的关系，指出社会保障制度的不健全是储蓄增加的一个主要原因。[②] 同样，万春、邱长溶选取了中国城镇居民 1989—2003 年的储蓄、工资样本数据分析中国的储蓄情况，发现城镇居民储蓄率偏高，他们认为其中一个重要原因是尚未建立完善的养老保险制度。[③] 何立新等利用 1995 年和 1999 年城镇住户调查数据（CHIPS）分析中国养老保险制度改革对家庭储蓄率的影响发现，养老保险金对家庭储蓄存在显著的替代效应，且这一效应平均为 -0.4— -0.3，但不同家庭的这种替代效应存在明显的差异。[④] 姜伟则对 1989—2006 年的数据进行估计发现，每增加 1 元的社会养老保险支出会降低 0.34 元的储蓄。[⑤]

当然，国内也有一些研究特别关注社会养老保险对居民消费的影响，且研究结论基本支持社会养老保险对居民消费的促进效应。柳清瑞研究了部分积累制养老保险制度对消费决策的影响，指出养老金替代率保持适度水平将有利于消费者在工作期和退休期都生活得更好。[⑥] 陈梦真采用理论分析和实证研究相结合的方法，在消费函数理论框架内考查我国是否也存在退休消费困境以及养老保障对城镇居民消费的影响。[⑦] 其理论分析和实证检验均证明，我国社会养老保障在一定程度上可以促进居民消费。杨河清、陈汪茫利用经典的消费函数模型并予以创新，运用全国各地区 2000—2007 年的面板数据，实证分析了我国社会保障支出对居民消

---

① Davis E. P., *Pension Funds Retirement Income Security and Capital Markets—A International Perspective*, Oxford: Clarendon Press, 1995.

② 蒲晓红：《养老保险的储蓄效应》，《当代经济研究》2003 年第 11 期。

③ 万春、许莉：《养老保险缴费率变动的经济增长效应分析——基于资本视角》，《财经理论与实践》2006 年第 6 期。

④ 何立新、封进、佐藤宏：《养老保险改革对家庭储蓄率的影响：中国的经验证据》，《经济研究》2008 年第 10 期。

⑤ 姜伟：《我国社会养老保险对储蓄率的影响》，《金融经济》2008 年第 8 期。

⑥ 柳清瑞：《部分积累制养老保险计划对消费决策的影响》，《中国人口科学》2005 年第 1S 期。

⑦ 陈梦真：《养老社会保障与城镇居民消费：理论分析与实证检验》，《社会保障研究》2010 年第 1 期。

费的影响发现，社会保障方面的投入会对消费水平有着较大的乘数效应。[①] 陈静利用2011年中国家庭金融调查（CHFS）的数据，分析了社会基本养老保险的持有状况对家庭消费的影响发现，持有基本养老保险家庭的衣物支出和耐用品消费支出，无论是消费倾向还是消费支出额都显著高于未持有基本养老保险的家庭，而养老保险持有情况对旅游探亲消费和教育培训消费的影响则不那么显著。[②]

（三）社会养老保险对人力资本投资的影响

一直以来，新古典经济学对社会保障的研究着眼于社会保障与储蓄率的关系，而人力资本理论为社会保障的研究拓宽了范围，将社会保障与人力资本投资联系了起来。赖德胜、田永坡以中国养老保险的“统账结合”运作模式为例，分析了社会保障对人力资本投资的影响，认为由于全国社会保障制度的分割和保障水平的不均衡，导致了全国人力资本投资的不均衡，而在“统账结合”的社会保障模式中，具有基金积累制性质的个人账户可以增强劳动力进行人力资本投资的动机。[③] 增加“统账结合”模式中个人账户的比例，将激励个人进行较多的人力资本投资，但劳动力市场分割的存在削弱了这种激励作用。张盈华、杜跃平则从社会保障与人力资本数量、社会保障与人力资本质量、社会保障管理与人力资本三个方面综述了社会保障与人力资本的关系，得出的基本结论主要有：无积累的现收现付制降低生育率和劳动力流动率，但促进家庭人力资本投资和企业在职培训，从而提高经济中的人力资本水平。[④]

（四）社会养老保险的收入再分配效应

传统观点认为，社会养老保险的福利效应主要通过收入分配来实现。[⑤] 众多研究表明，养老保险的现收现付制同时具有代内和代际的收入再分配效应。Samuelson 就曾探讨一个人在工作期和退休期发生的代际间

---

① 杨河清、陈汪茫：《中国养老保险支出对消费的乘数效应研究——以城镇居民面板数据为例》，《社会保障研究》2010 年第 3 期。

② 陈静：《基本养老保险对家庭消费的影响——基于 CHFS 数据的实证分析》，《消费经济》2015 年第 1 期。

③ 赖德胜、田永坡：《社会保障与人力资本投资》，《中国人口科学》2004 年第 2 期。

④ 张盈华、杜跃平：《社会保障与人力资本积累：研究综述》，《经济学家》2008 年第 5 期。

⑤ 参见黄丽《社会养老保险福利效应研究述评》，《社会保障研究》2014 年第 2 期。

收入转移的情况。[①] Liebman 对社会养老保险的收入再分配效应进行实证研究发现，贴现率与代内回报率之间的关系将决定收入的再分配效应，当前者低于后者时，高收入者具有较高的受益水平；不过，当前者高于后者时，低收入者具有较高的受益水平。[②] 在基金积累制下，学者们普遍认为养老金不论代内还是代际均不具备收入再分配功能，因为养老金的根本来源是个人的强制储蓄，[③] 甚至加大收入分配差距。[④] 不过，也有一些研究表明，政府的特定举措可以使个人账户发挥一定的收入再分配效应。[⑤]

在国外学者的经典研究之外，国内一些学者也关注到了社会养老保险的收入再分配效应。何立新比较了城镇参保职工在 1997 年养老保险制度和 2005 年养老保险制度下终生养老金的纯受益状况发现，1997 年改革方案的代际不平衡大于 2005 年改革方案；在 2005 年改革方案下各代人的养老金纯受益都有所提高。[⑥] 柳清瑞、穆怀中基于代际交叠模型分析认为，现收现付制是一种代际转移，即年轻人向老年人的财富转移，而完全基金制是代内转移，个人福利在生命两期实现均衡配置。[⑦] 侯慧丽认为养老保险制度的分割性使得养老保险的再分配效应形成了制度排斥、制

① Samuelson, P. A., "An Exact Consumption-Loan Model of Interest with or without the Social Contrivance of Money", *Journal of Political Economy*, Vol. 66, No. 6, 1958, pp. 467 - 482.

② Liebman B. J., "Redistribution in the Current U. S. Social Security System", In M. Feldstein and J. Liebman, eds. *Distributional Aspects of Social Security and Social Security Reform*, Chicago: University of Chicago Press, 2002.

③ Samuelson, P. A., "An Exact Consumption-Loan Model of Interest with or without the Social Contrivance of Money", *Journal of Political Economy*, Vol. 66, No. 6, 1958, pp. 467 - 482; Feldstein, M., "Social Security, Induced Retirement and Aggregate Capital Accumulation", *Journal of Political Economy*, Vol. 82, No. 5, 1974, pp. 905 - 926.

④ Alessandra C., Carlo D., "Capital-skill Complementarities and the Re distributive effects of Social Security Reform", *Journal of Public Economics*, Vol. 92, 2008, pp. 672 - 683.

⑤ Kotlikoff L., "Simulating the Privatization of Social Security in General Equilibrium", In Martin Feldstein, ed. *Privatizing Social Security*, Chicago: University of Chicago Press, 1998; Steuerle, C. E., Spiro, C., "Must Privatization Mean Less Progressivity?", *Urban Institute*, 1999.

⑥ 何立新：《中国城镇养老保险制度改革的收入分配效应》，《经济研究》2007 年第 3 期。

⑦ 柳清瑞、穆怀中：《基于代际交叠模型的养老保险对资本存量和福利的影响》，《辽宁大学学报》（哲学社会科学版）2003 年第 2 期。

度参与和制度覆盖三个层次。从制度外人群到制度内人群，逆向再分配效应逐渐减小，正向再分配效应增加；群体间逆向再分配效应大于个人间再分配效应，并且固化了收入的不平等。[①]

二　农村地区社会养老保险的经济社会效应

在这一部分，农村地区的社会养老保险指新农保及之后的城乡居民社会养老保险、城乡居民基本养老保险等，但考虑到目前研究的实际，此部分农村地区社会养老保险主要是指新农保。

（一）农村地区社会养老保险的经济效应

第一，农村地区社会养老保险的收入再分配及减贫效应。多数研究证明当前农村地区的社会养老保险具有收入再分配效应。王翠琴、薛惠元通过分析认为新农保制度几乎对所有制度内人群都具有正的收入再分配效应。[②] 贾洪波在一般均衡框架下通过构建两期叠代模型从养老金替代率、收入再分配净值率、终生消费—收入水平比以及消费差距四个方面对新农保实施后收入再分配效应做了定量化模拟，结果表明新农保实施后收入再分配效应明显。[③] 当然，新农保的收入再分配效应的表现是多方面的。任雅姗、戴绍文通过精算发现，新农保同时具有代际间再分配效应和代内再分配效应。[④] 沈毅则通过分析认为新农保在借鉴与沿用城镇职工基本养老保险“社会统筹与个人账户”相结合制度模式的同时，引入了财政直接补贴的转移支付机制，在实际运行中产生了财政转移收入再分配、代际收入再分配、缩小城乡收入差距再分配的效果。[⑤] 黄丽、罗锋通过构建精算模型对新农保收入再分配效应进行仿真模拟显示，新农保

---

① 侯慧丽：《养老保险制度再分配效应的结构性透视》，《中国社会科学院研究生院学报》2014 年第 5 期。

② 王翠琴、薛惠元：《新型农村社会养老保险收入再分配效应研究》，《中国人口 · 资源与环境》2012 年第 8 期。

③ 贾洪波：《新农保制度收入再分配效应的一般均衡研究》，《南开经济研究》2014 年第 1 期。

④ 任雅姗、戴绍文：《我国新型农村社会养老保险制度再分配效应研究》，《海南金融》2013 年第 7 期。

⑤ 沈毅：《农村社会养老保险收入再分配模型及实证分析——基于新农保的实践》，《改革与战略》2014 年第 9 期。

具有对老年农民和高档次缴费人员更为有利的收入再分配效应。① 一些研究显示，新农保的财政补贴机制成为影响新农保收入再分配效应的重要因素。王翠琴、薛惠元通过政策分析发现，新农保制度的收入再分配效应主要体现在政府补贴方面，在本质上是财政的再分配，其中个人账户部分体现为代内再分配，基础养老金部分体现为代际再分配。② 李琼认为新农保由中央财政发放基础养老金直接增加了老年农民的收入，其实质起着国民收入再分配的作用。③ 但也有研究并不认同新农保的收入再分配效应，如吴晓忠、肖尧从宏观角度对2010年和2011年“新农保”财政补贴的估算表明：由于试点展开时间较短、保障水平标准较低等原因，“新农保”的财政补贴水平并不高，地区间补贴程度也不平衡；再加上微观角度的投资收益率，税费等相关因素变化，收入再分配效应受到影响。④

收入与减贫紧密相关，因此一些学者对农村地区社会养老保险的减贫效应进行了关注。范辰辰、陈东以系统的理论分析为基础，利用2011年中国健康与养老追踪调查（CHARLS）数据，采用多元回归、离散选择模型以及工具变量法等多种计量模型实证检验新农保的政策效果表明，新农保显著降低了农村居民贫困发生的概率，提高了农村居民的收入水平，增强了农民的经济保障能力。⑤ 张川川等同样使用中国健康与养老追踪调查（CHARLS）数据，采用断点回归和双重差分识别策略，估计了“新农保”对农村老年人收入、贫困的影响，结果显示，“新农保”养老金收入显著提高了农村老年人的收入水平、减少了贫困的发生。⑥ 还有一

① 黄丽、罗锋：《新型农村社会养老保险收入再分配效应研究》，《西北农林科技大学学报》（社会科学版）2014年第5期。

② 王翠琴、薛惠元：《新型农村社会养老保险收入再分配效应研究》，《中国人口·资源与环境》2012年第8期。

③ 李琼：《基于新农保视角的缩小城乡居民收入差距探讨》，《求实》2015年第5期。

④ 吴晓忠、肖尧：《“新农保”制度：收入再分配效应评析与政策建议》，《现代管理科学》2014年第1期。

⑤ 范辰辰、陈东：《新型农村社会养老保险的减贫增收效应——基于“中国健康与营养追踪调查”的实证检验》，《求是学刊》2014年第6期。

⑥ 张川川、John Giles、赵耀辉：《新型农村社会养老保险政策效果评估——收入、贫困、消费、主观福利和劳动供给》，《经济学（季刊）》2015年第1期。

些研究虽然也发现了新农保的减贫效应，但认为减贫效应不明显。薛惠元通过构建倍差法计量模型从试点县层面分析了新农保的减贫效应发现，新农保政策具有显著的减贫效应；不过从农户层面看，新农保对农村老年居民的减贫效应还十分有限，尤其是对整个农户而言，新农保的减贫效应并不明显。① 李齐云、席华利用面板数据双向固定效应模型实证分析发现，新农保显著地降低了参保家庭的贫困脆弱性，这表明新农保对参保家庭来说发挥着重要的抵御收入风险的作用，但因与当前缴费水平和养老金收入水平较低有关，新农保对贫困脆弱性的影响仍处于较低水平。②

第二，农村地区社会养老保险对储蓄与消费的影响。关于农村地区社会养老保险对储蓄影响的研究相对较少，马光荣、周广肃使用2010年和2012年中国家庭追踪调查（CFPS）数据，考查了新农保对家庭储蓄的影响发现，对于60岁以下的参保居民，新农保并没有显著影响他们的储蓄率；而与此同时，新农保显著降低了60岁以上居民的储蓄率，这些老年人不需要缴纳保险费而直接可以领取基本养老金，养老金领取额（约每年660元）占收入的比重平均达到了22.4%，直接为老年人提供了稳定的经济保障。③ 焦克源、井亚琼通过两期代际扩展模型的应用，证明了新农保的实施对个体农户终身效用最大化下的最优储蓄存在挤出效应，其主要影响因素有缴费年限、缴费比率、养老保险账户收益率和收入替代率等。④

与农村地区社会养老保险对储蓄影响的研究较少不同，农村地区社会养老保险对消费影响的研究相对较多。总体来看，新农保对消费有显著的促进作用。陈池波、张攀峰以生命周期假说的扩展模型作为分析框架，利用2008年和2009年31个省市自治区的横截面数据，检验了新型

① 薛惠元：《新型农村社会养老保险减贫效应评估》，《现代经济探讨》2013年第3期。

② 李齐云、席华：《新农保对家庭贫困脆弱性的影响——基于中国家庭追踪调查数据的研究》，《上海经济研究》2015年第7期。

③ 马光荣、周广肃：《新型农村养老保险对家庭储蓄的影响：基于CFPS数据的研究》，《经济研究》2014年第11期。

④ 焦克源、井亚琼：《新农保的储蓄挤出效应及其影响因素分析——基于两期代际扩展模型的应用》，《西北人口》2014年第2期。

社会保障对农村居民消费的影响，估计结果显示参加新农保的农户家庭更愿意消费。[①] 张川川等研究发现“新农保”养老金收入在一定程度上促进了家庭消费。[②] 范辰辰、李文对山东省135个县（市、区）2007—2012年的面板数据进行分析发现，新农保对农村居民消费有显著的刺激效应。[③] 岳爱等基于消费和储蓄生命周期理论，构建了新农保政策实施对农村居民消费影响的研究框架，并通过实证检验表明，参保农户的家庭日常费用支出显著高于未参保农户。[④] 沈毅、穆怀中根据2011年截面数据，通过构建消费模型分析发现，在其他条件不变时，农村养老保险基金支出平均每增加1亿元，当年可以拉动农村居民生活消费支出18亿元左右。[⑤] 以上研究基本支持当前农村地区的社会养老保险可以促进农民消费的观点，但也有研究得出了不一样的结论。于建华、魏欣芝运用新农保正式试点前后共6年的面板数据，借助消费函数，从制度试点、参保缴费人数、待遇领取人数三个角度建立面板数据线性模型，实证分析了新农保对农民消费水平的影响。研究结果表明：制度建立与否对农民消费水平没有显著影响，而参保缴费人数和待遇领取人数与农民消费水平有较弱的正相关关系。[⑥]

还有研究发现，新农保对消费支出的影响因家庭特征不同而表现不同。贺立龙、姜召花利用中国健康与养老追踪调查（CHARLS）数据进行实证分析的结果表明，参保农户的家庭日常费用支出显著高于未参保农户，且新农保对平均年龄60周岁以上的家庭的影响要大于对60周岁以下的家庭的影响，健康状况差的农户参加新农保的消费效应要大于健康状

---

① 陈池波、张攀峰：《新型社会保障、收入类型与农村居民消费——基于截面数据的经验分析》，《经济管理》2012年第2期。

② 张川川、John Giles、赵耀辉：《新型农村社会养老保险政策效果评估——收入、贫困、消费、主观福利和劳动供给》，《经济学（季刊）》2015年第1期。

③ 范辰辰、李文：《“新农保”如何影响农村居民消费——以山东省为例》，《江西财经大学学报》2015年第1期。

④ 岳爱、杨矗、常芳、田新、史耀疆、罗仁福、易红梅：《新型农村社会养老保险对家庭日常费用支出的影响》，《管理世界》2013年第8期。

⑤ 沈毅、穆怀中：《新型农村社会养老保险对农村居民消费的乘数效应研究》，《经济学家》2013年第4期。

⑥ 于建华、魏欣芝：《新型农村社会养老保险对农民消费水平影响的实证分析》，《消费经济》2014年第4期。

况好的农户。[①] 黄睿使用 2011—2013 年中国健康与养老追踪调查（CHARLS）数据和 DID 模型进行回归分析表明，45—60 岁参保农民的家庭消费因交保受到一定程度挤占，家庭食物支出受影响最显著；受制度差异造成城乡相对收入差距扩大的影响，60 岁以上领取养老金农民的家庭各项消费却并没有显著增加。[②] 王旭光利用中国家庭追踪调查数据库提供的年度数据，构造双向固定效应面板，探究了新农保对农村居民消费水平的影响发现，在不考虑样本自选择情况下对于未满 60 岁的个体而言，新农保对其消费行为影响不显著，而对已满 60 岁可以领取养老金的个体，新农保政策对其消费具有显著的促进作用，但在考虑样本自选择情况下，该效应不明显。[③]

消费的内容具有多样性，所以一些研究关注到了新农保对消费不同方面的不同影响。贺立龙、姜召花的研究发现，新农保影响的主要是农村家庭的日常消费支出，对旅游、汽车消费等满足较高层次生活需求的消费支出影响不大。[④] 田玲、刘章艳利用 CGSS（2010）基于倾向得分匹配法（PSM）分析了基本养老保险对居民消费压力感知的影响，发现基本养老保险显著增加了居民在服装、食品、交通通信、文化休闲娱乐等当期消费项目的压力感知，而在住房、教育、医疗等其他消费项目中则无显著影响。[⑤] 解垩基于中国健康与养老追踪调查（CHARLS）的两期面板数据，采用差分—断点方法分析发现，“新农保”对农村总消费及耐用品消费增长有正向作用，但统计不显著，对食品、衣着、保健、医疗及其他非耐用品的消费基本没有影响。[⑥]

---

① 贺立龙、姜召花：《新农保的消费增进效应——基于 CHARLS 数据的分析》，《人口与经济》2015 年第 1 期。

② 黄睿：《新型农村社会养老保险对高龄农民家庭消费的影响——基于 2011—2013 年 CHARLS 数据的研究》，《经济体制改革》2016 年第 6 期。

③ 王旭光：《新型农村养老保险政策提升农民消费水平了吗——来自 CFPS 数据的实证研究》，《南方经济》2017 年第 1 期。

④ 贺立龙、姜召花：《新农保的消费增进效应——基于 CHARLS 数据的分析》，《人口与经济》2015 年第 1 期。

⑤ 田玲、刘章艳：《基本养老保险能有效缓解居民消费压力感知吗？——基于中国综合社会调查（CGSS）的经验证据》，《中国软科学》2017 年第 1 期。

⑥ 解垩：《“新农保”对农村老年人劳动供给及福利的影响》，《财经研究》2015 年第 8 期。

第三，农村地区社会养老保险对劳动力迁移与供给的影响。一些研究发现农村地区社会养老保险对劳动力迁移有影响。孙丹等从理论和实证两方面，分析了新农保对阜新农村劳动力迁移流动的影响，提出基于农村劳动力合理迁移流动的新农保完善对策。① 谭华清等利用中国家庭追踪调查（CFPS）数据的分析表明，参加新农保的农村家庭要比没有参加新农保家庭外出的概率高2%左右，新农保这一影响存在“保障”效应和“收入”效应两种效应：对于未满60周岁的个人，新农保主要通过“保障”效应促进农民外出就业，而对于已经年满60周岁的个人，参加新农保能够马上获得稳定的养老金，这一笔收入有助于这些老年人照顾自己以及家庭中的孩子，从而促进家庭中中青年的外出就业，这就是“收入”效应。② 而刘凌晨、曾益基于中国健康与养老追踪调查（CHARLS）2013年全国追访数据研究表明，新农保养老覆盖更倾向于鼓励农户脱离城镇非农部门，转移到农业农村从事自家农业和农业打工等农业劳动，这在一定程度上加剧了“民工荒”。③

当然，更多研究关注到农村地区社会养老保险对劳动力供给的影响。程杰通过实证研究表明，养老保险降低了劳动参与率和劳动供给时间，尤其对农业劳动供给的影响更明显；养老保险待遇具有更强的收入效应，激励农村居民降低劳动供给，尽管养老保险待遇并不会大幅度降低农业劳动参与率，但农业劳动供给水平将会显著下降。④ 当然，已有研究基本认同新农保会降低农村老年人的劳动供给。黄宏伟等利用全国农村固定观察点2011年抽样调查数据，运用Tobit模型分析表明，当前新农保养老金不足以使农村老年人完全退出劳动力市场，但新农保养老金收入仍能明显减少农村老年人的劳动供给。⑤ 张川川基于中国健康与养老追踪调查

---

① 孙丹、王国辉、曲帅：《新农保对阜新农村劳动力迁移流动的影响》，《辽宁工程技术大学学报》（社会科学版）2013年第4期。

② 谭华清、周广肃、王大中：《新型农村社会养老保险对城乡劳动力转移的影响：基于CFPS的实证研究》，《经济科学》2016年第1期。

③ 刘凌晨、曾益：《新农保覆盖对农户劳动供给的影响》，《农业技术经济》2016年第6期。

④ 程杰：《养老保障的劳动供给效应》，《经济研究》2014年第10期。

⑤ 黄宏伟、展进涛、陈超：《“新农保”养老金收入对农村老年人劳动供给的影响》，《中国人口科学》2014年第2期。

（CHARLS）数据，利用断点回归方法实证研究显示，“新农保”养老金收入显著降低了老年人的劳动供给，使农村老年人工作的概率下降了25—33个百分点。[①] 王文静等考察了新农保养老金收入对农村老年人劳动供给时间的影响，发现新农保养老金收入能够有效减少农村老年人的劳动供给时间，养老金收入每增加1元钱，会使农村老年人总量劳动时间平均每年降低1.39个小时，但因为新农保覆盖率过低等问题，导致其对减少农村老年人劳动供给时间的影响程度有限。[②] 当然，也有研究并不支持新农保对农村老年人劳动供给的影响。解垩基于中国健康与养老追踪调查（CHARLS）的两期面板数据，采用差分—断点方法分析发现，农村老年人劳动供给决策和劳动供给时间不受“新农保”政策的影响，新农保这种补助强度不大的外部干预政策难以在短期内对农村老年人的劳动供给产生影响。[③]

（二）农村地区社会养老保险的社会效应

第一，农村地区社会养老保险对养老模式的影响。乐章认为农民对养老风险的认识不断提高，依赖子女的传统家庭养老仍然是农民重要的养老途径，独立养老有着较高的条件限制且功能有限，近年来迅速发展的农村社会保障的养老效果初显并被农民寄予厚望。[④] 王志刚等基于对福建省厦门、漳州和龙岩三市的调查数据研究显示，“养儿防老”和“新农保”具有显著的替代关系。[⑤] 封铁英、高鑫研究结果表明，新农保政策实施对农村家庭养老和商业养老保险方式的选择偏好影响显著，但影响方向并不单一，且三类典型养老方式之间具有融合效应。[⑥] 胡仕勇通过调查

---

① 张川川：《养老金收入与农村老年人口的劳动供给——基于断点回归的分析》，《世界经济文汇》2015年第6期。

② 王文静、刘彤、李盛基：《养老模式对我国农村老年人劳动供给的影响》，《南方人口》2015年第3期。

③ 解垩：《“新农保”对农村老年人劳动供给及福利的影响》，《财经研究》2015年第8期。

④ 乐章：《依赖与独立：新农保试行条件下的农民养老问题》，《中国农村经济》2012年第11期。

⑤ 王志刚、周永刚、朱艺云：《“养儿防老”与“新农保”：替代还是互补——基于福建省厦门、漳州和龙岩三市的问卷调查》，《中国经济问题》2013年第11期。

⑥ 封铁英、高鑫：《新农保政策主导下的农村养老方式选择偏好及其融合效应研究》，《经济社会体制比较》2013年第6期。

发现，新农保对家庭养老存在一定的影响，主要体现在对家庭养老功能影响不平衡以及对家庭养老地位影响代际不平衡。[①] 基于中国健康与养老追踪调查（CHARLS）的微观数据，张川川、陈斌开利用断点回归方法实证研究了以“新农保”为基础的农村“社会养老”模式对“家庭养老”的替代性发现，“社会养老”对传统的“家庭养老”具有一定程度的替代，不过程度有限。[②] 刘冰等也分析发现，新农保对农村原有的养老模式有一定的替代作用。[③] 不过，王芳、李锐的研究发现新农保政策对农村地区尤其是中西部农村地区的家庭养老模式具有一定的替代性，但仍未根本动摇家庭养老模式。[④]

第二，农村地区社会养老保险对代际支持的影响。研究普遍发现农村地区社会养老保险同时存在“挤出效应”和“挤入效应”。陈华帅、曾毅利用2008年与2011年CHARLS数据，通过固定效应面板模型以及差分内差分等方法控制住老人参保行为的内生性和样本选择偏误，研究发现新农保对家庭代际经济支持有着显著的“挤出效应”，新农保的主要受益人是老人的子女，而其主要政策绩效便是减轻了子女的养老负担。[⑤] 程令国等利用同样的数据，使用倾向分值匹配基础上的差分内差分方法研究发现，新农保提高了参保老人的经济独立性，降低了老人在经济来源和照料方面对子女的依赖。[⑥] 焦娜使用中国健康和养老追踪调查（CHARLS）2011/2013年的纵列数据，借鉴断点差分方法的思想，评估新农保对农村家庭代际支持的影响后发现，新农保挤出了农村子女对父母提供的时间和服务支持，同时挤入了参保老人对孙子女的隔代抚育。[⑦] 刘一伟针对河南省

---

① 胡仕勇：《新型农村社会养老保险实施对家庭养老影响研究》，《社会保障研究》2013年第1期。

② 张川川、陈斌开：《“社会养老”能否替代“家庭养老”？——来自中国新型农村社会养老保险的证据》，《经济研究》2014年第11期。

③ 刘冰、赵子乐、曾福生：《“新农保”有利于计划生育政策的执行吗？——一个经济学解释》，《南京农业大学学报》（社会科学版）2012年第1期。

④ 王芳、李锐：《“新农保”对“家庭养老”替代性的地区差异分析——基于CHARLS数据的实证研究》，《保险研究》2016年第12期。

⑤ 陈华帅、曾毅：《“新农保”使谁受益：老人还是子女？》，《经济研究》2013年第8期。

⑥ 程令国、张晔、刘志彪：《“新农保”改变了中国农村居民的养老模式吗？》，《管理世界》2013年第8期。

⑦ 焦娜：《社会养老保险会改变我国农村家庭的代际支持吗？》，《人口研究》2016年第4期。

某市新农保试点县的问卷调查结果，在控制其他变量的基础上，以稳健回归的方法研究表明，新农保制度在农村实施后，子女的经济供养行为发生了变化，新农保对子女的经济供养产生了挤出效应。[①] 范辰辰、李文以中国健康与养老追踪调查（CHARLS）数据为基础，探讨了正式社会养老保险制度与传统宗族养老文化对农村家庭代际转移的影响后发现，在新农保开展初期，农村老人参保对代际转移具有挤入效果，但随着政策的深入开展，新农保对代际转移的挤出效应逐步显现。而宗族网络对家庭代际转移具有显著的促进作用，以宗族为载体的传统养老文化依然保持着较大的影响力，在一定程度上削弱了新农保制度的效果。[②]

第三，农村地区社会养老保险对生活满意度及生活质量的影响。黎春娴通过对福建省农村老年人抽样调查数据的分析发现，包含新农保在内的经济支持是影响农村老年人生活满意度的最显著因素。[③] 宁满秀、叶菲菲以福建省农村老年人为研究对象，探讨了养老金收入对老年人生活满意度的影响，发现养老金收入可提升老年人生活满意度。[④] 刘慧君、韩秀华利用2011年陕西省某市的调查数据，评估了新农保对农村老人生存质量的促进效应和对家庭结构与老人生存质量的调节效应，以及两种效应的性别差异，其研究表明，新农保显著促进了老人的生存质量，且对两性均有效。[⑤]

三　对已有研究的评述

纵观已有研究成果，对社会养老保险的经济社会效应研究和讨论的较多，并产生了大量的研究成果。但是，对已有研究进行分析，仍然存

---

① 刘一伟：《挤入还是挤出？新农保对子女经济供养老人行为的实证分析——以河南省HX市为例》，《农村经济》2014年第9期。

② 范辰辰、李文：《新农保、宗族网络与农村家庭代际转移》，《北京社会科学》2015年第1期。

③ 黎春娴：《新农保背景下农村老年人的社会支持与生活满意度研究》，《华南农业大学学报》（社会科学版）2013年第4期。

④ 宁满秀、叶菲菲：《养老金收入对农村老年人生活满意度影响研究》，《电子科技大学学报》（社会科学版）2016年第1期。

⑤ 刘慧君、韩秀华：《家庭结构变迁下新农保政策与农村老人生存质量——基于陕西省A市的调查》，《人口与经济》2014年第5期。

在一些问题：

第一，已有研究过多重视宏观数据，而对微观数据的挖掘不足。通过对已有研究的回顾发现，众多研究者主要是从理论层面探讨或者推导社会保障及社会养老保险的经济社会效果，而利用实际数据进行实证分析的相对较少。即使是运用当前或历史数据进行研究，那么数据来源很多都是统计数据，直接来源于实际调查的相对较少，因此说已有研究更侧重于宏观数据的扩展，而对微观数据的收集较少，所以对个体福利的关注不多。

第二，目前研究过多关注社会养老保险的经济效应，而对社会效应的关注相对较少。诚然社会养老保险需要大量的资金投入，因此对经济发展的影响比较明显，但是其社会效果也不容忽视。另外，已有研究较多关注客观方面的经济社会效应，而很少关注主观方面的效应，因此，被影响主体主观方面的认知和评价也应该受到关注，从福利角度看，不仅要关注客观方面的福利效应，更要关注主观方面的福利效应。

第三，目前研究对农村地区社会养老保险经济社会效果关注的较少，相关研究也不够系统、全面和完整。中国社会保障制度一直存在比较明显的城乡分割，在农村中一直缺少制度性的社会保障，随着经济社会发展，农村各项社会保障项目逐渐完善，尤其是2009年以后，新农保的实施填补了农村地区养老制度性保障缺失的问题，2012年新农保及城乡居民社会养老保险在全国所有县级行政区实现全覆盖，使社会养老保险实现了在农村地区的普及。这时，研究应该全面系统地关注农村地区社会养老保险所产生的经济社会效应。

第四，已有研究多关注社会养老保险对全体居民的影响，而对特殊目标群体的关注较少，尤其是对农村地区社会养老保险的直接受益群体——老年人群体关注较少，所以应进一步关注农村地区社会养老保险对农村老人的福利效应。同时还应发现，即使是农村老人群体也存在一定的分化，所以社会养老保险对具有不同禀赋特征的农村老人产生的福利效应可能存在差异，因此研究还应关注农村老人群体分异与社会养老保险福利效应之间的关系。

本书拟借鉴已有研究成果，瞄准目前农村地区的社会养老保险，重点关注直接受益群体——农村老人，将福利分为经济福利和非经济福利，探讨农村地区社会养老保险对农村老人的福利效应，尤其关注对农村老人的主观福利效应，以求更全面地认识当前农村地区社会养老保险的实施效果，为农村地区社会养老保险的进一步发展提供理论指导和现实借鉴。

第二节　理论基础与基本研究假设

一　福利经济学相关理论

福利经济学是一门致力于判断社会福祉在一种经济状态下比另一种经济状态下更高或更低的学科。[①] 1920 年庇古（Arthur Cecil Pigou）完成《福利经济学》一书，开创了旧福利经济学。庇古认为福利所包含的范围极为广泛，其对福利的内容提出了两个命题：其一，福利的性质是一种意识形态，或许是意识形态之间的联系；其二，福利可以在或大或小的范畴内产生。[②] 他认为福利并不容易测度，所以选择了一种明显的可资利用的测度工具就是货币。因此，庇古的福利经济学研究范围被限制在了能够直接或间接与货币这一测量尺度有关的那部分社会福利，这部分福利就是经济福利。当然他也认为在经济福利和非经济福利之间不存在明显的界限。庇古认为个人的福利可以用效用来表示，整个社会的福利应该是所有个人效用的简单加总。因此，庇古提出经济福利在很大程度上会受到国民所得的数量和国民所得在社会成员之间的分配方式的影响。以庇古为代表的旧福利经济学的主要特征是：(1) 个人效用可以使用物质福利或效用来表示，社会福利等于所有社会成员个人效用之和；(2) 个人福利是可以度量的；(3) 效用是可以进行人际间比较的；(4) 社会应该使整体福利总和达到最大。[③]

通过 20 世纪 30 年代的一场大争论，新福利经济学取代了旧福利

---

① ［澳］黄有光：《福祉经济学——一个趋于更全面分析的尝试》，张清津译，东北财经大学出版社 2005 年版，第 1 页。

② ［英］A. C. 庇古：《福利经济学》，朱泱、张胜纪、吴良健译，商务印书馆 2006 年版，第 16 页。

③ 参见姚明霞《福利经济学》，经济日报出版社 2005 年版，第 128 页。

经济学。新福利经济学与旧福利经济学的区别在于，旧福利经济学认为福利是可以测量，也是可以进行人际比较的，而新福利经济学则试图仅应用像选择这样的更加客观的概念，并避免效用的人际比较。[①]也就是说新福利经济学摒弃了旧福利经济学基数效用论的基础，而是选择采用序数效用论，否定效用可进行人际间比较。新福利经济学的特征主要有：（1）帕累托标准及其相关边际条件的普及；（2）Bergson 于 1938 年发表的论述社会福利函数的文章；（3）1940 年前后关于补偿标准的争论。[②]

约翰·希克斯发现了帕累托在《政治经济学教本》中的一段话并重新表述，形成了帕累托标准。帕累托标准意指当某一变革使部分人境况变好，而没有人境况变坏时，它就是个理想的变化。[③] 或者说，如果某一种变化使至少一个人的福利增加了，而没有使任何人的福利减少，那么这种变化就是一种改进，是社会所希望的。[④] 帕累托标准对社会的改进来说是一个合理的、充分的标准，但是大多数政策变革的结果是使部分人境况变好的同时，部分人的境况会变坏，也就是说帕累托标准是一个不完全排序，不能得出一个完全的社会排序。于是，一些福利经济学家提出了各种补偿检验来解决这一难题，[⑤] 这些补偿检验包括卡尔多－希克斯标准、西托夫标准、李特尔标准和黄有光的分组补偿标准。

社会福利函数是否可以克服帕累托标准的缺陷呢？社会福利函数

---

① 参见［澳］黄有光《福祉经济学——一个趋于更全面分析的尝试》，张清津译，东北财经大学出版社 2005 年版，第 32 页。

② 同上。

③ 同上书，第 29 页。

④ 参见姚明霞《福利经济学》，经济日报出版社 2005 年版，第 8 页。

⑤ Kaldor, N., "Welfare Propositions of Economics and Interpersonal Comparisons of Utility", *Economic Journal*, Vol., 49, No. 195, 1939, pp. 549 – 552; Hicks, J. R., "Foundations of Welfare Economics", *Economics Journal*, Vol. 49, No. 196, 1939, pp. 696 – 712; Hicks, J. R., "The Rehabilitation of Consumer's Surplus", *Review of Economic Studies*, Vol. 8, No. 2, 1941, pp. 108 – 116; Scitovsky, T. D., "A Note on Welfare Propositions in Economics", *Review of Economic Studies*, Vol. 9, No. 1, 1941, pp. 77 – 88; Little, I. M. D., "The Foundations of Welfare Economics", *Oxford Economic Papers*, Vol. 1, No. 2, 1949, pp. 227 – 246; Little, I. M. D., "Direct Versus Indirect Taxes", *Economic Journal*, Vol. 61, No. 243, 1951, pp. 577 – 584; Ng, Yew-Kwang., "Quasi-Pareto Social Improvements", *American Economic Review*, Vol. 74, No. 5, 1984, pp. 1033 – 1050.

试图指出如何可以获得对某种社会状态的社会评价，即其对应的社会排序是什么。现代社会福利函数的讨论最初是由柏格森（A. Bergson）在1938年提出并由萨缪尔森（Samuelson）在1947年加以进一步说明的。[①] 他们提出的福利函数只是一种一般化的函数，对于函数的具体形式没有任何的规定。而后，不同学者对福利函数进行了探索。阿罗在探索过程中，提出了一个阿罗不可能定理，而后相继出现了肯普－黄和帕克斯的不可能定理、吉伯德的寡头定理以及森关于帕累托自由不可能性定理。西方经济学界试图突破阿罗不可能定理，但是只要坚持阿罗的基本框架就会发现举步维艰。[②] 阿罗不可能定理成了新福利经济学的终结者。

到了20世纪70年代，研究有了重大进展，阿玛蒂亚·森等人的研究成果发现了导致不可能性结论的原因，即阿罗不可能性定理只适用于投票式的集体选择规则，该规则无法揭示有关人际间效用比较的相关信息，而阿罗式的社会福利函数实际上排除了其他类型的集体选择规则，因而不可能性的结果是必然的。[③] 因此福利经济学发展到目前产生了分化，主要形成了两个发展方向，第一个方向以黄有光为代表，坚持福利主义，另一个方向以阿玛蒂亚·森为代表坚持非福利主义，福利经济学分化为福利主义与非福利主义两大流派。

黄有光福利经济学的研究重新着眼在快乐与幸福这一传统的功利主义命题上。黄有光认为幸福和快乐是人生的最终目标，而且是唯一有理性的最终目标。[④] 一个政策是不是好政策，最终要看是否增加了人们的福利。黄有光对效用的测量和福利的人际间比较有自己的看法。他认为一直以来在效用测量问题上存在混乱，部分原因是由于将同一词汇“效用”既用于测量主观满足，又用于表示客观选择或偏好；混乱的另一个原因是没有将原则上的可测量性与实际上的可测量性区别清楚。如果将效用看作是对个人主观满足的测量，显然，效用的基数测量在原则上是行得

---

① 参见姚明霞《福利经济学》，经济日报出版社2005年版，第34页。

② Jha，Rgahbendra.，*Modern Public Economics*，Routledge，1998.

③ 参见姚明霞《西方福利经济学的沉浮》，《当代经济研究》2001年第4期。

④ ［澳］黄有光：《福祉经济学——一个趋于更全面分析的尝试》，张清津译，东北财经大学出版社2005年版。

通的，虽然实际中确实存在很多困难。[①] 也即，虽然实行起来存在一定的难度，但他认为主观效用还是可以进行基数测量的。在进行人际间福利比较时，黄有光将人际比较分为水平比较、单位比较和全面比较，其中全面比较包括水平比较和单位比较。[②] 而不可比性则将两种比较的可能性都排除在外。在全面比较和不可比性之间是不完全比较，[③] 它是指单位效用或水平效用非精确的、粗略的比较，[④] 对不同社会函数和不同的问题进行不同的比较。[⑤] 黄有光反对将人际福利的比较等同于价值判断，认为人际效用比较的判断是对事实的主观判断，要精确地测量个人效用并对效用进行人际间的比较是比较困难的，但它们并不能使效用的人际比较成为价值判断。黄有光有关快乐经济学的研究，极大地拓展了社会福利研究的视野，使更多学者认识到在经济学研究中引入主观价值判断的重要性。[⑥]

非福利主义与福利主义不同，更加强调在个人权利和个人自由等前提下来处理个人利益之间所发生的冲突，阿玛蒂亚·森是非福利主义的代表。森（Sen）认为创造福利的并不是商品本身，而是它带来的那些机会和活动（opportunities and activities），这些机会和活动是建立在个人能力（capabilities）基础之上的。[⑦]

通过以上对福利经济学理论的阐释发现，福利经济学关注的是福利状态的变化，讨论的是经济社会政策对福利的影响。社会养老保险作为

---

① ［澳］黄有光：《福祉经济学——一个趋于更全面分析的尝试》，张清津译，东北财经大学出版社 2005 年版，第 11 页。

② 同上书，第 12 页。

③ Sen, A. K., *Collective Choice and Social Welfare*, Amsterdam: North-Holland, 1970a, p. 99; Sen, A. K., "Interpersonal Aggregation and Partial Comparability", *Econometrica*, Vol. 38, No. 3, 1970b, pp. 393 – 409.

④ ［澳］黄有光：《福祉经济学——一个趋于更全面分析的尝试》，张清津译，东北财经大学出版社 2005 年版，第 12 页。

⑤ Sen, A. K., "Informational Basis of Alternative Welfare Approaches: Aggregation and Income Distribution", *Journal of Public Economics*, No. 3, 1974, pp. 387 – 404; Sen, A. K., "On Weights and Measures: Informational Constraints in Social Welfare Analysis", *Econometrica*, Vol. 45, No. 7, 1977, pp. 1539 – 1572.

⑥ 参见许崴《试论福利经济学的发展轨迹与演变》，《国际经贸探索》2009 年第 12 期。

⑦ 参见纪昀《1998 年度诺贝尔经济学奖得主阿马蒂亚·森对福利经济学的贡献》，《世界经济》1999 年第 3 期。

一项经济社会政策，其在农村地区的实施，使年满 60 周岁的农村老人领取到了养老金，直接增加了农村老人的收入，可以说实施社会养老保险后，农村老人的福利得到了提升，也即社会养老保险对农村老人具有福利的提升效应。借鉴已有理论，本书将福利分为经济福利和非经济福利，因此福利效应也将分为经济福利效应和非经济福利效应两大部分，从而使福利效应的内容更加丰富。另外，黄有光对效用的测量以及福利的人际比较进行讨论时，强调的是主观满足，即主观福利，因此本书的福利效应也主要是主观福利效应。基于此分析，本书提出以下基本研究假设：

基本研究假设 1. 社会养老保险的实施提升了农村老人的福利，且不同方面福利提升的程度不同。

社会养老保险对农村老人福利的影响很大程度上将受到农村老人对社会养老保险政策认知以及享受养老金状况的影响，因此本书提出以下基本研究假设：

基本研究假设 2. 农村老人对社会养老保险的政策认知不同，相应地认为社会养老保险产生的福利效应也不同。

基本研究假设 3. 农村老人享受养老金的状况不同，相应地认为社会养老保险产生的福利效应也不同。

二　生命周期理论

生命周期的原义是指由自然人口的再生产机制所驱使的成熟和生育过程，[①] 这一概念致力于寻找人类共同的阶段模式。图 2—1 展示的就是中国人的生命周期。虽然生命周期概念在不同学科或者研究领域被广泛地应用，但是其基本内涵仍然是依托生命从出生到衰亡的过程，或者对其进行引申，在比喻意义上使用，比如企业组织研究将生命周期概念引入其中，分析企业组织发展的生命周期。Rowntree 最早曾借用生命周期理论研究贫困问题，提出了著名的“贫困生命周期理论”。[②] 生命周

---

① 李强、邓建伟、晓筝：《社会变迁与个人发展：生命历程研究的范式与方法》，《社会学研究》1999 年第 6 期。

② Rowntree, B. S., *Poverty: A Study of Town Life*, Bristol: Policy Press, 1901.

期也常用来分析劳动力的供给。在生命的各个阶段，人们不得不做出各种与就业相关的决策，包括就业、结婚生育、转换工作、退休等；随着生命周期的变化，人们的决策也会出现一些变化。① 在经济学中生命周期理论与居民及家庭的消费和储蓄紧密联系。Franco 曾提出了一生平滑消费的生命周期假说（LCH）。② 可以说，生命周期理论对分析一国经济制度，特别是福利制度与消费储蓄之间相关性问题有着重要的理论指导意义。

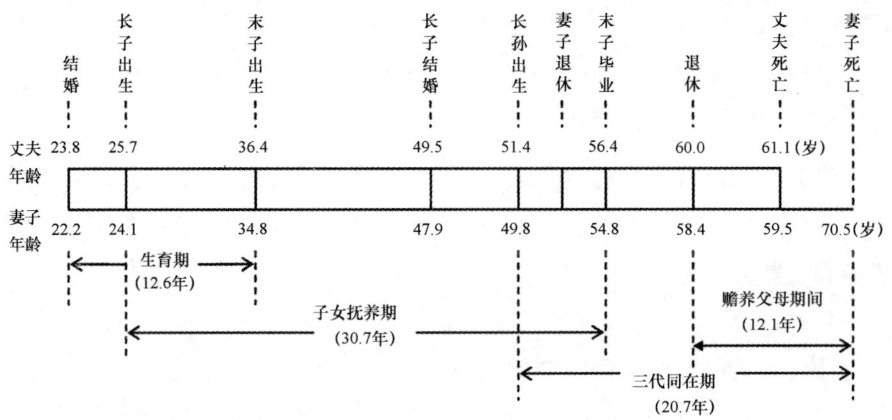

图 2—1 中国人的生命周期（1991 年）

资料来源：杨河清：《劳动经济学》第三版，中国人民大学出版社 2010 年版，第 154 页。

社会保障制度与生命周期理论的关系紧密。社会保障制度就是按照人在生命周期中的不同阶段、不同需求而设置的。③ 生命周期理论与经济学相结合并与社会保险相结合后，发展成为不同生命阶段的经济算计以有利于保障不同时期的生活水平。当然本书并不关心社会保障制度设计与生命周期理论的关系，而是关注外部嵌入的社会养老保险对处在生命周期不同阶段的农村老人产生的福利效应。

---

① 参见杨河清主编《劳动经济学》第三版，中国人民大学出版社 2010 年版，第 168 页。

② 参见何东琪《消费储蓄理论：一个生命周期描述模型的理论思考——兼论中国社会福利制度改革的重点》，《西北大学学报》（哲学社会科学版）2004 年第 5 期。

③ 郭于华、常爱书：《生命周期与社会保障——一项对下岗失业工人生命历程的社会学探索》，《中国社会科学》2005 年第 5 期。

图 2—1 主要是描述城镇职工的生命周期，并不符合中国农村的实际。结合本书的主题，即社会养老保险这种外部生活资源嵌入农村后对农村老人福利的增进，这里首先关注的生命周期是指与生活资源供给密切相关的人生各个重要阶段，因此可以称为生活资源供给的生命周期。图 2—2 展示了传统农村居民生活资源供给的生命周期，更大程度上是社会养老保险推行之前的状况。根据图 2—2 显示，传统农村居民生活资源供给的生命周期可以分为三个阶段，第一个阶段为他养阶段，即从个体出生到独立生活这一段时间；第二个阶段为自养阶段，即从独立生活到丧失自我供养能力这一段时间；第三个阶段为他养阶段，即从丧失自我供养能力到生命终结。我国制度规定的男性退休年龄为 60 岁，女性退休年龄是干部 55 岁，工人 50 岁，虽然目前退休制度正在改革，退休年龄有望延后，但是农村老人仍然没有特定的退休时间，也即并没有法律或制度规定农村老人在某一特定的日历年龄退出劳动，进入退休阶段。同时，农村老人与机关企事业单位的退休人员不同，其拥有一定的生产资料——土地，农村老人与生产资料并没有被强制隔离。土地是农民特有的生产资料，这一生产资料目前从国家法律角度看属于集体所有，但是农户具有承包经营权，且承包经营权被一再加强，承包期被一再延长，客观上形成了农村土地的类私有特征。[①] 也就是说目前土地的农户家庭经营在一定时间内不会改变，农村老人手中掌握的生产资料不会灭失。另外，目前农村地区大量青壮年劳动力外流，导致很多农村地区老人成了土地的经营主体，这也进一步倒逼农村老人与土地建立更加紧密的联系。也就是说，农村老人即使在年满 60 周岁后，仍然可以依靠经营土地获得生活资源。结合本书研究实际，这里将 60 岁作为老年的时间节点。因此，在农村 60 岁以后，在他养阶段之前，还将存在一个自养阶段，从自养阶段到他养阶段中间一般还存在一个过渡阶段，即半自养阶段。也即根据生命周期理论并结合农村实际，这里认为农村老人养老阶段根据生活资源的供给状况可以分为自养阶段、半自养阶段和他养阶段三个阶段。

在新农保以及后来的城乡居民社会养老保险尚未实施时，自养阶段

① 钟涨宝、聂建亮：《农民的泛国家意识与土地的类私有特征探讨——基于农民的认知视角》，《中南民族大学学报》（人文社会科学版）2011 年第 3 期。

的农村老人生活资源供给的主体是自己，老人通过生产劳动或经营活动筹措养老资金，或者通过原有储蓄支付日常生活开支。处于自养阶段的农村老人一般年龄相对较小，身体状况较好，具有劳动能力，这一部分老人一般不愿依靠子女，而更愿意通过自身劳动来支付自己的日常开支。处于半自养阶段的农村老人，其日常生活开支一部分来自自我劳动，另一部分来自子女或其他家庭成员的供养，而这两部分的比例则并不确定。处于半自养阶段的农村老人一般情况下自我劳动能力也相对减弱，很多时候自我劳动或经营的收入不足以支付日常生活开支，而需要子女或其他家庭成员的支持。处于他养阶段的老人，一般来说已经退出劳动，所以生活消费基本全部来源于子女或其他家庭成员。农村老人不同养老阶段的划分见图 2—2 上半部分。

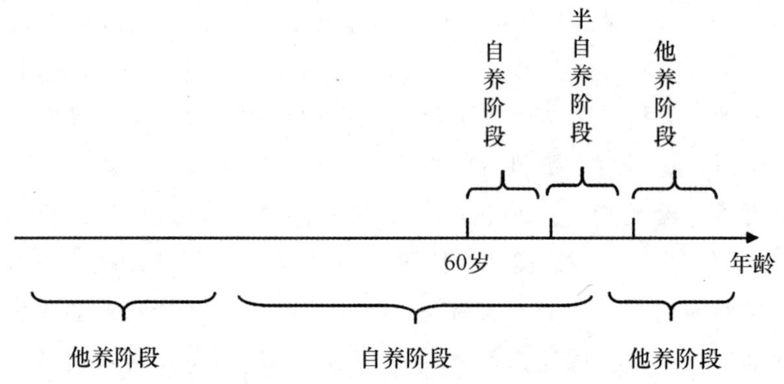

图 2—2 传统农村居民生活资源供给的生命周期

基于以上分析，本书认为社会养老保险作为制度性的养老保障嵌入农村，对处于不同养老阶段的农村老人产生的福利效应应该存在一定的差异。所以，提出以下基本研究假设：

基本研究假设 4. 农村老人所处的养老阶段不同，相应地认为社会养老保险产生的福利效应也不同。

三 需求层次理论

马斯洛（Abraham Harold Maslow）是美国著名的社会心理学家，1943 年其在《人类激励理论》（*A Theory of Human Motivation Psychological Re-*

view）中提出了著名的需求层次理论，一般称为马斯洛的需求层次理论。马斯洛在研究中将人的需求划分为五个层次，即生理需求、安全需求、爱与归属的需求、尊重的需求、自我实现的需求（见图2—3）。生理需求是由生理决定的需求，是人类生活的基础，是“人的需求中最基本、最强烈、最明显的一种”。[①] 安全需求一般包括生理和心理上的安全，对一般人来说生理上的安全通常不是问题，但是在社会变迁年代，不少人心理上的安全需求没有得到很好的满足。心理上的安全需求是指工作有保障、收入稳定、情感安适等。[②] 生理需求、安全需求、爱与归属的需求被认为是个体的基本需求。爱与归属的需求是指与其他人建立、维持、发展良好的关系的需要，如友情、爱情、亲情等。尊重的需求包括自尊和得到他人的尊重两个方面。自我实现的需求，用马斯洛的话说是“一个人能够成为什么，他就必须成为什么，他必忠实于他自己的本性”。[③] 尊重的需求、自我实现的需求被认为是高层次的需求。

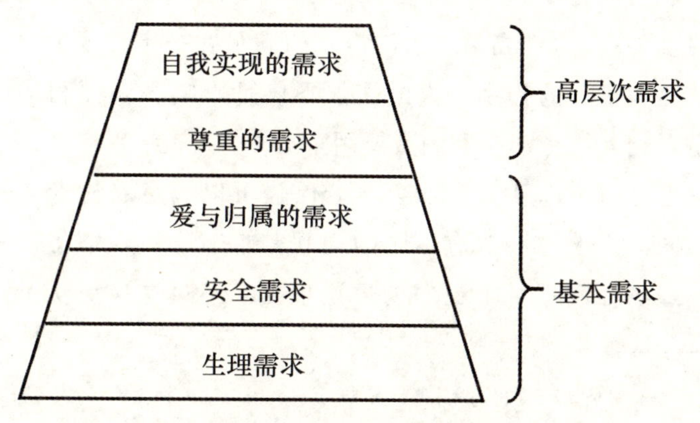

图2—3　马斯洛的需求层次理论

马斯洛的需求层次理论显示，较低层次的需求优先于较高层次的需

① ［美］戈布尔：《第三思潮：马斯洛心理学》，吕明、陈红雯译，上海译文出版社1987年版。

② 参见沙莲香主编《社会心理学》，中国人民大学出版社2002年版，第132页。

③ 参见［美］马斯洛《动机与人格》，第53页。转引自沙莲香主编《社会心理学》，中国人民大学出版社2002年版，第132页。

求，当一种需求满足后，另一种更高的需求就立刻产生。在五个层次需求中，生理需求是人的最基本的需求，当一个人的所有需求都没有得到满足时，生理需求最可能成为主要动机。生理需求通常转化为对更多的金钱的需求和期待。[①] 而如果低层次需求能够长期得到满足，他们的行为就不再有激励作用，于是，人们的一举一动都与高层次需求有关。虽然这一需求层次理论在发展过程中缺少充分的实证检验，一些试图直接证明该理论的研究也没有得到预期的结果，[②] 但是这一理论对社会保障研究具有重要的启发意义。

克雷顿·奥尔德弗在马斯洛需求层次理论基础上，提出了新的人本主义需求理论（ERG 理论）。[③] ERG 理论认为人类存在三种核心需求，即生存需求、相互关系需求以及成长发展需求。这三种核心需求是与马斯洛的需求层次对应的。[④]

人的各种需求的满足都离不开社会保障制度，因此需求层次理论很好地说明了建立社会保障制度的必要性和重要性，可以充当社会保障理论与政策的重要基石。[⑤] 当然，人的需求的满足在一定程度上也是增加了人的效用，提高了人的福利。人的需求不仅是影响客观福利构成的重要因素，也是影响人们主观福利的重要因素。[⑥]

根据以上分析可以认为，社会养老保险可以满足农村老人不同层次的需求，不同的需求层次对应不同的福利需求，这为本书将福利分为经济福利和非经济福利提供了更多的理论依据。不过这里更认为，具有不

---

① 参见［美］马斯洛《动机与人格》，第 53 页。转引自沙莲香主编《社会心理学》，中国人民大学出版社 2002 年版，第 131 页。

② 贺伟、龙立荣：《基于需求层次理论的薪酬分类与员工偏好研究》，《商业经济与管理》2010 年第 5 期。

③ Alderfer, C. P., "An Empirical Test of a New Theory of Human Needs", *Organizational Behavior & Human Performance*, Vol. 4, No. 2, 1969, pp. 142 – 175.

④ 生存需求对应马斯洛的生理和安全需求，是与人们基本物质生存有关的需求；第二种需求是相互关系需求，即指人们对于保持重要的人际关系的要求，与马斯洛的社会需求和自尊需求分类中的外在部分是相对应的；最后是成长发展需求，这是最高层的需求，表示个人谋求发展的内在愿望，对应马斯洛自尊需求分类中的内在部分和自我实现层次中所包含的特征。

⑤ 郑功成：《社会保障学》，中国劳动社会保障出版社 2005 年版，第 106 页。

⑥ 参见郭玲霞《农地城市流转对失地农户福利影响及征地补偿研究》，博士学位论文，华中农业大学，2012 年，第 27 页。

同禀赋特征的农村老人需求的侧重点不同，对社会养老保险福利效应的认识也不同，因此提出以下基本研究假设：

基本研究假设 5. 农村老人的禀赋特征不同，相应地认为社会养老保险产生的福利效应也不同。

第 三 章

农村地区社会养老保险的嬗变

第一节 农村地区社会养老保险的历史演进

自古以来，以“养儿防老”为核心的养老保障是中国主导的非制度性养老模式。而以国家名义确立并付诸实践的对农村老人的制度性养老，在中华人民共和国成立之前不曾有，在之后很长一段时间也未曾发迹。在集体化及之后的人民公社阶段，农村生产资料的统一使养老的集体化成了必要和可行。农民将自己的生产资料交给集体，同时换取获得一定集体经济保障的权利；而由于当时集体经济水平低下，并且个人的经济机会非常有限，所以当时的老年人养老保障水平也是偏低的。① 而后，家庭承包经营制度在农村确立，养老风险的责任承担主体从集体转移到个人及其家庭。② 随着农村地区经济的快速发展以及社会结构的变迁，农村地区对老年人传统的家庭保障逐渐弱化，于是，制度性养老保障的建立便纳入了政府的议事日程。本书根据政策内容及对农村老人可能的福利效应，将我国农村地区社会养老保险的发展划分为三个阶段。

一 老农保阶段：农村地区制度性养老保障的肇始

老农保阶段是中国农村制度性养老保障演进的第一阶段，以《县级

---

① 王海江：《我国农村养老保险面临的挑战和农村社会养老保险制度的建立》，《人口学刊》1998 年第 6 期。

② 陈丰元、Athar Hussain、蔡泽昊：《中国农村养老保险：政策回顾与评价》，《东吴学术》2013 年第 6 期。

农村社会养老保险基本方案（试行）》发布为标志。从 20 世纪 80 年代开始，我国开始探索建立农村社会养老保险。1986 年 10 月民政部在江苏省沙洲县（今张家港市）召开了全国农村基层社会保障工作座谈会，探讨在农村建立社会保障制度的必要性和可行性，[①] 形成了《关于探索建立农村基层社会保障制度的报告》，并由民政部于 1987 年 3 月 14 日印发。之所以该计划决定在农村开展社会保险工作的实践，是因为在当时背景下，农村社会保障落后于城镇社会保障制度，城乡发展失去平衡。[②] 而后，一些农村特别是一些比较富裕的地区对社区型社会养老保险制度进行了有益的探索，截至 1989 年，已经有 19 个省、自治区和直辖市的 190 个县市地区进行了农村养老保险的探索，800 多个乡镇的 8000 多个村开始实行社区型养老保险制度，并积累了一定的资金。但是这次探索由于统筹层次过低，覆盖范围过小，科学依据和法律保障不足，加上基金安全性太差，难以为农村老人提供可靠的保障，民政部总结经验认为县级养老保险才是农村社会养老保险的选择。[③]

1990 年 7 月，国务院总理办公会议研究了社会保险制度的改革问题，明确了农村社会养老保险由民政部负责的精神。1991 年 1 月，国务院决定选择一批有条件的地区开展建立县级农村社会养老保险制度的试点。[④] 1991 年国务院发布《关于企业职工养老保险制度改革的决定》决定“农村（含乡镇企业）的养老保险制度改革，由民政部负责，具体办法另行制定”。根据该决定，民政部制定了《县级农村社会养老保险基本方案（试行）》，并在山东、湖北、江苏等省开展了大范围的农村社会养老保险试点。1991—1992 年，全国近 600 个县开展了试点工作。[⑤] 而后，农村社会养老保险的各种规章制度与操作方案陆续出台，制度逐渐完善。1993 年 12 月，民政部宣布将农村社会养老保险推向全

---

① 《民政部印发〈关于探索建立农村基层社会保障制度的报告〉的通知》，1987 年 3 月 14 日。

② 刘晓梅：《中国农村社会养老保险理论与实务研究》，科学出版社 2010 年版，第 139 页。

③ 苏保忠：《中国农村养老问题研究》，清华大学出版社 2009 年版，第 57 页。

④ 邓大松、刘昌平等：《新农村社会保障体系研究》，人民出版社 2007 年版，第 102 页。

⑤ 公维才：《中国农民养老保障论》，社会科学文献出版社 2007 年版，第 98 页。

国有条件的地区。到1994年先后有26个省（直辖市、自治区）政府下发文件，开展农村社会养老保险工作。[①] 1995年10月，随着民政部《关于进一步做好农村社会养老保险工作的意见》被国务院办公厅转发，农村社会养老保险工作进入一个规范发展的轨道。该意见是国务院针对农村社会养老保险工作下发的专门文件，不仅对农村社会养老保险工作给予充分肯定，而且为今后的农村社会养老保险工作指明了方向，提出了要求。[②]

截至1995年6月，已有30个省、自治区、直辖市的1400多个县（市、区、旗）开展了这项工作，26个省、自治区、直辖市人民政府颁发了养老保险的地方性法规。全国参加社会养老保险的农村人口已有近5000万人，积累保险基金32亿元，形成了一定的规模。山东、江苏、上海、浙江、湖南、福建、江西等省市积累的基金都超过亿元。[③]

自老农保试点以来，养老保险发展迅猛，到1998年年底发展到了高峰（见表3—1），全国有31个省（直辖市、自治区）的2123个县（市、区）和65%的乡镇开展了农村社会养老保险工作，参加社会养老保险的农村人口有8025万人，积累基金166.2亿元。[④] 1998年政府机构改革，劳动与社会保障部下发《关于机构改革期间切实做好农村社会养老保险工作的紧急通知》指导工作的移交。而也正是这一年，农村社会养老保险突然急刹车。从表3—1可以看出，自1999年开始农民参保人数骤然下降。同时，随着1997年中央银行多次降息，农保基金的支付风险显著增加；1997年，东南亚金融危机来临，随之国内开始金融领域的整顿，“老农保”被列为保险业整顿的工作之一。

---

① 米红、杨翠迎：《农村社会养老保障制度基础理论框架研究》，光明日报出版社2008年版，第52页。

② 赵殿国：《建立新型农村社会养老保险制度》，《中国金融》2007年第6期。

③ 《国务院办公厅转发民政部关于进一步做好农村社会养老保险工作的意见的通知》，国办发〔1995〕51号。

④ 《中国劳动和社会保障年鉴（1999）》，中国劳动社会保障出版社2000年版，第5页。

表 3—1　　1993—2007 年农村养老保险参保人数及养老金领取人数

年份	参保人数（万人）	领取养老金人数（万人）
1993	3037.3	9.8
1994	3477.0	17.2
1995	5142.8	26.9
1996*	6594	31.6
1997	7451.8	61.4
1998	8025.0	59.8
1999	6460.8	89.8
2000	6172.3	97.8
2001	5995.1	108.1
2002	5461.8	123.4
2003	5427.7	197.6
2004	5382.4	205.5
2005	5441.9	301.7
2006	5373.7	355.1
2007	5171.5	391.6

注：*1996 年数据来源于民政部财务和机关事务司：《1996 年民政事业发展统计报告》，2015 年 1 月 16 日，民政部网站（http：//cws. mca. gov. cn/article/tjbg/200801/20080100009421. shtml）。

数据来源：民政部：《中国民政统计年鉴》（1994—1996 年、1998 年）；劳动和社会保障部、国家统计局：《中国劳动统计年鉴（1999—2007 年）》，转引自郑功成《中国社会保障 30 年》，人民出版社 2008 年版，第 82 页。

1998 年 8 月 3 日，时任国务院副总理温家宝对整顿保险业工作小组上报的《对农村养老保险的不同意见》做出批示："农村目前尚不具备普遍实行社会养老保险的条件。"两天后，时任总理朱镕基对同一份材料做出批示："农村实行社会养老保险不具备条件"，"要逐步过渡到商业保险"。①

1999 年 7 月，国务院批转的《整顿保险业工作小组〈保险业整顿与

① 《共和国词典》，2015 年 1 月 16 日（http：//news. qq. com/zt2011/ghgcd/52. htm？pgv_ref = aio2012&ptlang = 2052）。

改革方案〉的通知》指出“目前我国农村尚不具备普遍实行社会保险的条件。对民政系统原来开展的‘农村社会养老保险’，要进行清理整顿，停止接受新业务，区别情况，妥善处理，有条件的可以逐步将其过渡为商业保险”。随后，劳动和社会保障部先后提出两个整顿规范的方案：第一个方案是继续在有条件的地区进行农村养老保险的探索，不具备条件的地区暂不开展；第二个方案是政府定政策、市场化运营，政府转变职能，业务经办商业化。至此，农村社会养老保险作为一项统一的制度安排已不复存在，只是在个别经济发达地区有所开展。[①] 但是由于当时整顿规范的方向不明确，部门之间的意见并不一致，政策多变，多数地方处于停滞状态，部分地方甚至还出现了大规模退保现象。[②] 表3—2是老农保阶段中央部委发布的部分文件。

表3—2　　老农保阶段政府相关文件

年份	日期	发文字号	文件名称
1987	3月14日	民政部	印发《关于探索建立农村基层社会保障制度的报告》的通知
1991	7月15日	民办函〔1991〕186号	关于当前农村社会养老保险工作有关事宜的通知
1992	1月3日	民办发〔1992〕2号	关于印发《县级农村社会养老保险基本方案（试行）》的通知
	2月19日	民办发〔1992〕6号	关于印发《农村社会养老保险管理服务费提取使用办法（试行）》的通知
	3月2日	民办函〔1992〕58号	关于农村社会养老保险资金购买国债券有关事宜的通知
	4月24日	民办函〔1992〕125号	关于加快农村社会养老保险改革的通知
	6月18日	民办发〔1992〕15号	关于农村社会养老保险基金使用问题的通知
	9月15日	民办发〔1992〕25号	关于进一步加快发展农村社会养老保险事业的通知

① 邓大松、刘昌平等：《新农村社会保障体系研究》，人民出版社2007年版，第103页。

② 胡晓义主编：《走向和谐：中国社会保障发展60年》，中国劳动社会保障出版社2009年版，第147页。

续表

年份	日期	发文字号	文件名称
1993	1月18日	民办发〔1993〕1号	农村社会养老保险编号办法
	4月27日	民办发〔1993〕4号	关于印发《农村社会养老保险会计制度（试行)》的通知
	6月14日	民办发〔1993〕8号	关于做好农村社会养老保险工作几个问题的通知
1994	7月6日	民办函〔1994〕128号	民政部办公厅关于农村社会养老保险基金使用管理几个问题的通知
	7月21日	民办发〔1994〕22号	关于印发《农村社会养老保险养老金计发办法（试行）的通知》
	9月19日	民办发〔1994〕27号	关于加强农村社会养老保险基金管理的通知
1995	10月19日	国办发〔1995〕51号	关于进一步做好农村社会养老保险工作意见的通知
1997	9月16日	民险发〔1997〕27号	民政部关于加强农村社会养老保险基金风险管理的通知
1998	3月18日	厅办函〔1998〕47号	关于加强农村社会养老保险基金监管的通知
	8月26日	劳社部〔1998〕7号	关于机构改革期间切实做好农村社会养老保险工作的紧急通知
1999	7月2日	国发〔1999〕14号	国务院批转整顿保险业工作小组保险业整顿与改革方案的通知
2004	10月10日	劳社部函〔2004〕240号	关于进一步防范农村社会养老保险基金风险的紧急通知

二　新农保阶段：农村地区普惠式社会养老保险制度的初步建立

第二阶段为新农保阶段，以《国务院关于开展新型农村社会养老保险试点的指导意见》发布为标志。2002年11月十六大报告明确提出“在有条件的地方探索建立农村社会养老保险制度”，农村社会养老保险工作进入了一个新的发展阶段。2002年以后各地开始尝试建立新型农村社会养老保险，具有代表性的有青岛市、东莞市、北京市、通江市、宝鸡市等，形成了不同的模式，这些试点地区的共同点是增加和明确了政府责任。2007年11月广东珠海召开农村养老保险培训和研讨会，根据会议上各地使用的汇报材料可以看出，各地制度可谓百花齐放、百家争鸣，其特征可以归纳为以下几点：（1）从农村养老保险性质来看，都是以自我保障为主的自愿参加；（2）从对象上来看，有针对纯农民的，有针对计划生育户和村干部的，有的还包括没有加入城市养老保险的居民；（3）从模式上看，以个人账户完全积累模式为主，一部分地区实行统账结合模式；（4）支付开始年龄上，有的地区女的 50 岁，有的 55 岁，还有的从 60 岁开始，而男的基本上都是从 60 岁开始；（5）缴费最低年数有的 15 年，有的 20 年；（6）待遇标准更是各地根据具体情况而定，平均额不等；（7）财政补贴也是各种各样，有普惠式补贴，有特殊对象的倾斜式补贴，有对特殊群体重点补贴；（8）从制度实施整体情况看，有的地区先在干部和计划生育户等特殊人群开始实施，还有的地区只对失地农民建立农保，没有普及到所有农民，有的已普及到农村所有居民；（9）养老保险基金存入银行和购买国债。[①] 但在这些不同的模式中，“宝鸡模式”最为引人关注。[②]

2007 年 3 月 8 日，时任国务院总理的温家宝在有关建议上做出批示，要求人力资源和社会保障部会同有关部门研究提出推进农村养老保险工作的意见。2008 年 10 月党的十七届三中全会做出关于建立个人缴费、集体补助、政府补贴相结合的新农保制度的决定。2009 年 3 月温家宝在《政府工作报告》中提出，2009 年在 10% 的县开展新农保试点。当年 8 月全国新农保工作会议在北京召开，拉开了新农保在全国试点推进的序幕。2009 年 9 月 1 日《国务院关于开展新型农村社会养老保险试点的指导意见》印发，新农保试点工作正式启动。

2009 年 11 月 29 日至 12 月 8 日，全国首批新农保试点培训班在江西九江举办，来自全国 31 个省（自治区、直辖市）的 143 个地市及首批试点县（市、区、旗）的新农保行政管理和经办机构共 600 余人参加了培训。[③] 2009 年 12 月，27 个省、自治区的 320 个县和 4 个直辖市的部分区

① 刘晓梅：《中国农村社会养老保险理论与实务研究》，科学出版社 2010 年版，第 155 页。

② 从 2007 年开始，国家人力资源和社会保障部曾派人多次到宝鸡调研，对“宝鸡模式”给予了充分肯定，“宝鸡模式”后来成了全国新农保的蓝本。

③ 《全国首批新型农村社会养老保险试点培训班在江西九江举办》，2015 年 1 月 16 日（http://www.mohrss.gov.cn/ncshbxs/NCSHBXSgongzuodongtai/200912/t20091208_83851.htm）。

县启动试点工作，到2010年新农保试点扩大到全国23%左右的县。[①] 至此，全国27省、自治区共838个县和4个直辖市的大部分地区纳入国家新农保试点，制度覆盖16岁以上农业人口约1.8亿人，其中60周岁及以上老年人口约3500万人。[②]

2011年，国务院决定加快新农保试点进度，并决定启动城镇居民养老保险（简称“城居保”）试点。新农保与城居保两条线并行不悖，同步进行。这样中国建立起了覆盖全体国民的社会养老保险体系。表3—3是老农保阶段中央部委发布的部分文件。

表3—3　　新农保阶段政府相关文件

日期	发文字号	文件名称
2009年9月1日	国发〔2009〕32号	国务院关于开展新型农村社会养老保险试点的指导意见
2009年11月10日	财社〔2009〕211号	财政部　人力资源和社会保障部关于中央财政新型农村社会养老保险试点专项补助资金管理有关问题的通知
2009年11月16日	人社部发〔2009〕146号	人力资源和社会保障部关于印发新型农村社会养老保险信息系统建设指导意见的通知
2009年11月30日	人社部发〔2009〕161号	人力资源和社会保障部关于印发新型农村社会养老保险经办规程（实行）的通知
2009年12月3日	公治〔2009〕586号	公安部关于积极配合做好新型农村社会养老保险试点相关工作的通知
2011年7月1日	国发〔2011〕18号	国务院关于开展城镇居民社会养老保险试点的指导意见

截至2012年7月1日，全国所有县级行政区全部开展新型农村社会养老保险和城镇居民社会养老保险工作，基本实现了制度全覆盖，比原

① 《巩固、完善、提高、推动城乡居民养老保险工作再上新台阶》，2015年1月16日（http://www.mohrss.gov.cn/ncshbxs/NCSHBXSgongzuodongtai/201305/t20130531_104217.htm）。

② 《全国第二批扩大新农保试点工作如期启动》，2015年1月16日（http://www.mohrss.gov.cn/ncshbxs/NCSHBXSgongzuodongtai/201010/t20101018_83864.htm）。

计划提前了8年，我国建立起世界上最大的基本养老保险制度，几千年来中国人老有所养的愿望初步实现。[①] 新农保和城居保实现制度全覆盖后，制度运行平稳。新农保的运行情况如表3—4所示。

表3—4　　新农保运行情况

年份	试点范围	参保人数（万人）	其中：实际待遇领取人数（万人）	基金收入（亿元）	其中：个人缴费收入（亿元）	基金支出（亿元）	基金累计结存（亿元）
2010年	838个县和4个直辖市的部分区县	10277	2863	453	225	200	423
2011年	1914个县和4个直辖市的部分区县	32643	8525	1070	415	588	1199
2012年	全国所有县级行政区	48370	13075	1829	594	1150	2302

三　统一城乡居民养老保险阶段：迈向更高的福利

中国农村制度性养老保障演进的第三阶段为统一城乡居民养老保险阶段，以《国务院关于建立统一的城乡居民基本养老保险制度的意见》发布为标志。在总结新农保和城居保试点经验的基础上，国务院决定，将新农保和城居保两项制度合并实施，在全国范围内建立统一的城乡居民基本养老保险制度。2014年2月国务院发布《国务院关于建立统一的城乡居民基本养老保险制度的意见》，计划在“十二五”末，实现新农保和城居保制度在全国范围内的合并，同时实现与职工基本养老保险制度的有效衔接。

2014年5月15日至16日，人社部农保司会同社保中心在湖南省岳阳市召开了南片16省份城乡居民养老保险行政和经办机构负责人座谈会，调度发现，山东、四川、云南、贵州、海南5个省份已制定出新的政策文件，湖南、湖北、广东、福建、浙江已将实施意见稿提请省政府审议，广西、

① 《全国县级行政区已全部开展新农保和城居保工作》，2015年1月16日（http：//www.chinanews.com/gn/2012/10－12/4241831.shtml）。

江西、重庆、江苏、安徽、河南等省份已起草实施意见，正征求各方面意见。当时南片16省份的基础养老金标准：江苏90元、浙江100元、安徽55元、福建70元、江西55元、山东75元、河南60元、湖北55元、湖南55元、广东65元、广西75元、重庆80元、四川60元、云南60元、贵州55元、海南城居保130元（新农保上半年100元，下半年120元）。[①]

2014年6月11日至13日，人社部农保司会同社保中心在黑龙江省哈尔滨市召开了北片16省份城乡居民养老保险行政和经办机构负责人会议，对北京等15省区市及新疆生产建设兵团就贯彻落实《国务院关于建立统一的城乡居民基本养老保险制度的意见》文件情况、相关配套措施制定情况、参保扩面进展情况进行了调度。从调度情况看，已出台政策文件的省份有上海、山西、辽宁、河北。已经上报省级人民政府或已完成征求相关部门意见的有北京、天津、吉林、西藏、陕西、青海。还在征求相关部门意见并进行修改完善的有河北、内蒙古、宁夏、新疆。当时，北片16省份的基础养老金标准：北京430元（福利养老金350元）、天津220元、山西65元、内蒙古65元、辽宁70元、上海540元、西藏120元、陕西60元、甘肃65元、青海110元、宁夏85元、新疆生产建设兵团100元、新疆新农保55元（城居保100元）、河北55元、黑龙江55元、吉林55元。[②]

2015年1月15日，经国务院批准，自2014年7月1日起，全国城乡居民基本养老保险基础养老金最低标准从每人55元/月提高到每人70元/月。这是我国首次统一提高城乡居民基本养老保险基础养老金标准，预计将惠及超过1.4亿城乡老年居民。[③] 这一举措将提高社会养老保险的养老保障能力，实现社会养老保险迈向更高的福利。而后一些地区又陆续自主提高了本地区城乡居民基本养老保险的基础养老金，进一步提高了

---

① 《南片16省份城乡居民养老保险工作座谈会在湖南省岳阳市召开》，2015年1月18日（http://www.mohrss.gov.cn/ncshbxs/NCSHBXSgongzuodongtai/201406/t20140627_132806.htm）。

② 《北片16省份城乡居民养老保险工作座谈会在黑龙江省哈尔滨市召开》，2015年1月18日（http://www.mohrss.gov.cn/ncshbxs/NCSHBXSgongzuodongtai/201406/t20140627_132808.htm）。

③ 《城乡居民基础养老金最低标准增至70元 系5年来首次上涨》，2015年1月18日（http://news.xinhuanet.com/local/2015-01/16/c_127391098.htm）。

社会养老保险的养老保障能力。图 3—1 为农村地区社会养老保险历史演进的示意图。

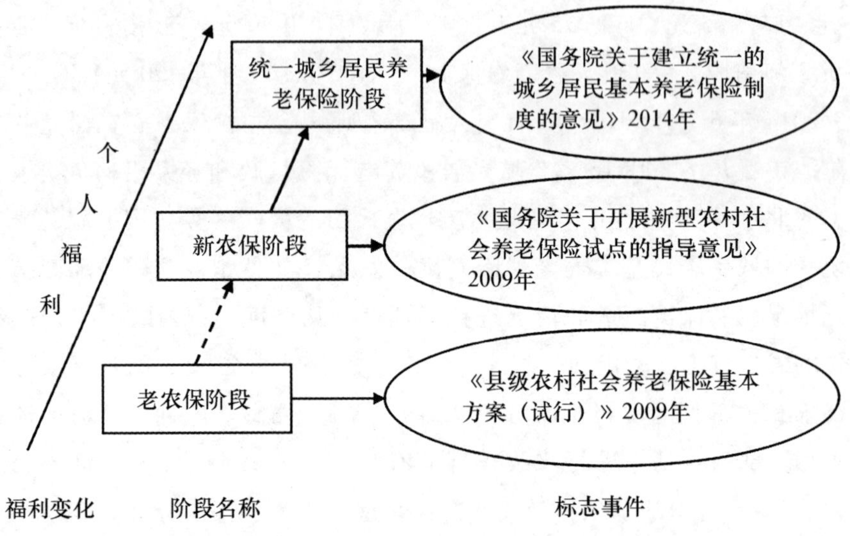

图 3—1 农村地区社会养老保险的历史演进示意图

第二节 老农保、新农保与城乡居民基本养老保险内容比较

一 政策的基本规定性

从政策依据来看，老农保推行时主要依据的是民政部下发的《县级农村社会养老保险基本方案（试行）》，新农保试点推行时主要依据的是《国务院关于开展新型农村社会养老保险试点的指导意见》，而城乡居民基本养老保险实施的主要依据是《国务院关于建立统一的城乡居民基本养老保险制度的意见》。从政策下发主体来看，新农保和城乡居民基本养老保险的层次更高，更有利于保障政策的有效推行。

从任务目标来看，老农保并没有设定具体的推进方案和步骤，而新农保则按照先试点后正式推行的步骤展开，在 2009 年选择 10% 的县（市、区、旗）进行试点，并计划在 2020 年前基本实现对农村适龄居民的全覆盖。首批试点以后，在全国范围内选择部分地区又进行了第 2 批试点，并且提高了推行速度，于 2012 年下半年实现了在全国县级行政单位的全覆盖，也即到 2012 年下半年全国所有县级行政单位都已经推行了新农保或者城乡居民社会养老保险。城乡居民基本养老保险的实施则是水到渠成。在 2011 年国家开始试点城居保的时候，城居保与新农保的基本规定以及保险待遇差异不大，且参加城居保的人数相对较少，很多地区就将新农保和城居保进行了合并实施，所以 2014 年国务院发布建立统一的城乡居民基本养老保险制度时，全国很多地区已经基本实现新农保与城居保的统一。以湖北省为例，2011 年 7 月，也即全国第三批新农保试点之时就开始正式推行城乡居民社会养老保险，2012 年 7 月在全省范围内全面推行了城乡居民社会养老保险。正因如此，城乡居民基本养老保险的任务目标并非仅仅是简单地将新农保和城居保合并，更远期的目标可能是实现与职工基本养老保险制度的衔接。

保险对象决定了养老保险的方向，老农保、新农保和城乡居民基本养老保险的保险对象存在一定的差异。老农保的保险对象为“市城镇户口、不由国家供应商品粮的农村人口”。[①] 这也就决定了老农保不可能在较大范围普及。新农保的保险对象比较明确也比较具有普遍性，即“年满 16 周岁（不含在校学生）、未参加城镇职工基本养老保险的农村居民”。[②] 城乡居民基本养老保险的保险对象为，“年满 16 周岁（不含在校学生），非国家机关和事业单位工作人员及不属于职工基本养老保险制度覆盖范围的城乡居民”。[③] 对保险对象的规定性也是新农保与城乡居民基本养老保险相区别的关键。

二　保险基金的筹集

筹资原则是区别新农保与老农保的最主要方面，老农保是以个人缴

---

① 《关于印发〈县级农村社会养老保险基本方案（试行）〉的通知》（民办发〔1992〕2 号），1992 年 1 月 3 日。

② 《国务院关于开展新型农村社会养老保险试点的指导意见》（国发〔2009〕32 号），2009 年 9 月 1 日。

③ 《国务院关于建立统一的城乡居民基本养老保险制度的意见》（国发〔2014〕8 号），2014 年 2 月 21 日。

纳为主，集体补助为辅，国家给予政策扶持，[①] 也就是说这一政策主要由参保人承担责任，新农保则增加了政府责任，筹资模式变为了由个人缴费、集体补助、政府补贴构成，[②] 城乡居民基本养老保险基本是参照新农保建立的，所以筹资模式与新农保一样。正是增加了政府责任，所以新农保的福利效果才更加明显。老农保、新农保及城乡居民基本养老保险均为参保人建立了个人账户，只是个人账户的结构并不相同，后两者的结构基本一致。筹资原则的不同导致账户结构的设计也存在一定的差异，这里从养老保险筹资主体分类角度进行解析。

第一，个人缴费部分。从缴费周期来看，老农保采用的是按月缴费或按年缴费的方式，按月缴费主要借鉴城镇职工养老保险的设计理念，按年缴费则是结合了农村的实际情况。新农保和城乡居民基本养老保险则直接采用按年缴费。按月缴费在农村并不容易实现，一是经办服务人员并不足以承担按月缴费的经办工作，二是按月缴费且缴费金额又小容易造成人力资源的浪费。

从缴费档次设置来看，老农保的档次设置是基于按月缴费模式，设置了 2 元、4 元、6 元、8 元、10 元、12 元、14 元、16 元、18 元、20 元十个档次，[③] 从这个角度来看，如果每月专门去缴纳低至 2 元高到 20 元的保险费，从资源配置角度来看并不经济。而按照这个缴费的档次每年缴费分为 24 元到 240 元不等。新农保的缴费档次初期设置是 100 元、200 元、300 元、400 元、500 元 5 个档次，并且规定各地方可以根据当地实际状况增设缴费档次，[④] 也即这里的 5 个档次是最基本的。城乡居民基本养老保险在新农保 5 个档次的基础上增设了 600 元、700 元、800 元、900 元、1000 元、1500 元、2000 元 7 个档次，拓展了可选择的空间。当然，地方也可以根据实际情况增设缴费档次，但是对最高缴费档次进行了限

① 《关于印发〈县级农村社会养老保险基本方案（试行）〉的通知》（民办发〔1992〕2 号），1992 年 1 月 3 日。

② 《国务院关于开展新型农村社会养老保险试点的指导意见》（国发〔2009〕32 号），2009 年 9 月 1 日。

③ 《关于印发〈县级农村社会养老保险基本方案（试行）〉的通知》（民办发〔1992〕2 号），1992 年 1 月 3 日。

④ 《国务院关于开展新型农村社会养老保险试点的指导意见》（国发〔2009〕32 号），2009 年 9 月 1 日。

制。应该说，老农保缴费的灵活度不足，而新农保、城乡居民基本养老保险则仅仅提出指导性意见，具体缴费档次的设置地方有很大的自主权。关于缴费档次的调整老农保提出“个人或集体根据收入的提高或下降，经社会养老保险管理部门批准，可按规定调整交纳档次”。[①] 而新农保和城乡居民基本养老保险提出了根据居民收入情况适时调整缴费档次的规定，为养老保险筹资水平的提高留有余地。缴费档次虽然设置了，但是选择何种缴费档次，则有不同的规定。老农保缴费档次的选择很大程度上受其他主体的影响，如其缴费标准范围的选择由县（市）政府决定。而新农保和城乡居民基本养老保险则完全是由参保人自主选择缴费档次。自愿参保原则其实与一般养老保险的强制性是不同的，应该说也是适合中国国情的制度创新。

第二，集体缴费部分。虽然不同阶段的养老保险均规定了集体补助，但是因为农村集体的特殊性，很难保证持续的资金支持，所以这一部分的补助往往被虚置。老农保规定“集体补助为辅”，集体补助主要从乡镇企业利润和集体积累中支付；[②] 而新农保和城乡居民基本养老保险则规定“有条件的村集体应当对参保人缴费给予补助”，[③] 这主要是一些建议，并没有强制力，补助的金额也主要是“由村民委员会召开村民会议民主确定”。[④] 城乡居民基本养老保险也对补助的最高限额进行了规定，“补助、资助金额不超过当地设定的最高缴费档次标准”。[⑤]

第三，国家补贴部分。国家补贴一般来说分为“补出口”和“补入口”两部分，前者主要是对个人账户的补贴，后者则是对保险金支付的补贴。从个人账户角度来看，老农保的国家补贴并不是直接的补贴，而新农保和城乡居民基本养老保险与老农保的最大不同就是设置了国家补贴部分，在“补入口”方面，两者均是直接的补贴，在“补出口”方面

---

① 《关于印发〈县级农村社会养老保险基本方案（试行）〉的通知》（民办发〔1992〕2号），1992年1月3日。

② 同上。

③ 《国务院关于开展新型农村社会养老保险试点的指导意见》（国发〔2009〕32号），2009年9月1日。

④ 同上。

⑤ 《国务院关于建立统一的城乡居民基本养老保险制度的意见》（国发〔2014〕8号），2014年2月21日。

均是基础养老金。不过，在“补入口”方面，对选择较高档次标准缴费的，新农保规定是“可给予适当鼓励”，① 而城乡居民基本养老保险则相对比较具体，“对选择500元及以上档次标准缴费的，补贴标准不低于每人每年60元”，② 这种补贴力度相对于新农保有较大的提升。

三 待遇领取情况

老农保的待遇主要是个人账户支付，而新农保和城乡居民基本养老保险的养老金待遇则是由基础养老金和个人账户养老金组成。因为支付结构并不相同，所以其支付的标准也是有差异的。老农保“根据交费的标准、年限，确定支付标准”，③ 也即根据个人账户的基金确定养老金支付标准，而新农保和城乡居民基本养老保险养老金中的基础养老金是相对固定的，也是“补出口”的部分，不因缴费时间及缴费档次而有差异，这部分往往在选择较低档次缴费人员的养老金中占比较高，甚至远高于个人账户支付的养老金。而新农保和城乡居民基本养老保险的个人账户养老金的月计发标准为个人账户全部储存额除以139，这个139与现行城镇职工基本养老保险个人账户养老金计发系数是相同的，当然目前很多人的研究认为这个计发系数是偏低的，应该提高目前养老保险的计发系数。④⑤

因为基础养老金基本是固定的，而个人账户养老金则是与缴费紧密相关的，缴费的多少直接与领取养老金的多少相关。这里以湖北省安陆市为例，展示新农保政策下农民可以领取养老金的数量（见表3—5）。因为安陆市在“补入口”方面，对参保人选择600元以上档次标准缴费的，

---

① 《国务院关于开展新型农村社会养老保险试点的指导意见》（国发〔2009〕32号），2009年9月1日。

② 《国务院关于建立统一的城乡居民基本养老保险制度的意见》（国发〔2014〕8号），2014年2月21日。

③ 《关于印发〈县级农村社会养老保险基本方案（试行）〉的通知》（民办发〔1992〕2号），1992年1月3日。

④ 王翠琴、薛惠元：《新型农村社会养老保险与相关制度衔接问题初探》，《经济体制改革》2011年第4期。

⑤ 杨斌、丁建定：《新型农村社会养老保险个人账户给付月数的测算与分析》，《江西财经大学学报》2012年第6期。

表 3—5　　安陆市 59 周岁以内参保人员缴费和领取标准对应表（元）

投保年龄（周岁）	领取标准														
	100 元档次			200 元档次			300 元档次			400 元档次			500 元档次		
	月领取养老金	其中		月领取养老金	其中		月领取养老金	其中		月领取养老金	其中		月领取养老金	其中	
		基础养老金	个人账户养老金		基础养老金	个人账户养老金		基础养老金	个人账户养老金		基础养老金	个人账户养老金		基础养老金	个人账户养老金
20	138	80	58	182	80	102	226	80	146	271	80	191	315	80	235
25	123	75	48	159	75	84	196	75	121	233	75	158	269	75	194
30	109	70	39	138	70	68	168	70	98	198	70	128	228	70	158
35	96	65	31	119	65	54	143	65	78	166	65	101	190	65	125
40	83	60	23	101	60	41	119	60	59	137	60	77	154	60	94
45	71	55	16	84	55	29	97	55	42	110	55	55	122	55	67
46	70	55	15	82	55	27	94	55	39	105	55	50	117	55	62
47	69	55	14	80	55	25	91	55	36	101	55	46	112	55	57
48	68	55	13	78	55	23	87	55	32	97	55	42	107	55	52
49	67	55	12	76	55	21	84	55	29	93	55	38	102	55	47
50	65	55	10	73	55	18	82	55	27	90	55	35	98	55	43
51	64	55	9	71	55	16	79	55	24	86	55	31	93	55	38
52	63	55	8	69	55	14	76	55	21	82	55	27	88	55	33
53	62	55	7	68	55	13	73	55	18	78	55	23	84	55	29
54	61	55	6	66	55	11	70	55	15	75	55	20	80	55	25

续表

投保年龄（周岁）	领取标准														
	100 元档次			200 元档次			300 元档次			400 元档次			500 元档次		
	月领取养老金	其中		月领取养老金	其中		月领取养老金	其中		月领取养老金	其中		月领取养老金	其中	
		基础养老金	个人账户养老金		基础养老金	个人账户养老金		基础养老金	个人账户养老金		基础养老金	个人账户养老金		基础养老金	个人账户养老金
55	60	55	5	64	55	9	68	55	13	71	55	16	75	55	20
56	59	55	4	62	55	7	65	55	10	68	55	13	71	55	16
57	58	55	3	60	55	5	62	55	7	65	55	10	67	55	12
58	57	55	2	58	55	3	60	55	5	61	55	6	63	55	8
59	56	55	1	57	55	2	57	55	2	58	55	3	59	55	4
投保年龄（周岁）	600 元档次			700 元档次			800 元档次			900 元档次			1000 元档次		
	月领取养老金	其中		月领取养老金	其中		月领取养老金	其中		月领取养老金	其中		月领取养老金	其中	
		基础养老金	个人账户养老金		基础养老金	个人账户养老金		基础养老金	个人账户养老金		基础养老金	个人账户养老金		基础养老金	个人账户养老金
20	359	80	279	404	80	324	450	80	370	495	80	415	540	80	460
25	306	75	231	344	75	269	381	75	306	418	75	343	456	75	381
30	258	70	188	288	70	218	318	70	248	349	70	279	379	70	309
35	213	65	148	237	65	172	261	65	196	285	65	220	309	65	244
40	172	60	112	191	60	131	209	60	149	227	60	167	245	60	185
45	135	55	80	148	55	93	161	55	106	174	55	119	187	55	132
46	129	55	74	141	55	86	153	55	98	165	55	110	177	55	122

续表

投保年龄（周岁）	领取标准														
	600元档次			700元档次			800元档次			900元档次			1000元档次		
	月领取养老金	其中		月领取养老金	其中		月领取养老金	其中		月领取养老金	其中		月领取养老金	其中	
		基础养老金	个人账户养老金		基础养老金	个人账户养老金		基础养老金	个人账户养老金		基础养老金	个人账户养老金		基础养老金	个人账户养老金
47	123	55	68	134	55	79	145	55	90	156	55	101	167	55	112
48	117	55	62	127	55	72	137	55	82	147	55	92	157	55	102
49	111	55	56	120	55	65	129	55	74	139	55	84	148	55	93
50	106	55	51	114	55	59	122	55	67	130	55	75	138	55	83
51	100	55	45	107	55	52	115	55	60	122	55	67	129	55	74
52	95	55	40	101	55	46	108	55	53	114	55	59	120	55	65
53	89	55	34	95	55	40	100	55	45	106	55	51	112	55	57
54	84	55	29	89	55	34	94	55	39	98	55	43	103	55	48
55	79	55	24	83	55	28	87	55	32	91	55	36	95	55	40
56	74	55	19	77	55	22	80	55	25	83	55	28	86	55	31
57	69	55	14	71	55	16	74	55	19	76	55	21	78	55	23
58	64	55	9	66	55	11	67	55	12	69	55	14	70	55	15
59	60	55	5	60	55	5	61	55	6	62	55	7	63	55	8

注：利息暂时按年利率2%，利率按同期银行一年期存款复率计算；个人账户养老金是个人账户积累额（个人缴费、各级政府补贴和利息）除以139；基础养老金暂时按55元/月；此表是预测表，测算的月领取养老金标准未考虑今后缴费标准和养老金待遇调整等因素。

数据来源：湖北省安陆市新农保政策宣传材料。

市财政按高出600元档次部分2%的标准给予补贴，同时在“补出口”方面对缴费年限15年以上的，每增加1年，加发基础养老金1元/月。所以可以看到，投保年龄从20岁开始，基础养老金为80元，而从45岁开始，则基础养老金为55元。这里假设某人缴费15年，那么如果选择100元档次缴费，等到其到达60周岁，每月可领取基础养老金55元，个人账户养老金16元，共71元；如果其选择500元档次缴费，等到其达到60周岁，每月可领取基础养老金55元及个人账户养老金67元，共122元；如果选择1000元档次缴费，等到其60周岁时每月可领取基础养老金55元和个人账户养老金132元，共187元。很多农民计算认为，如果其选择100元档次缴费，那么15年共缴纳养老保险费1500元，到60周岁后每月可以领取71元，那么21个月基本可以收回缴纳的1500元成本，也即不足2年即可收回成本，之后领取的养老金则完全为纯利润；而如果选择1000元档次缴费，那么15年共缴纳养老保险费15000元，到60周岁后每月可以领取187元，需要80个月才能基本收回缴纳的15000元成本，也即需要将近7年才可以收回成本。按照这个计算方法，很多人顾虑到自己的预期寿命，更愿意选择较低档次缴费。当然，如果从20岁开始缴费，选择100元档次缴费，到60周岁后每月可以领取138元养老金，选择500元档次缴费，到60周岁后每月可以领取315元养老金，选择1000元档次缴费，到60周岁后每月可领取540元养老金。应该说这些政策设计的目的是鼓励农民提早缴费，多缴多得，但是大部分农民会考虑到政策的持续性以及通货膨胀问题，不会太早选择缴费，即使缴费也往往选择100元的档次。

四 制度运行的管理与监督

不同阶段社会养老保险基金管理及监督的模式也并不相同。从基金管理层次来看，老农保的养老保险基金以县为单位统一管理，新农保基金在初期暂试行县级管理，随着新农保的推行逐步提高管理层次，当然有条件的地方也可以直接实行省级管理，[①] 目前看来省级管理难度较大。

---

① 《国务院关于开展新型农村社会养老保险试点的指导意见》（国发〔2009〕32号），2009年9月1日。

而城乡居民基本养老保险则目标明确，正逐步推进城乡居民基本养老保险基金省级管理。[①] 因此可以说，三个阶段社会养老保险的管理层级是逐步上调的，最终实现从县级向省级管理的过渡。基金管理机构方面，老农保是在县（市）成立农村社会养老保险事业管理处（隶属民政局），管理养老保险基金。[②] 新农保在推行之时，往往也会成立隶属于县（市）人力资源和社会保障局的专门机构对养老保险的经办和基金进行管理，如湖北省安陆市在2010年成立了“安陆市农村社会养老保险管理局”。

对养老保险基金进行运营是实现养老保险基金保值增值的主要方式。老农保保险基金的保值增值主要是购买国家债券和存入银行，一般不直接用于投资。老农保养老保险基金除需现支付部分外，原则上应及时转为国家债券。新农保的《指导意见》并未对新农保养老保险基金的运营进行明确的规定，仅说明按有关规定实现保值增值。城乡居民基本养老保险的规定也比较模糊，即规定养老保险基金按照国家统一规定投资运营，实现保值增值。

进行监督是养老保险基金管理运营的重要内容。老农保虽然对养老保险基金的管理和运营进行了较详尽的规定，但是对养老保险基金的监督却较少规定，新农保形成了多层次的养老保险基金监督架构，城乡居民基本养老保险在新农保相关规定的基础上对基金监督进行了更加具体的规定。

良好有序的经办服务是社会养老保险运行的基础。老农保规定了从县级到村级的三级经办服务体系，新农保和城居保对经办服务只是规定了原则性的问题，并没有对各级经办部门进行规定，不过对“金保工程”以及信息化系统进行了强调，反映了当前信息化背景下进行养老保险经办的特点。养老保险管理的经费来源，不同阶段的养老保险并不相同。老农保的管理经费主要来源于管理服务费，按照《民政部关于印发〈农村社会养老保险管理服务费提取使用办法（试行）〉的通知》，“农村社

① 《国务院关于建立统一的城乡居民基本养老保险制度的意见》（国发〔2014〕8号），2014年2月21日。

② 《关于印发〈县级农村社会养老保险基本方案（试行）〉的通知》（民办发〔1992〕2号），1992年1月3日。

会养老保险事业管理机构（以下简称‘管理机构’）可从收取的养老保险费中，提取管理服务费”。管理服务费按当年收取保险费总额的3%提取。“管理服务费以县（市、区、旗）为单位统一提取，分级使用。”① 与老农保的管理费用来源于保险费不同，新农保及城乡居民基本养老保险规定工作经费来源于同级财政预算，不得从保险基金中开支。

五 制度衔接管理

养老保险制度之间以及与其他相关制度的衔接是不同时期社会养老保险都要面临的问题。老农保在实施期间，主要面对的是与商业养老保险、已有的退休办法及农村地区特殊保障对象保障的衔接。新农保实施时已经是2009年，当时需要处理的制度衔接问题主要是与老农保、城镇职工养老保险等养老保险以及农村地区特殊保障对象保障的衔接，但新农保与其他相关制度的衔接，主要是指出具体执行部门，而并未制定详细方案。城乡居民基本养老保险与其他制度的衔接，主要是明确了户籍迁移、需要跨地区转移城乡居民基本养老保险关系的衔接方式，而与职工基本养老保险、优抚安置、城乡居民最低生活保障、农村五保供养等社会保障制度以及农村部分计划生育家庭奖励扶助制度的衔接并未详尽说明。

第三节 基于农民福利的政策评价

本节将基于农民福利视角，对老农保、新农保及城乡居民基本养老保险进行评价。应该说老农保在中国的实践不能说成功，众多学者从制度设计和制度运行角度对老农保进行了评价。② 甚至认为老农保

---

① 《关于印发〈县级农村社会养老保险基本方案（试行）〉的通知》（民办发〔1992〕2号），1992年1月3日。

② 邓大松、刘昌平主编：《新农村社会保障体系研究》，人民出版社2007年版；米红主编：《农村社会养老保障理论、方法与制度设计》，浙江大学出版社2007年版；米红、杨翠迎：《农村社会养老保障制度基础理论框架研究》，光明日报出版社2008年版；刘昌平、殷宝明、谢婷：《中国新型农村社会养老保险制度研究》，中国社会科学出版社2008年版；刘玲芬：《老年社会保障制度变迁与路径选择》，首都经济贸易大学出版社2009年版；刘晓梅：《中国农村社会养老保险理论与实务研究》，科学出版社2010年版。

名称上叫“农村社会养老保险”，但从严格意义上说却不是社会保险，[①] 从制度设计上看，缺乏社会性和福利性，也许称其为个人储蓄或民间保险公司等提供的商业个人储蓄型养老保险更确切。[②] 从 2009 年试点开始，新农保刚刚推行 5 年有余，但是已取得了重大的成绩，无论推行速度还是范围都超过了老农保，而且受到了广大农村群众的好评。[③] 随着逐步统一城乡居民养老保险，农村地区社会养老保险所发挥的作用将逐渐增大，对农民，尤其是农村老人的福利效应也将更加明显。下面从农民福利角度对老农保、新农保及城乡居民基本养老保险进行评价如下：

第一，新农保及城乡居民基本养老保险相对于老农保筹资机制进行了改进，对农民的福利有较大增进。在筹资机制中老农保主要为个人缴费，政府相对缺位，“只给政策不给钱”。世界上建立社会保障制度的大多数国家城乡社会养老保险基金的来源或全部由政府财政拨款或由政府、雇主、个人共同承担，最低限度也是雇主和个人共同承担，也就是说是一种风险共担机制。[④] 老农保虽然规定“国家予以政策扶持”，但是在实践中国家的作用并未显现，甚至管理费用都是从保费中按照 3% 的比例提取，应该说政府全面缺位，农民并未享受政府给予的福利。与老农保不同，新农保的筹资模式变为了由个人缴费、集体补助、政府补贴构成，虽然目前农村多数集体经济不足，集体补助处于缺位状态，但至少增加了政府责任，而城乡居民基本养老保险基本是参照新农保建立的，所以筹资模式与新农保一样。新农保、城乡居民基本养老保险与老农保的最大不同即是设置了国家补贴部分，在“补入口”方面，地方政府对参保人缴费给予补贴，补贴标准不低于每人每年 30 元。“补出口”方面，对符合领取条件的参保人全额支付基础养老金，中央财政对中西部地区按

---

① 刘玲芬：《老年社会保障制度变迁与路径选择》，首都经济贸易大学出版社 2009 年版，第 185 页。

② 刘晓梅：《中国农村社会养老保险理论与实务研究》，科学出版社 2010 年版，第 142 页。

③ 李放、黄阳涛：《农民对新农保满意度影响因素的实证研究——以江苏三县为例》，《晋阳学刊》2011 年第 6 期；肖云、刘培森：《新型农村社会养老保险满意度影响因素分析》，《经济体制改革》2011 年第 5 期。

④ 刘晓梅：《中国农村社会养老保险理论与实务研究》，科学出版社 2010 年版，第 142 页。

中央确定的基础养老金标准给予全额补助，对东部地区给予50%的补助。起初基础养老金是55元/月，自2014年7月1日起上涨15元，达到了70元/月。“补出口”“补入口”两方面的补贴，使得新农保，尤其是之后的城乡居民基本养老保险对农民，尤其是农村老人的福利效应相对于老农保有了较大幅度的提高。

第二，新农保及城乡居民基本养老保险相对于老农保保障水平有所提升，对农民，尤其是农村老人的福利有所增进，但并不明显。老农保规定的缴费档次有2元、4元、6元、8元、10元、12元、14元、16元、18元、20元十个档次，供参保人选择。米红在山东省平阴县（山东省平阴县1992年开始实施农村社会养老保险，是全国农村社会养老保障工作做得最好的地区之一，在山东属于样板县）调查时发现，农民多数选择的是2元/月的最低档次投保，按照民政部《农村社会养老保险交费领取计算表》计算，农民缴费10年后，每月可领取养老金4.7元，15年后每月可领取9.9元，若再考虑管理费增加和银行利率下调或通货膨胀等因素，农民领到的钱可能会更少。[①] 刘晓梅认为选择2元/月的投保档次，在不考虑通货膨胀等因素的情况下，假设一人从20岁开始以此标准缴费，到60岁时他每月能领取70元；但是考虑到通货膨胀的因素，以40年后通货膨胀率为5%计算，它将变为不足10元的现值。如果他以最高档次的每月20元缴费，则60岁时能领取700元；考虑通货膨胀因素，现值也不到100元。[②] 新农保方面，按照国家《指导意见》的规定，在不考虑个人账户利息、基础养老金调整及政府补贴标准提高等因素时，农民选择100元/年档次缴费，缴费年满15年，到其60周岁后每月可领取养老金共69.03元，其中基础养老金55元，个人账户养老金14.3元。而如果农民选择500元/年档次缴费，缴费年满15年，到其60周岁后每月可领取养老金共112.19元，其中基础养老金55元，个人账户养老金57.19元。而如果按照城乡居民基本养老保险基础养老金已经上涨到70元计

---

① 米红主编：《农村社会养老保障理论、方法与制度设计》，浙江大学出版社2007年版，第74页。

② 刘晓梅：《中国农村社会养老保险理论与实务研究》，科学出版社2010年版，第143页。

算，农民选择100元/年档次缴费，缴费年满15年，到其60周岁后每月可领取养老金共84.03元；如果农民选择500元/年档次缴费，则每月可领取养老金共127.19元；如果选择最高的2000元/年档次缴费，则每月可领取养老金也只有234.06元。在目前消费水平下，并不足以满足一个成人的消费开支。这相对于老农保的保障水平是有所提升的，对农民，尤其是农村老人的福利有所增进，但并不明显。比如，众多研究显示新农保的养老金不够用，难以满足改善老年人生活的需要，是低于适度保障水平的，或者说是一种有限保障。①

第三，新农保及城乡居民基本养老保险直接提高了年满60周岁农村老人的福利，而老农保则无法实现。老农保制度起始阶段，60周岁及以上群体成为“真空”人群，也即“保小不保老”，将这一最需要养老金保障的群体排除在制度之外。而新农保及城乡居民基本养老保险则在制度起始阶段直接向年满60周岁且未享受其他社会养老保险的农村老人直接支付基础养老金，应该说这是政策对农村老人最大和最明显的福利效应。

第四，新农保及城乡居民基本养老保险相对于老农保实现了普惠，即面向全体农村居民，实现了对全体农民福利的关注。老农保“保富不保贫”的特点使其福利效应大打折扣。由于农村经济不发达以及财力有限，农村社会养老保险制度主要是在一些经济发达的地区开展，走的是“保富不保贫”的路子，目标人群的问题并没有得到根本的解决。② 而新农保及城乡居民基本养老保险则尊重农民意愿，采用自愿选择缴费档次

---

① 鲁欢、王国辉：《经济欠发达地区提高“新农保”保障水平的路径选择——基于对辽宁省阜新市彰武县400家农户调查的研究》，《劳动保障世界》（理论版）2011年第11期；张思锋、张文学：《我国新农保试点的经验与问题——基于三省六县的调查》，《西安交通大学学报》（社会科学版）2012年第2期；薛惠元：《新农保能否满足农民的基本生活需要》，《中国人口·资源与环境》2012年第12期；陈荣卓、颜慧娟：《农民眼中的“新农保”：认知、意愿与评价——基于湖北省4县763位农民的调查》，《华中农业大学学报》（社会科学版）2013年第2期；刘海宁：《辽宁农村基本养老保险适度保障水平分析——基于生存公平的思考》，《社会科学辑刊》2011年第5期；聂建亮、钟涨宝：《家庭保障、社会保障与农民的养老担心——基于对湖北省孔镇的实证调查》，《农村经济》2014年第6期。

② 米红、杨翠迎：《农村社会养老保障制度基础理论框架研究》，光明日报出版社2008年版，第59页。

的方式，最大限度实现农民的普遍参保，从而可以提高整个农民群体的福利。

第四节 本章小结

本章集中探讨了农村地区社会养老保险的性质，从横向和纵向两个视角分析了我国农村地区存在的社会养老保险，并从农民福利视角对不同时期的社会养老保险制度进行了比较。研究发现：

第一，根据政策实施的内容及对农村老人可能的福利效应，我国农村地区的社会养老保险可以划分为三个发展阶段，第一个阶段为农村地区制度性养老保障的肇始，称之为老农保阶段，以《县级农村社会养老保险基本方案（试行）》的发布为标志；第二个阶段为农村地区普惠式社会养老保险制度的初步建立，称之为新农保阶段，以《国务院关于开展新型农村社会养老保险试点的指导意见》的发布为标志；第三个阶段为迈向更高的福利，称之为统一城乡居民养老保险阶段，以《国务院关于建立统一的城乡居民基本养老保险制度的意见》的发布为标志。

第二，老农保、新农保与城乡居民基本养老保险在政策的基本规定性、保险基金的筹集、待遇领取、制度运行的管理与监督、制度衔接管理等方面存在一定的差异，但总体来看，城乡居民基本养老保险由新农保发展而来，所以两者之间的差异较小，而两者与老农保之间的差异较大。基于农民福利视角对老农保、新农保与城乡居民基本养老保险进行比较分析后发现：新农保及城乡居民基本养老保险相对于老农保筹资机制进行了改进，对农民的福利有较大增进；新农保及城乡居民基本养老保险相对于老农保保障水平有所提升，对农民，尤其是农村老人的福利有所增进，但并不明显；新农保及城乡居民基本养老保险直接提高了年满60周岁农村老人的福利，而老农保则无法实现；新农保及城乡居民基本养老保险相对于老农保实现了普惠，即面向全体农村居民，实现了对全体农民福利的关注。

第四章

社会养老保险实施概况及样本基本特征

第一节 研究地区概况及其农村地区社会养老保险实施状况

一 湖北省概况及其农村地区社会养老保险实施状况

（一）湖北省概况

湖北省位于中国中部，简称鄂。东邻安徽，南界江西、湖南，西连重庆，西北与陕西接壤，北与河南毗邻，东西长约740公里，南北宽约470公里。全省面积18.59万平方公里，占全国总面积的1.94%。全省三面环山，中间低平，略呈向南敞开的不完整盆地。在全省总面积中，山地占56%，丘陵占24%，平原湖区占20%。[①] 湖北省有12个省辖市，1个自治州，39个市辖区，24个县级市（其中3个省直管市），37个县，2个自治县，1个林区。[②]

在2014年年末，湖北省常住人口为5816万人，其中男性人口为2980.31万人，占总人口的51.24%，女性为2835.69万人，占总人口的48.76%，总人口性别比为105：100。湖北省常住人口中，0—14岁的人口为856.12万人，占总人口的14.72%；15—64岁劳动年龄人口达到4340.48万人，占总人口的74.63%；65岁及以上老年人口为619.4万

① 王祥喜主编：《湖北年鉴2015》，湖北年鉴社2015年版，第24页。

② 数据截至2014年年底。王祥喜主编：《湖北年鉴2015》，湖北年鉴社2015年版，第27页。

人，占总人口的10.65%，老龄化社会明显。①

从经济发展来看，湖北省2014年地区生产总值为27367.04亿元，按可比价格计算，比上年增长9.7%，第一产业完成增加值3176.89亿元，第二产业完成增加值12840.22亿元，第三产业完成增加值11349.93亿元。② 农民人均纯收入为10849元，增长11.9%；城镇居民人均可支配收入达24852元，增长9.6%，增速分别居全国第七位和第四位，农民收入首超全国平均水平，农民收入增幅连续5年高于城镇居民收入增幅。③表4—1是2014年年底湖北省与全国人口特征的比较。

表4—1　　湖北省与全国人口特征的比较（2014年年底）

地区	总人口（万人）	男性人口（万人）	女性人口（万人）	城镇人口（万人）	乡村人口（万人）	城镇居民人均可支配收入（元）	农村居民人均纯收入（元）
全国	136782	70079	66703	74916	61866	29381	9892
湖北	6162	3198	2964	3238	2578	24852	10849

数据来源：中华人民共和国国家统计局编：《中国统计年鉴（2015）》，中国统计出版社2015年版，参见 http://www.stats.gov.cn/tjsj/ndsj/2015/indexch.htm；湖北省统计局编：《湖北省统计年鉴（2015）》，中国统计出版社2015年版，参见 http://www.stats-hb.gov.cn/info/iIndex.jsp?cat_id=10055；王祥喜主编：《湖北年鉴2015》，湖北年鉴社2015年版，第32页。

（二）湖北省农村地区社会养老保险实施状况

在《国务院关于开展新型农村社会养老保险试点的指导意见》下发后，湖北省政府于当年12月向各市、州、县人民政府下发《湖北省人民政府关于开展新型农村社会养老保险试点工作的实施意见》（简称《实施意见》）指导本省新农保试点工作。从内容上说，湖北省的《实施意见》与国务院的《指导意见》内容基本一致。

① 王祥喜主编：《湖北年鉴2015》，湖北年鉴社2015年版，第27页。

② 湖北省统计局、国家统计局湖北调查总队编：《2014年湖北省国民经济和社会发展统计公报》，2017年6月18日（http://gkml.hubei.gov.cn/auto5472/auto5473/201502/t20150217_619581.html）。

③ 王祥喜主编：《湖北年鉴2015》，湖北年鉴社2015年版，第32页。

2009年湖北省武汉市黄陂区、南漳县、赤壁市、团风县、安陆市、随州市曾都区、竹溪县、钟祥市、石首市、宜都市、来凤县、黄石市西塞山区、梁子湖区等13个县（市、区）被纳入全国首批新农保试点。截至2010年9月底，湖北省首批13个新农保试点县（市、区）参保291.89万人，参保率达86.59%；征收基金7.97亿元；核实符合领取条件的60周岁以上农村老年人口70.11万人，发放金额4.41亿元。[①] 而后经国务院新农保试点工作领导小组批准，武汉市江夏区、丹江口市、保康县、荆门市掇刀区、大悟县、黄梅县、鄂州市华容区、大冶市、通山县、洪湖市、秭归县、巴东县和神农架林区等13个县（市、区）列入国家第二批新农保试点，于2010年10月1日试点新农保。

2011年国务院下发《国务院关于开展城镇居民社会养老保险试点的指导意见》，开始试点实施城居保。湖北省根据《国务院关于开展新型农村社会养老保险试点的指导意见》和《国务院关于开展城镇居民社会养老保险试点的指导意见》，提出《湖北省人民政府关于实施城乡居民社会养老保险制度的意见》，也即将新农保和城居保合并为城乡居民社会养老保险，从2011年7月1日起，在湖北省已经纳入国家新农保试点的地区，合并实施城乡居民社会养老保险。因此，湖北省国家第三批试点地区直接开始推行城乡居民社会养老保险制度。湖北省各批次试点新农保及推行城乡居民社会养老保险县、市、区情况（如表4—2所示）。

表4—2　　湖北省新农保及城乡居民社会养老保险实施批次情况

地区	第一批试点（2010年）	第二批试点（2010年10月）	第三批试点（2011年7月）	全面推行（2012年7月）
武汉市	黄陂区	江夏区	蔡甸区、新洲区	江岸区、江汉区、硚口区、汉阳区、武昌区、青山区、洪山区、东西湖、汉南区
黄石市	西塞山区	大冶市	阳新县	黄石港、下陆区、铁山区

① 《湖北启动第二批新农保试点》，《湖北日报》，2015年2月1日（http://www.chinaacc.com/new/184_900_201011/09li552872232.shtml）。

续表

地区	第一批试点（2010年）	第二批试点（2010年10月）	第三批试点（2011年7月）	全面推行（2012年7月）
襄阳市	南漳县	保康县	襄城区、樊城区、宜城市	襄州区、老河口、枣阳市、谷城县
十堰市	竹山县	丹江口	张湾区、郧县、郧西县、竹溪县	茅箭区、房县
荆州市	石首市	洪湖市	松滋市、监利县	沙市区、荆州区、公安县、江陵县
宜昌市	宜都市	秭归县	夷陵区、远安县、兴山县、长阳自治县、五峰自治县	西陵区、伍家岗、点军区、猇亭区、当阳市、枝江市
荆门市	钟祥市	掇刀区	京山县	东宝区、沙洋县
鄂州市	梁子湖	华容区	鄂城区	
孝感市	安陆市	大悟县	汉川市	孝南区、应城市、孝昌县、云梦县
黄冈市	团风县	黄梅县	黄州区、麻城市、红安县、罗田县、英山县、浠水县、蕲春县	武穴市
咸宁市	赤壁市	通山县	咸安区、崇阳县	嘉鱼县、通城县
随州市	曾都区		广水市	随县
恩施州	来凤县	巴东县	利川市、建始县、宣恩县、咸丰县、鹤峰县	恩施市
省直辖		神农架林区	仙桃市、潜江市、天门市	

到2011年年底湖北省参加城乡居民社会养老保险的人数为1684.3万人，其中达到领取待遇年龄参保人数为402.9万人，基金收入42.6亿元，基金支出20.7亿元，累计结余32.7亿元（见表4—3）。2012年7月湖北省全面推行城乡居民社会养老保险，实现了在全省县级行政单位的全覆盖。截至2012年年底湖北省参加城乡居民社会养老保险的人数达到2266.2万人，其中达到领取待遇年龄参保人数为580.5万人，基金收入73.5亿元，基金支出37.7亿元，累计结余73.0亿元。到2014年底湖北

省参加城乡居民社会养老保险的人数为2230.5万人，低于2012年和2013年参保人数，但达到领取待遇年龄参保人数高于2010—2013年，为640.1万人，基金收入、基金支出、累计结余持续增长，分别达到80.0亿元、52.2亿元、135.6亿元。

表4—3　　湖北省与全国新农保及城乡居民社会养老保险情况对比

地区	年份	参保人数（万人）	达到领取待遇年龄参保人数（万人）	基金收支情况（亿元）		
				基金收入	基金支出	累计结余
全国	2014	50107.5	14741.7	2310.2	1571.2	3844.6
	2013	49750.1	14122.3	2052.3	1348.3	3005.7
	2012	48369.5	13382.5	1829.2	1149.7	2302.2
	2011	32643.5	8921.8	1069.7	587.7	1199.2
	2010	10276.8	2862.6	453.4	200.4	422.5
湖北	2014	2230.5	640.1	80.0	52.2	135.6
	2013	2236.3	610.1	78.3	48.3	107.7
	2012	2266.2	580.5	73.5	37.7	73.0
	2011	1684.3	402.9	42.6	20.7	32.7
	2010	380.0	115.0	12.4	6.4	7.8

数据来源：2015年、2014年、2013年、2012年、2011年《中国统计年鉴》，中国统计出版社2015年版、2014年版、2013年版、2012年版、2011年版。2010年、2011年数据为新农保试点时期数据，2012年为新农保与城乡居民社会养老保险合并实施后的数据。

二　样本地区概况及其农村地区社会养老保险实施状况

为研究社会养老保险对农村老人福利的影响，研究选取了湖北省3个县（市）作为样本地，这三个县（市）试点推行新农保或城乡居民社会养老保险的时间不同，所处地理位置有丘陵、山地和平原，具有较好的代表性。这三个县（市）分别为孝感市的安陆市、荆州市的洪湖市以及黄冈市的浠水县。各样本县（市）处在湖北省的具体位置如图4—1所示。

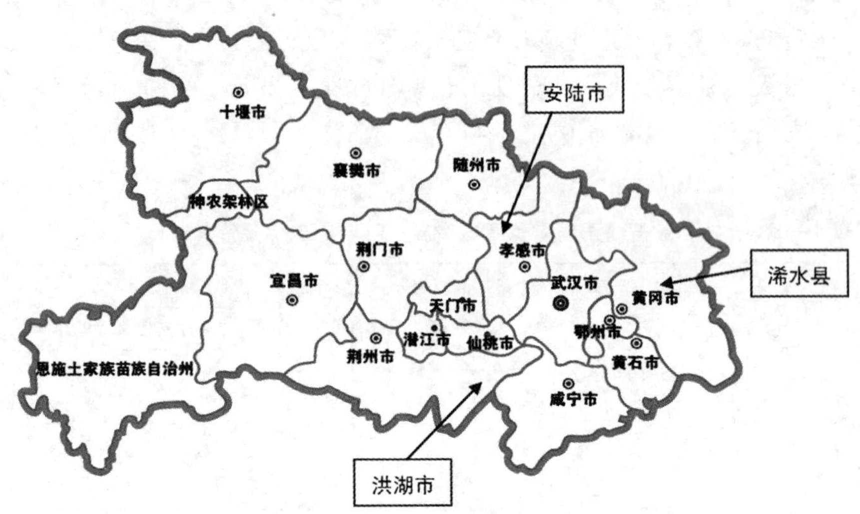

图 4—1　样本地区所处湖北省的位置

（一）安陆市概况及其农村地区社会养老保险实施状况

安陆市地处湖北省东北部，孝感市西北部，江汉平原北缘和大洪山、桐柏山延伸的低山丘陵交会地带，东西宽 60 公里，南北长 46 公里，国土面积 1355 平方公里。安陆市辖 9 镇（赵棚镇、李店镇、巡店镇、棠棣镇、王义贞镇、雷公镇、孛畈镇、烟店镇、洑水镇）、4 乡（陈店乡、辛榨乡、木梓乡、接官乡）、2 个街道办事处（府城街道、南城街道）、1 个省级开发区。

2014 年末安陆市总户数 20.23 万户，户籍总人口 62.32 万人，全年出生人口 6434 人，死亡人口 2729 人，市外、省外迁入 1812 人，迁出 3199 人。[①] 安陆市 2014 年实现地区生产总值 159.46 亿元，按可比价格计算，同比增长 10.4%，其中，第一产业增加值 34.03 亿元，增长 5.1%，第二产业增加值 64.57 亿元，增长 11.2%，第三产业增加值 60.86 亿元，增长 12.3%。[②] 2014 年，安陆市城镇常住居民人均可支配收入 23050 元，增长 10.0%，农村常住居民人均可支配收入 11731 元，增长 12.7%，城

① 王祥喜主编：《湖北年鉴 2015》，湖北年鉴社 2015 年版，第 506 页。
② 同上。

乡居民人均可支配收入 16689 元，增长 11.1%。城镇五项保险参保 27.66 万人次，城乡居民养老保险综合参保率 99.8%，农村居民参加新型合作医疗 46.83 万人，参合率 100%。①

安陆市是全国第一批新农保试点县（市），2010 年 1 月 1 日开始启动新农保试点。安陆市在新农保试点之初在政策上的创新主要有：第一，增设缴费档次，在国务院《指导意见》规定的 5 个档次之上，增加了 5 个档次，共设 100 元、200 元、300 元、400 元、500 元、600 元、700 元、800 元、900 元、1000 元 10 个档次；第二，提高补贴标准，鼓励多缴多得，对于选择较高档次缴费的人员，超过 600 元档次的，每超 100 元，增发 2% 的"入口"补贴；连续缴费超过 15 年的，每超过一年，基础养老金加发 1 元/月；第三，增加补贴项目，对重症残疾对象按最低档次全额代缴，计生对象"出口"补贴 10 元/月等，同时对领取期间死亡人员给予丧葬补助费 800 元。

安陆市新农保 2010 年参保率 80.92%，2011 年参保率 90.32%，2012 年参保率为 92% 以上，2013 年参保率达 93.5%，2014 年参保率达 94.2%。截至 2014 年 8 月底，安陆市待遇领取人员达 7.42 万人，累计发放养老金 2134.92 万元，人均发放水平 61.41 元。

（二）洪湖市概况及其农村地区社会养老保险实施状况

洪湖市位于湖北省中南部，长江中游北岸，江汉平原东南端，东西最长 94 公里，南北最宽 62 公里。② 洪湖市现辖 2 个办事处（新堤街道、滨湖街道）、14 个镇（龙口镇、乌林镇、燕窝镇、螺山镇、新滩镇、黄家口镇、汊河镇、峰口镇、府场镇、曹市镇、戴家场镇、沙口镇、瞿家湾镇、万全镇）、1 个乡（老湾回族乡）、3 个管理区（大同湖管理区、大沙湖管理区、小港管理区）。③

洪湖市 2014 年年末户籍人口 93.46 万人，其中非农业人口 18.06 万人，全年出生人口 11429 人，死亡人口 4222 人，人口自然增长率 7.71‰。洪湖

① 王祥喜主编：《湖北年鉴 2015》，湖北年鉴社 2015 年版，第 507 页。

② 洪湖市政府网站，2017 年 6 月 18 日（http://www.honghu.gov.cn/?a=shows&catid=83&id=414）。

③ 洪湖市政府网站，2017 年 6 月 18 日（http://www.honghu.gov.cn/?a=shows&catid=51&id=412）。

市2014年年末常住人口85.89万人，其中城镇人口35.13万人，城镇化率40.9%。[①] 2014年，洪湖市实现地区生产总值182.42亿元，增长10.1%，其中，第一产业实现增加值56.94亿元，增长5.4%，第二产业增加值63.79亿元，增长11.20%，第三产业增加值61.69亿元，增长13.0%。[②] 2014年，洪湖市城镇常住居民人均可支配收入21414元，增长9.8%，农村常住居民人均可支配收入12364元，增长11.9%。[③]

2014年洪湖市城乡居民参加养老保险21.40万人，企业和机关事业单位参加养老保险分别为12.93万人和1.10万人，3.16万人参加失业保险，22.31万人参加城镇医疗保险，参加工伤保险和生育保险人数分别为3.68万人和1.27万人，农村合作医疗参保人数65.67万人。[④]

洪湖市是国家第二批新农保试点县（市），2011年初开始正式实施新农保。洪湖市在推行新农保时政策的创新之处主要表现在：第一，增设缴费档次，在国家《指导意见》的基础上，增设了4个档次，共设100元、200元、300元、400元、500元、800元、1000元、1200元、1500元9个档次，并明确说明“以后根据我市农村居民人均纯收入增长情况适时调整缴费档次”。第二，提高了政府补贴的标准，对参保人选择500元/年以上（不含500元）档次缴费标准缴费的，市政府按每提高一个档次增加5元的标准进行补贴，同时规定，对农村计划生育“独生子女户”“两女户”家庭的父母参保缴费的，市政府另给予每人每年10元的奖励补贴。第三，设置了提高基础养老金的标准，对于参保人缴费年限满15年以上的，每增加一年，月基础养老保险金增加2元；另外，对于部分计划生育家庭实施政策性优惠，适当加发基础养老保险金，增发额度在10—80元。第四，增加补贴项目，对农村重度残疾人（一、二级），由市政府为其每年按最低缴费标准代缴养老保险费，并享受每年30元的政府补贴，同时对领取期间死亡人员给予丧葬补助费300元。

---

① 王祥喜主编：《湖北年鉴2015》，湖北年鉴社2015年版，第465页。

② 同上书，第465—466页。

③ 同上书，第466—467页。

④ 同上书，第467页。

（三）浠水县概况及其农村地区社会养老保险实施状况

浠水县地处湖北省东中部，大别山南麓，长江北岸，东邻蕲春县，西界团风县，西南与鄂州市、黄石市隔江相望，北及东北与罗田县、英山县毗连。南北长约68.5公里，东西宽约61.3公里，总面积1949平方公里。浠水县辖12镇（清泉镇、巴河镇、关口镇、竹瓦镇、汪岗镇、团陂镇、白莲镇、蔡河镇、洗马镇、丁司垱镇、散花镇、兰溪镇）、1乡（绿杨乡）、2场（三角山林场、策湖养殖场）、1区（经济开发区）。2014年年末，浠水县总住户34.62万户，总人口101.73万人，其中农业人口86.27万人，男性53.78万人。全年出生1.35万人，死亡6548人，人口自然增长率6.6‰。①

2014年，浠水县实现地区生产总值183.18亿元，同比增长10.3%，其中第一产业增加值52.68亿元，增长5.2%；第二产业增加值68.45亿元，增长11.3%；第三产业增加值62.05亿元，增长13.2%。② 浠水县2014年全县城镇居民人均可支配收入20284元，同比增长10.0%，农村居民人均纯收入9965元，同比增长11.9%。③ 2014年年末，浠水县参加城镇职工基本养老保险6.94万人、城镇职工基本医疗保险5万人、城镇失业保险2.45万人，全县城乡居民纳入最低生活保障5.51万人（其中城镇居民1.49万人），全县参加新型农村合作医疗有80.5万人，农村养老保险53.27万人。④

浠水县是国家第三批新农保试点县（市），2011年7月开始正式实施城乡居民社会养老保险。浠水县城乡居民社会养老保险的实施方案与国家城居保的指导意见相似。浠水县农保局提供的数据显示，截至2013年底浠水县全县参加城乡居民社会养老保险554184人，其中享受基础养老金129614人，适龄参保缴费424570人；应发放养老金人数129614人已全部发放到位，累计发放养老金为8843.35万元，基本实现了城乡居民社会养老保险全覆盖。

---

① 王祥喜主编：《湖北年鉴2015》，湖北年鉴社2015年版，第527页。

② 同上。

③ 同上。

④ 同上书，第527—528页。

第二节 调查数据的获取

为了从农村老人层面了解社会养老保险的福利效应，本书将使用对农民的抽样调查数据进行实证研究。研究所用数据主要源于课题组 2014 年 9 月和 12 月组织的农村调查，下面介绍调查问卷设计、数据获取以及调查质量的监控方式。

一 调查问卷设计

本书调查所用问卷的设计历时近半年，期间进行了两次试调查。问卷初稿设计完成后，2014 年 7 月中旬笔者赴湖北省随州市随县新街镇随机抽取了 9 名老人进行了试调查。试调查结束后，通过与相关专家讨论对问卷进行了修订。之后，笔者于 2014 年 8 月初使用修订后的调查问卷，赴湖北省襄阳市樊城区卧龙镇随机抽取了 10 名老人进行了试调查，进而继续对调查问卷进行修改。通过两次试调查，形成了最终的调查问卷。

调查问卷共分七个部分：第一部分为被访者个人与家庭基本情况，第二部分为被访者个人及所在家庭的生产经营与收入，第三部分为被访者的休闲与消费情况，第四部分为被访者的养老观念与家庭关系，第五部分为被访者对养老保险政策的认知，第六部分为被访者享受养老金待遇的情况，第七部分是社会养老保险的福利效应评价。

二 调查数据获取

2014 年 9 月和 12 月，课题组先后对黄冈市的浠水县、孝感市的安陆市、荆州市的洪湖市农村老年人开展了问卷调查。调查采用分层抽样的方法选取样本县（市）、乡（镇）、村，湖北省共抽取 3 个县（市），每个县（市）随机抽取 3 个乡（镇），每个乡（镇）随机抽取 4 个行政村，每个行政村随机抽取 24 个样本。调查共抽取了 9 个乡（镇）36 个行政村的约 860 个样本。

调查均由华中农业大学社会学系研究生、高年级本科生组成的调查小组分赴不同乡（镇）进行入户调查，调查质量较高。调查共发放问卷约 860 份，收回有效问卷 810 份，有效收回率约 94%。在所选样本中，孝感市的安陆市共276人，荆州市的洪湖市共279人，黄冈市的浠水县共255人。

三　调查质量监控

保证问卷调查的信度和效度是实证研究的关键，因此对问卷调查的过程采取适度的方式进行控制非常有必要。为保证调查质量，研究选择了接受过系统专业训练的社会学博士、硕士研究生以及部分优秀的社会学专业本科生作为调查员，在每次调查前都要召开培训和动员会，发放调查问卷填答说明，详细讲解问卷中的每一个问题，最大程度地统一所有调查员的评价标准。每次调查首日结束后，各小组开会讨论调查中遇到的问题，统一解决调查中遇到的问题，对某些问题的错误理解进行纠正，并对问卷进行详细检查，确保之后调查的效度。每天在村调查结束后，各个小组长对小组成员当天完成的问卷进行检查，确保调查问卷质量。

同时，研究还对完成调查问卷的用时进行了监控（见表4—4）。总体来看，每份调查问卷用时在50分钟左右，均值为51.741分钟，标准差为14.591分钟。浠水地区极大值较大，是其他地区最大值的2倍，这与浠水地区是第一批调查地区有关，当时调查员对问卷内容相对生疏，对当前农村地区社会养老保险的了解也相对较少，所以用时较长。安陆地区和洪湖地区的调查问卷用时基本相同，均值分别为47.199分钟和48.072分钟。

表4—4　　调查问卷用时状况描述（分钟）

地区	均值	标准差	中值	极小值	极大值
安陆	47.199	9.636	48	23	75
洪湖	48.072	7.331	48	30	75
浠水	60.671	20.038	55	28	157
总体	51.741	14.591	50	23	157

第三节 样本基本特征描述

一 样本个人基本特征描述

表4—5显示，总体样本中男性比例略高于女性，男性样本比例为56.9%，女性为43.1%。样本年龄集中在80岁以下，其中60—69岁的比例最高，为45.2%，其次为70—79岁，比例为41.1%，80岁及以上的比例最低，仅为13.7%。样本文化程度以小学及以下为主，文盲/半文盲所占比例最高，为44.9%，小学为41.5%，初中为11.0%，高中/中专/技校仅占2.6%，这与农村老年人在就学时期所处时代相关。样本婚姻状况中，初婚有配偶所占比例达66.3%，其次为丧偶，所占比例为31.1%，未婚、再婚有配偶、离婚的总计仅占2.6%。样本身体健康状况中，“很差，不能自理”的占1.4%，“较差，但可自理”的比例最高，为38.8%，认为“一般”的占30.7%，认为“较好”的占25.3%，而认为“非常好”的仅占3.8%，总体来看被访样本身体状况相对较差；绝大多数样本患有慢性病，占69.1%。从政治面貌来看，绝大多数样本为群众，占85.7%，中共党员占14.3%；样本中曾经担任过村组干部的比例达41.9%，而目前正在担任村组干部的比例仅占2.3%。从劳动状况来看，全职务农的不足一半，占43.7%，其次为完全退出劳动的，占35.3%，部分退出劳动的比例为12.1%，兼业务农的占6.0%，而全职从事非农工作的仅占2.8%。从样本个人的收入状况看，集中在4000元以下，其中2001—4000元的比例最高，为33.1%，其次是0—2000元，比例为28.6%，个人年收入在4001—6000元的占16.2%，而个人年收入在6001—8000元、8001—10000元、10001—12000元、12001—14000元及14000元以上的分别占7.3%、4.0%、4.2%、2.3%及4.3%。从样本个人支出状况来看，2000元及以下的占15.4%，2001—4000元的比例最高，占27.0%，4001—6000元的占21.2%，6001—8000元的占15.2%，8001—10000元的占7.5%，10000元以上的总计占13.6%，即随着档次的提高，农民所占比例递减。表4—5还列出了各样本地区各项指标的统计数据。

表 4—5 **样本个人基本特征描述**

项目	选项	安陆		洪湖		浠水		总体	
		频数（N）	百分比（%）	频数（N）	百分比（%）	频数（N）	百分比（%）	频数（N）	百分比（%）
性别	男	142	51.4	166	59.5	153	60.0	461	56.9
	女	134	48.6	113	40.5	102	40.0	349	43.1
年龄	60—69 岁	114	41.3	116	41.9	135	52.9	366	45.2
	70—79 岁	116	42.0	121	43.4	96	37.6	333	41.1
	80 岁及以上	46	16.7	41	14.7	24	9.4	111	13.7
文化程度	文盲/半文盲	131	47.5	129	46.2	104	40.8	364	44.9
	小学	110	39.9	119	38.4	107	46.7	336	41.5
	初中	26	9.4	41	14.7	22	8.6	89	11.0
	高中/中专/技校	9	3.3	2	0.7	10	3.9	21	2.6
婚姻状况	未婚	0	0.0	0	0.0	4	1.6	4	0.5
	初婚有配偶	176	63.8	191	68.5	170	66.7	537	66.3
	再婚有配偶	7	1.8	5	1.4	4	2.7	16	2.0
	离婚	0	0.0	0	0.0	1	0.4	1	0.1
	丧偶	95	34.4	84	30.1	73	28.6	252	31.1
身体健康状况	很差，不能自理	4	1.4	3	1.1	4	1.6	11	1.4
	较差，但可自理	107	38.8	102	36.6	105	41.2	314	38.8
	一般	76	27.5	80	28.7	93	36.5	249	30.7
	较好	80	29.0	81	29.0	44	17.3	205	25.3
	非常好	9	3.3	13	4.7	9	3.5	31	3.8
是否患有慢性病	是	175	63.4	191	68.5	194	76.1	560	69.1
	否	101	36.6	88	31.5	61	23.9	250	30.9
政治面貌	中共党员	31	11.2	36	12.9	49	19.2	116	14.3
	群众	245	88.8	243	87.1	206	80.8	694	85.7
是否担任过村组干部	是	110	39.9	114	40.9	115	45.1	339	41.9
	否	166	60.1	165	59.1	140	54.9	471	58.1
是否正在担任村组干部	是	2	0.7	3	1.1	14	5.5	19	2.3
	否	274	99.3	276	98.9	241	94.5	791	97.7

续表

项目	选项	安陆		洪湖		浠水		总体	
		频数（N）	百分比（%）	频数（N）	百分比（%）	频数（N）	百分比（%）	频数（N）	百分比（%）
劳动状况	全职务农	97	35.1	123	44.1	134	52.5	354	43.7
	兼业务农	10	3.6	21	7.5	18	7.1	49	6.0
	全职非农	10	3.6	11	3.9	2	0.8	23	2.8
	部分退出劳动	49	17.8	19	6.8	30	11.8	98	12.1
	完全退出劳动	110	39.9	105	37.6	71	27.8	296	35.3
个人全年收入	0—2000 元	102	37.0	75	26.9	55	21.6	232	28.6
	2001—4000 元	84	30.4	90	32.3	94	36.9	268	33.1
	4001—6000 元	42	15.2	43	15.4	46	18.0	131	16.2
	6001—8000 元	19	6.9	20	7.2	20	7.8	59	7.3
	8001—10000 元	10	3.6	12	4.3	10	3.9	32	4.0
	10001—12000 元	11	4.0	15	5.4	8	3.1	34	4.2
	12001—14000 元	1	0.4	10	3.6	8	3.1	19	2.3
	14000 元以上	7	2.5	14	5.0	14	5.5	35	4.3
个人全年支出	0—2000 元	32	11.6	65	23.3	28	11.0	152	15.4
	2001—4000 元	87	31.5	79	28.3	53	20.8	219	27.0
	4001—6000 元	63	22.8	54	19.4	55	21.6	172	21.2
	6001—8000 元	43	15.6	32	11.5	48	18.8	123	15.2
	8001—10000 元	20	7.2	15	5.4	26	10.2	61	7.5
	10001—12000 元	16	5.8	17	6.1	7	2.7	40	4.9
	12001—14000 元	4	1.4	5	1.8	15	5.9	24	3.0
	14000 元以上	11	4.0	12	4.3	23	9.0	46	5.7

二　样本所在家庭基本特征描述

表 4—6 是样本所在家庭的基本情况描述。从代际数来看，最大代际数为 5，中位数为 3，均值为 3.306，标准差为 0.536，也即样本所在家庭代际数以 3 代为主。从子女及孙子女数量来看，样本所在家庭中儿子数均值为 1.935，标准差为 1.037，女儿数均值为 1.749，标准差为 1.218，可以看出在农村家庭中更偏重生儿子；孙子数和孙女数的均值分别为 1.816 和 1.344，虽然均值相对于子女数有所降低，但是极值中的最大值

却要高于子女数中的极值。从居住房屋常住人口来看，常住在一起的人数均值为2.696，标准差为1.602，中位数为2，也即常住人口中以2口人为主，且一般为夫妻，同时与1到2名家人一起住。一起核算收支人数的均值为2.004，标准差为1.010，中位数为2；家庭年收入的均值为10819.867，标准差为36982.815，离散趋势比较明显，中位数为5825；家庭支出的均值为16090.831，标准差为106663.096，中位数为8781，这些指标明显高于家庭收入，这与一般研究认为的老人群体一般收入小于支出的假设基本一致。样本地区各项指标的统计描述如表4—6所示。

表4—6　　样本所在家庭基本特征描述

	项目	选项	均值	标准差	最小值	最大值	中位数
安陆	家庭人口状况	代际数（代）	3.362	0.525	1	5	3
		儿子数（人）	2.007	1.051	0	5	2
		女儿数（人）	1.909	1.260	0	7	2
		孙子数（人）	1.920	1.502	0	8	2
		孙女数（人）	1.428	1.301	0	8	1
	常住人口状况	常住人口数（人）	2.667	1.546	1	9	2
		60岁及以上人数（人）	1.652	0.500	1	3	2
	家庭收入支出状况	一起核算收支人数（人）	2.109	1.189	1	9	2
		家庭收入（元）	9957.232	14664.933	660	158660	5660
		家庭支出（元）	12849.601	14552.823	460	119380	9160
浠水	家庭人口状况	代际数（代）	3.137	0.518	1	5	3
		儿子数（人）	1.729	0.973	0	5	2
		女儿数（人）	1.400	1.074	0	7	1
		孙子数（人）	1.510	1.261	0	7	1
		孙女数（人）	1.204	1.229	0	7	1
	常住人口状况	常住人口数（人）	2.886	1.725	1	10	2
		60岁及以上人数（人）	1.678	0.501	1	3	2
	家庭收入支出状况	一起核算收支人数（人）	1.988	0.924	1	6	2
		家庭收入（元）	10338.290	12382.675	660	102660	6120
		家庭支出（元）	26494.844	188834.113	0	3006008	10840

续表

	项目	选项	均值	标准差	最小值	最大值	中位数
洪湖	家庭人口状况	代际数（代）	3.405	0.527	2	5	3
		儿子数（人）	2.050	1.055	0	5	2
		女儿数（人）	1.910	1.236	0	7	2
		孙子数（人）	1.993	1.467	0	8	2
		孙女数（人）	1.391	1.250	0	7	1
	常住人口状况	常住人口数（人）	2.552	1.528	1	9	2
		60岁及以上人数（人）	1.663	0.503	1	3	2
	家庭收入支出状况	一起核算收支人数（人）	1.914	0.877	1	6	2
		家庭收入（元）	12113.376	60205.689	660	1005040	5820
		家庭支出（元）	9788.163	12997.899	0	149160	6720
总体	家庭人口状况	代际数（代）	3.306	0.536	1	5	3
		儿子数（人）	1.935	1.037	0	5	2
		女儿数（人）	1.749	1.218	0	7	2
		孙子数（人）	1.816	1.431	0	8	2
		孙女数（人）	1.344	1.263	0	8	1
	常住人口状况	常住人口数（人）	2.696	1.602	1	10	2
		60岁及以上人数（人）	1.664	0.501	1	3	2
	家庭收入支出状况	一起核算收支人数（人）	2.004	1.010	1	9	2
		家庭收入（元）	10819.867	36982.815	660	1005040	5825
		家庭支出（元）	16090.831	106663.096	0	3006008	8781

第五章

农村老人享受养老金状况及福利效应

第一节　农村老人对社会养老保险的认知（Ⅰ）

一　农村老人对社会养老保险的了解程度

调查显示，农村老人对社会养老保险的了解程度并不高。表5—1显示，对社会养老保险“了解很少”的样本占到了总体样本的55.1%，对社会养老保险“一般了解”的比例为29.5%，两者相加为84.6%，而对社会养老保险“比较了解”和“非常了解”的比例分别为13.2%和1.1%，甚至还有1.1%的样本直言“没听说过”社会养老保险。

表5—1　　农村老人对社会养老保险的了解程度（%）

选项	地区			养老阶段			合计
	安陆	洪湖	浠水	自养阶段	半自养阶段	他养阶段	
没听说过	0.0	0.4	3.1	1.3	1.1	0.8	1.1
了解很少	61.6	50.5	52.9	48.7	54.7	63.4	55.1
一般了解	27.5	32.3	28.6	34.1	25.7	28.0	29.5
比较了解	9.4	16.5	13.7	14.6	16.6	7.8	13.2
非常了解	1.4	0.4	1.6	1.3	1.9	0.0	1.1
显著性检验	Pearson　$\chi^2=25.949$　$p=0.001$			Pearson　$\chi^2=21.622$　$p=0.006$			

为了进一步了解不同地区以及处于不同养老阶段的样本对社会养老保险了解程度的差异，这里还进行了交互分析。[①] 表5—1显示，不同地区间农村老人对社会养老保险了解的程度存在显著的差异（$p<0.05$），洪湖地区和浠水地区样本对社会养老保险的了解程度要略高于安陆地区的样本，洪湖地区样本对社会养老保险“一般了解”“比较了解”“非常了解”的比例分别为32.3%、16.5%、0.4%，合计为49.2%，浠水地区样本的比例分别为28.6%、13.7%、1.6%，合计为43.9%，安陆地区样本的比例分别为27.5%、9.4%、1.4%，合计为38.3%。另外，处于不同养老阶段的农村老人对社会养老保险的了解程度也存在显著差异（$p<0.05$），并呈现出递减的趋势，处于自养阶段的样本农民对社会养老保险“一般了解”“比较了解”“非常了解”的比例之和为50.0%，高于半自养阶段和他养阶段的44.2%和35.8%。

表5—2显示，农村老人获取社会养老保险相关信息最主要的渠道为“村干部上门宣传”，比例达74.3%；其次为“村组开会宣传”，比例为30.4%；“电视”“村里广播”“亲戚朋友告知”也均在10%以上，分别为19.3%、15.3%和10.9%，而其他渠道的比例均不足10%。国家在推广社会养老保险过程中使用了多种宣传方式，如电视、广播、报纸、杂志、互联网、相关部门群发短信、发放宣传册子传单等，但缘于乡土社会固有属性，一些传统的宣传方式更为有效，比如基层干部上门宣讲、村里集体组织宣讲等。[②] 因为村组干部生于农村，长于农村，对本村组十分熟悉，而且其本身又是通过选举产生，具有一定的权威性。村组干部可以利用对本村组的了解以及本身所具有的内生权威，完成外部权威很难完成的任务，天然地成了政策执行的工具。[③] 不同地区样本农民了解社会养老保险的渠道排在第一位的均为“村干部上门宣传”，表明不同地区在推行社会养老保险时所采用的方式是相似的，只是程度

① 本章及其以后的章节中对某些变量进行描述时，一般都会进行交互分析形成列联表，后文不再赘述。

② 钟涨宝、韦宏耀：《国家与农民：新农保推行的“过程互动模型”》，《西北农林科技大学学报》（社会科学版）2014年第2期。

③ 聂建亮、钟涨宝：《新型农村社会养老保险推进的基层路径——基于嵌入性视角》，《华中农业大学学报》（社会科学版）2014年第1期。

不同而已。

表5—2　　　农村老人了解社会养老保险的渠道（复选，%）

选项	地区			合计
	安陆	洪湖	浠水	
电视	15.9	18.6	23.5	19.3
收音机	4.0	7.5	1.2	4.3
报纸、杂志	1.4	1.4	1.2	1.4
亲戚朋友告知	2.2	14.7	16.1	10.9
村里广播	10.5	26.2	8.6	15.3
村干部上门宣传	83.7	74.9	63.5	74.3
村组开会宣传	33.3	12.9	46.3	30.4
其他	0.4	1.1	2.4	1.2

调查显示，大部分农村老人知道当地社会养老保险的启动时间。表5—3显示，“知道”当地启动养老保险时间的样本的比例为78.5%，而不知道的则为21.5%。虽然说样本声称“知道”当地社会养老保险的启动时间，但是其所回答的时间却与当地实际推行时间存在偏差，所调查地区实施社会养老保险的时间集中在2010年和2011年，但是样本填写的年份中，这两年的比例分别为33.8%和53.5%，合计为87.3%，仍有12.7%的样本填写的时间超出了实际年份。浠水和洪湖地区样本知道当地社会养老保险启动时间的比例显著高于安陆地区（$p<0.05$），浠水和洪湖地区知道当地启动社会养老保险时间的比例分别为82.7%和82.4%，高于安陆地区的70.7%。这可能与浠水和洪湖地区启动时间距离调查时间较近有关，样本农民的记忆相对比较清晰。当然，处于“自养阶段”和“半自养阶段”样本知道当地社会养老保险启动时间的比例要明显高于“他养阶段”（$p<0.05$）。可能因为处于他养阶段的农村老人年龄一般较大，记忆力相对较差；另外，年龄较大的农村老人参与社会活动的机会也较小，了解政策的途径较少，因此对政策启动时间的认知偏差较大。

表 5—3　　是否知道当地启动社会养老保险的时间（%）

选项	地区			养老阶段			合计
	安陆	洪湖	浠水	自养阶段	半自养阶段	他养阶段	
知道	70.7	82.4	82.7	79.8	83.8	71.2	78.5
不知道	29.3	17.6	17.3	20.2	16.2	28.8	21.5
显著性检验	Pearson $\chi^2=15.366$ $p=0.000$			Pearson $\chi^2=12.364$ $p=0.002$			

调查显示（见表 5—4），样本普遍认为社会养老保险在当地启动时宣传动员的力度比较大，认为“力度很大”的比例近五成，为 49.0%，认为“力度一般”的比例为 42.8%，而认为“力度很小”的比例最低，仅 8.1%。安陆地区和洪湖地区样本认为当地社会养老保险启动时宣传动员“力度很大”的比例明显高于浠水地区的样本，这可能与各地区对社会养老保险进行宣传时采用的方式相关，从表 5—2 可以看出，浠水地区样本选择“村干部上门宣传”的比例为 63.5%，远低于安陆地区和洪湖地区的 83.5% 和 74.9%，这种最强有力的动员方式很大程度上决定了农民对宣传动员力度的评价。

表 5—4　　当地在社会养老保险启动时宣传动员的力度（%）

选项	地区			养老阶段			合计
	安陆	洪湖	浠水	自养阶段	半自养阶段	他养阶段	
力度很小	5.4	6.8	12.5	7.6	9.1	7.8	8.1
力度一般	43.1	40.9	44.7	42.7	39.6	46.5	42.8
力度很大	51.4	52.3	42.7	49.7	51.3	45.7	49.0
显著性检验	Pearson $\chi^2=12.640$ $p=0.013$			Pearson $\chi^2=2.673$ $p=0.614$			

二　农村老人对社会养老保险的认同度

前文显示大部分农村老人比较了解社会养老保险，那么农村老人对社会养老保险这种外部嵌入的制度性养老保障的认可度如何呢？

首先来看农民参保的意愿。调查显示绝大多数农村老人都愿意参加社会养老保险，99.1% 的样本表示愿意参加社会养老保险，从农民参保意愿的角度来看，农村老人对社会养老保险的认同度极高（见图 5—1）。

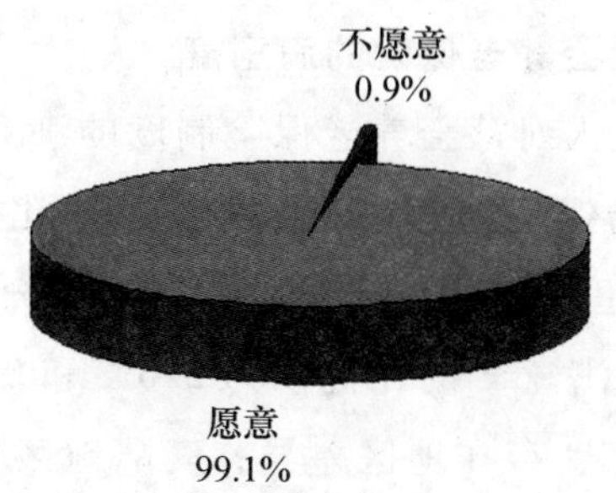

图 5—1　农民参保的意愿

其次，从农民对社会养老保险受益评价的角度来看，农村老人对社会养老保险的认同度极高。表 5—5 显示，认为养老保险“对农民的好处不大，可有可无”的比例极低，仅占 2.2% 的样本持这一观点；相反，认为养老保险“对农民有一定的好处，有必要”的比例为 42.7%，认为养老保险“对农民有非常大的好处，非常有必要”的比例超过了一半，有 55.1% 的样本持这一观点。处于不同养老阶段的老人对养老保险的认同度并不存在显著差异，但是不同地区却存在显著差异。安陆地区和洪湖地区样本对养老保险的认同度更高，选择“对农民有非常大的好处，非常有必要”的比例分别为 61.2% 和 57.7%，达到了六成左右，远高于浠水地区的 45.5%。

表 5—5　　农村老人对社会养老保险的认同度（%）

选项	地区			养老阶段			合计
	安陆	洪湖	浠水	自养阶段	半自养阶段	他养阶段	
对农民的好处不大，可有可无	2.2	1.4	3.1	2.0	1.1	3.7	2.2
对农民有一定的好处，有必要	36.6	40.9	51.4	43.0	42.3	42.8	42.7
对农民有非常大的好处，非常有必要	61.2	57.7	45.5	55.0	56.6	53.5	55.1
显著性检验	Pearson $\chi^2=15.370$ $p=0.004$			Pearson $\chi^2=4.136$ $p=0.388$			

三 农村老人对社会养老保险的满意度

总体来看，农村老人对社会养老保险制度的满意度很高。表5—6显示，样本中对社会养老保险制度“非常满意”的比例达36.0%，“比较满意”的有52.3%，超过五成，两者之和为88.3%，而对养老保险制度“不太满意”和“很不满意”的比例仅为2.6%和0.5%。农村老人对社会养老保险制度的满意度存在地区差异，安陆地区样本对社会养老保险制度“非常满意”的比例最高，为41.3%，其次是浠水地区，比例为36.9%，洪湖地区的比例最低，为30.1%。如果综合“非常满意”和“比较满意”的比例，那么仍然是安陆地区的比例最高，为89.5%，其次是浠水地区，比例为86.3%，最后是洪湖地区，比例为82.4%。农村老人对社会养老保险制度的满意度不存在养老阶段的差异。

表5—6 农村老人对社会养老保险制度的满意度（%）

选项	地区			养老阶段			合计
	安陆	洪湖	浠水	自养阶段	半自养阶段	他养阶段	
很不满意	1.1	0.0	0.4	0.7	0.4	0.4	0.5
不太满意	2.5	1.4	3.9	2.6	3.0	2.1	2.6
一般满意	6.9	9.3	9.4	9.6	4.5	11.5	8.5
比较满意	48.2	52.3	49.4	52.0	52.5	52.7	52.3
非常满意	41.3	30.1	36.9	35.1	39.6	33.3	36.0
显著性检验	Pearson $\chi^2 = 16.582$ $p = 0.035$			Pearson $\chi^2 = 10.206$ $p = 0.251$			

农村老人对社会养老保险制度是满意的，那么其对当地社会养老保险的实施效果有怎样的评价呢？调查结果显示，农村老人对当地社会养老保险实施效果的评价较高。表5—7显示，认为当地社会养老保险实施“效果非常好”的比例为14.0%，认为“效果比较好”比例为67.0%，两者合计81.0%。而认为当地社会养老保险实施“效果比较差”的比例仅1.4%，题中还设置了“效果非常差”选项，但是并没有人选择这一项。不同地区样本对当地社会养老保险实施效果的评价存在显著差异，浠水和安陆两地样本选择“效果非常好”的比例接近，高于洪湖地区样

本。而安陆地区样本选择“效果比较好”的比例要远高于浠水地区和洪湖地区样本，同样洪湖地区样本选择“效果一般”和“效果比较差”的比例远高于浠水和安陆地区样本。与上文农村老人对社会养老保险制度的满意度不存在养老阶段的差异一样，农村老人对当地社会养老保险实施效果的评价也不存在养老阶段的差异。

表 5—7　　　农村老人对当地社会养老保险实施效果的评价（%）

选项	地区			养老阶段			合计
	安陆	洪湖	浠水	自养阶段	半自养阶段	他养阶段	
效果比较差	0.4	2.5	1.2	1.7	1.5	0.8	1.4
效果一般	7.2	27.6	18.0	18.9	15.1	18.9	17.7
效果比较好	76.1	60.6	64.3	68.5	65.7	66.7	67.0
效果非常好	16.3	9.3	16.5	10.9	17.7	13.6	14.0
显著性检验	Pearson　$\chi^2=49.322$　$p=0.000$			Pearson　$\chi^2=7.123$　$p=0.310$			

第二节　农村老人享受养老金待遇的情况

一　农村老人社会养老保险的缴费史

在新农保以及后来的城乡居民社会养老保险实施之时，已年满 60 周岁、未享受城镇职工基本养老保险待遇及国家规定的其他养老待遇的，不用缴费，可以按月领取基础养老金。而那些未满 60 周岁而又接近 60 周岁的适龄参保人员则需要按年缴费，也允许补缴，但累计缴费不超过 15 年。本次调查是在 2014 年下半年完成的，在这些调查地点养老保险已经实施了 2—5 年，所以一些样本曾经是缴过养老保险费的，这里将主要描述样本的社会养老保险缴费史。

调查显示（见表 5—8），在领取养老金之前缴过养老保险费的样本占样本总体的 14.1%，而没有缴过的占 85.9%。不同地区样本领取养老金之前的缴费情况存在显著差异（$p<0.05$），安陆地区样本在领取养老金之前缴过养老保险费的比例要高于浠水地区和洪湖地区样本，因为安陆是全国第一批试点县，而洪湖和浠水分别是第二批和第三批试

点，所以安陆地区样本中目前已经年满60周岁曾经缴过养老保险费的比例要更高。处于不同养老阶段的农村老人缴费经历也存在显著差异（$p<0.05$），处于自养阶段的样本缴过养老保险费的比例最高，其次是半自养阶段的样本，比例最低的是处于他养阶段的样本，仅有6.2%的比例缴过养老保险费。可能因为农村老人所处的养老阶段与本身的年龄相关，年龄相对较小的农村老人更可能处在自养阶段，而年龄相对较大的农村老人更可能处在他养阶段，年龄较小的农村老人更可能有社会养老保险的缴费经历。

表5—8　　领取养老金之前的缴费情况（%）

选项	地区			养老阶段			合计
	安陆	洪湖	浠水	自养阶段	半自养阶段	他养阶段	
缴过	18.5	11.9	11.9	19.9	14.8	6.2	14.1
没有缴过	81.5	88.1	88.1	80.1	85.2	93.8	85.9
显著性检验	Pearson $\chi^2=6.661$ $p=0.036$			Pearson $\chi^2=21.011$ $p=0.000$			

领取养老金之前农村老人缴费的时间和次数如表5—9所示，样本开始缴费的时间集中在2010年和2011年，这与样本地区的社会养老保险主要是这两年启动相关，而选择其他时间缴费的样本一方面可能因为记忆偏差，另一方面可能因为缴费时间确实比较晚。从缴费次数来看，缴过2—3次的样本占主体，比例为65.8%。

表5—9　　领取养老金之前的缴费时间和次数

开始缴费时间（年份）	频数（N）	百分比（%）	缴费次数（次）	频数（N）	百分比（%）
2009	16	14.0	1	17	14.9
2010	48	42.1	2	35	30.7
2011	45	39.5	3	40	35.1
2012	3	2.6	4	18	15.8
2013	2	1.8	5	4	3.5
合计	114	100.0	合计	114	100.0

调查显示（见表5—10），有过缴费经历的农村老人，绝大部分并没有补缴过，补缴过养老保险费的比例仅占9.6%，而没有补缴过的达到了90.4%。补缴的金额分布也比较离散，并不集中。从最后一次缴费的档次来看，绝大多数最后缴费仍然选择的是最低档次缴费，选择100元档次的比例达到89.5%，其他档次的以200元最多，占到了8.8%，其他档次的都仅1人选择。最后一次缴费相对于第一次缴费来看，4.3%的补缴过养老金的样本缴费的档次是降低了，而有7.4%的是提高了，绝大多数（88.3%）的样本则是没有变化。最后一次缴费的人主要是自己或者配偶，比例占到了84.2%，还有15.8%的样本最后一次缴费是子女缴的。最后一次缴费的地方以村组干部上门收缴为主，占到了64.9%，还有30.7%的是到村委会或者固定地点缴费，而到乡镇政务服务中心缴费的仅占4.4%，也就是说目前农民参保缴费仍然是由基层村组干部开展收缴工作。

表5—10　　领取养老金之前的缴费情况

项目	选项	频数（N）	百分比（%）	项目	选项	频数（N）	百分比（%）
是否补缴过保险费	是	11	9.6	最后一次参保缴费时选择的缴费档次	100元	102	89.5
	否	103	90.4		200元	10	8.8
补缴钱数	300元	1	9.1		500元	1	0.9
	400元	2	18.2		1500元	1	0.9
	1100元	2	18.2		合计	114	100.0
	1200元	1	9.1	最后一次缴费的人	自己（配偶）	96	84.2
	1300元	1	9.1		子女	18	15.8
	1400元	1	9.1		合计	114	100.0
	1500元	1	9.1	最后一次缴费的地方	村组干部上门收缴	74	64.9
	7500元	1	9.1		到村委会或其他固定地点缴费	35	30.7
	19500元	1	9.1		到乡镇政务服务中心	5	4.4
	合计	11	100.0		合计	114	100.0

农民最后一次缴费时为什么选择相应的档次呢？调查显示（见

表5—11)，53.5%的样本是因为“自家经济水平决定”，还有36.8%是因为“村里只收了这个标准”，排在第三位的是“看别人缴多少，我也缴多少”，这是明显的从众心理，还有14.9%的样本是因为“这个档次最划算”，选择“多缴多得”和“其他”的均不足5.0%。

表5—11　　农村老人最后一次缴费时选择缴费档次的原因（复选）

选项	频数（N）	响应百分比（%）	个案百分比（%）
自家经济水平决定	61	42.1	53.5
这个档次最划算	17	11.7	14.9
村里只收了这个标准	42	29.0	36.8
看别人缴多少，我也缴多少	19	13.1	16.7
多缴多得	5	3.4	4.4
其他	1	0.7	0.9
总计	145	100.0	127.2

二　养老金的领取与支配

农村老人领取养老金和支配养老金的情况如何呢？应该说养老金在农村的发放还是足额和及时的。绝大多数农村老人一直都领取到了足额的养老金，在样本中的比例达到了95.8%（见表5—12），而且有92.0%的样本认为养老金在发放过程中总是及时的（见表5—13）。当然，安陆地区和洪湖地区的样本更认可当地养老金发放的及时性，比例均为96.4%，比例高于浠水地区的82.4%。

表5—12　　是否一直都领取到了足额的养老金（%）

选项	地区			合计
	安陆	洪湖	浠水	
是	96.4	96.8	94.1	95.8
否	1.4	1.1	3.9	2.1
不知道	2.2	2.2	2.0	2.1
显著性检验	Pearson $\chi^2=6.131$　$p=0.190$			

表 5—13　　养老金发放的及时性（%）

选项	地区			合计
	安陆	洪湖	浠水	
总是及时	96.4	96.4	82.4	92.0
有时不及时	1.1	1.1	11.8	4.4
一直都不及时	0.0	0.0	1.2	0.4
不知道	2.5	2.5	4.7	3.2
显著性检验	Pearson　$\chi^2 = 32.952$　$p = 0.000$			

不同地区为了开展工作的方便，经常会选择不同的策略来权宜地实施国家政策。养老金的发放不同地区也会选择权宜的周期（见表 5—14），比如浠水地区样本多数认为当地养老金的发放周期是三个月，也即当地规定"三个月领一次"，这一比例达到了 52.2%，也有 24.7% 的样本认为当地的规定是"每个月都可以领取"；与浠水地区不同，安陆和洪湖地区大多数样本回答"每个月都可以领取"，比例分别达 75.7% 和 66.3%，当然安陆地区、浠水地区和洪湖地区都有 15.0% 左右的样本并不知道当地规定的养老金领取周期。

表 5—14　　养老金发放的周期规定性（%）

选项	地区			合计
	安陆	洪湖	浠水	
每个月都可以领取	75.7	66.3	24.7	56.4
三个月领取一次	3.3	13.6	52.2	22.2
半年领取一次	2.2	3.6	6.7	4.1
一年领取一次	2.2	3.2	2.0	2.6
不知道	16.7	13.3	14.5	14.7
显著性检验	Pearson　$\chi^2 = 233.964$　$p = 0.000$			

虽然不同地区规定的领取养老金的周期并不一致（见表 5—15），但是农村老人实际领取养老金的周期也并非"每月领取一次"，只有 1.6%

的样本选择这一项。大部分农村老人选择“半年左右领取一次”或者“一年左右领取一次”养老金，选择“半年左右领取一次”养老金的比例为29.5%，选择“一年左右领取一次”养老金的比例最高，为43.2%，还有14.4%的样本选择“三个月左右领取一次”养老金。安陆地区和洪湖地区样本主要选择一年左右领取一次养老金，比例达到50.7%和50.9%，其次是半年左右领取一次养老金，比例也达到了30.8%和26.9%；而浠水地区样本实际领取养老金周期的选择较多，半年左右领取一次养老金的比例最高，为31.0%，一年左右领取一次养老金的比例次之，为26.3%，还有四分之一的样本选择的是三个月左右领取一次养老金。

表5—15　　实际领取养老金的周期（%）

选项	地区			养老阶段			合计
	安陆	洪湖	浠水	自养阶段	半自养阶段	他养阶段	
每月领取一次	1.4	1.1	2.7	1.3	1.1	2.5	1.6
两个月左右领取一次	1.8	3.2	3.1	1.7	4.2	2.5	2.7
三个月左右领取一次	9.4	9.0	25.9	13.9	14.3	15.2	14.4
半年左右领取一次	30.8	26.9	31.0	26.2	35.5	27.2	29.5
一年左右领取一次	50.7	50.9	26.3	48.3	38.5	42.0	43.2
不确定	5.8	9.0	11.0	8.6	6.4	10.7	8.5
显著性检验	Pearson $\chi^2=65.256$ p=0.000			Pearson $\chi^2=15.953$ p=0.101			

从实际领取养老金的地点来看（见表5—16），57.3%的样本会选择到“镇上”，28.5%的样本会选择到“村里”，还有14.2%的样本会选择去“县城/区里/市里”，也就是说大部分的农村老人选择领取养老金的地点是在“镇上”或“村里”。结果中之所以有14.2%的样本是到“县城/区里/市里去”领养老金，更大程度上是因为居住地距离城区较近。这也

是为何浠水洪湖地区样本和安陆地区样本存在差异，安陆地区抽取的开发区处在市区边缘，所以当地农村老人更可能去“县城/区里/市里”领取养老金。农村老人之所以可以在村里领取养老金，主要是因为当地在村里设置了代办点，而到这些代办点领取养老金，一般会收取一定比例的手续费。

表 5—16　　领取养老金的地点（%）

选项	地区			养老阶段			合计
	安陆	洪湖	浠水	自养阶段	半自养阶段	他养阶段	
村里	38.0	12.9	35.3	21.2	29.1	37.0	28.5
镇上	24.6	83.2	64.3	58.9	62.3	49.8	57.3
县城/区里/市里	37.3	3.9	0.4	19.9	8.7	13.2	14.2
显著性检验	Pearson $\chi^2=281.709$ $p=0.000$			Pearson $\chi^2=28.269$ $p=0.000$			

本书研究的农村老人年龄的节点是60周岁，也就是说所调查的对象都在60周岁以上，这一群体身体状况越来越差，行动能力减弱，很多人甚至已经失去了长距离行走的能力，那么养老金是否需要别人代领呢？调查发现（见表5—17），绝大多数农村老人的养老金是由自己亲自领取的，这里比例达到了75.7%，也有一部分是由配偶领取的，比例只有9.3%，由配偶代领主要发生在女性身上，她们更可能会委托丈夫帮忙代领养老金，而由其他人代领的比例是极低的。由别人带领的也主要是由儿子或者女儿代领，由儿子代领的比例占到了7.9%，由女儿代领的仅2.2%。

虽然部分农村老人在领取养老金时会选择由别人代领，但是农村老人的养老金主要还是由自己支配，93.3%的样本选择的养老金的支配者为自己，5.9%的样本选择的是配偶，选择儿子和女儿的比例合计仅0.8%（见表5—18）。可以发现农村老人家庭中经济的支配方式与年轻人并不相同，财政集中的模式在老人群体中比较少了，一方面可能因为老人群体中配偶去世的比较多，只能自己管理自己的收入，另一方面是因为这一群体已完成了繁衍后代、养育子女的责任，不需要集中财政以应对生活，所以更可能选择财政分散的生活方式。

表 5—17　　养老金实际领取人（%）

选项	地区			养老阶段			合计
	安陆	洪湖	浠水	自养阶段	半自养阶段	他养阶段	
自己	70.7	74.2	82.7	76.5	80.0	70.0	75.7
配偶	14.9	7.2	5.5	12.9	9.1	4.9	9.3
儿子	7.2	9.3	7.1	5.6	6.8	11.9	7.9
女儿	4.0	1.8	0.8	2.6	0.4	3.7	2.2
儿媳	0.4	2.2	1.2	1.0	1.1	1.6	1.2
女婿	0.7	0.7	0.0	0.7	0.0	0.8	0.5
孙子女	0.7	1.8	1.6	0.0	1.9	2.5	1.4
朋友	0.0	0.4	0.0	0.0	0.0	0.4	0.1
亲戚	0.4	0.7	0.4	0.3	0.4	1.2	0.6
村组干部	0.7	0.7	0.0	0.0	0.4	1.2	0.5
普通村民	0.4	1.1	0.4	0.3	0.0	1.6	0.6

表 5—18　　养老金的实际支配者（%）

选项	地区			养老阶段			合计
	安陆	洪湖	浠水	自养阶段	半自养阶段	他养阶段	
自己	90.6	95.0	94.5	90.4	94.3	95.9	93.3
配偶	8.7	4.7	4.3	9.3	4.9	2.9	5.9
儿子	0.4	0.4	0.4	0.3	0.4	0.4	0.4
女儿	0.4	0.0	0.8	0.0	0.4	0.8	0.4
显著性检验	Pearson $\chi^2=8.008$ $p=0.238$			Pearson $\chi^2=12.937$ $p=0.044$			

农村老人在领取养老金时会遇到哪些问题呢？问卷中试图列出可能存在的3个问题，第一个是“手续太复杂，不好操作”，第二个是“服务人员态度不好”，第三个是“经常需要排很长的队”。表5—19显示，86.0%的样本选择“以上问题均未遇到过”，其他选择“经常需要排很长的队”的比例最高，但也仅有8.5%，“手续太复杂，不好操作”的比例为5.3%，“服务人员态度不好”的比例仅为1.6%。

表 5—19　　领取养老金时遇到的问题（%）①

选项	地区			合计
	安陆	洪湖	浠水	
手续太复杂，不好操作	2.2	7.9	5.9	5.3
服务人员态度不好	0.7	1.4	2.7	1.6
经常需要排很长的队	9.8	3.6	12.5	8.5
以上问题均未遇到过	88.4	88.9	80.4	86.0

第三节　农村老人对社会养老保险的认知（Ⅱ）

以上部分描述了农村老人缴费情况以及领取养老金的情况，这一部分将主要探讨农村老人对社会养老保险养老保障能力的评价。首先，农村老人普遍认为当前养老保险的养老金待遇偏低。表5—20显示，认为目前养老金"待遇很高"的仅占0.1%，认为"待遇比较高"的占8.1%，而认为"待遇一般"的占40.9%，认为"待遇比较低"和"待遇很低"的比例分别为45.6%和5.3%，总体来看农村老人对目前养老保险养老金待遇的评价较低。洪湖地区样本认为养老保险待遇低的比例更高，而不同养老阶段的样本对目前养老金待遇的评价似乎更加一致。

表 5—20　　对目前养老金待遇的评价（%）

选项	地区			养老阶段			合计
	安陆	洪湖	浠水	自养阶段	半自养阶段	他养阶段	
待遇很低	2.2	11.1	2.4	6.3	3.0	6.6	5.3
待遇比较低	42.4	53.0	40.8	45.7	44.9	46.1	45.6
待遇一般	42.0	33.0	48.2	39.7	44.9	37.9	40.9

① 本题的选项设置为多选题，所以列百分比之和大于100%。

续表

选项	地区			养老阶段			合计
	安陆	洪湖	浠水	自养阶段	半自养阶段	他养阶段	
待遇比较高	13.0	2.9	8.6	8.3	7.2	9.1	8.1
待遇很高	0.4	0.0	0.0	0.0	0.0	0.4	0.1
显著性检验	Pearson $\chi^2=59.722$ $p=0.000$			Pearson $\chi^2=8.538$ $p=0.383$			

那么，在农村老人看来目前社会养老保险的养老金对其生活的影响大不大？统计结果显示，目前养老金对农村老人的生活有一定的影响。表5—21显示，样本认为目前养老金对农村老人生活“影响一般”的比例为39.4%，所占比例最高；其次是认为“影响很小”的比例为35.1%，而认为“影响比较大”的比例为18.5%，其他的认为“没什么影响”和“影响非常大”的比例分别为5.9%和1.1%。

表5—21　　目前养老金对生活的影响程度（%）

选项	地区			养老阶段			合计
	安陆	洪湖	浠水	自养阶段	半自养阶段	他养阶段	
没什么影响	6.2	5.4	6.3	6.3	6.0	5.3	5.9
影响很小	28.3	48.0	28.2	34.8	38.5	31.7	35.1
影响一般	38.0	34.1	46.7	40.1	37.4	40.7	39.4
影响比较大	26.4	11.8	17.3	18.2	16.2	21.4	18.5
影响非常大	1.1	0.7	1.6	0.7	1.9	0.8	1.1
显著性检验	Pearson $\chi^2=43.415$ $p=0.000$			Pearson $\chi^2=6.340$ $p=0.609$			

其实对于大多数农村老人来说，目前社会养老保险的养老金并不能满足其基本的生活需要，可以说“保基本”的目标并未实现。表5—22显示，样本中认为目前养老保险的养老金“完全不能满足”其基本生活需要的比例为11.9%，认为“很难满足”其基本生活需要的比例为73.2%，两者合计85.1%。也就是说绝大多数的样本并不认同养老保险的养老金可以满足其基本生活需要。

表 5—22　　养老金满足基本生活需求的程度（%）

选项	地区			养老阶段			合计
	安陆	洪湖	浠水	自养阶段	半自养阶段	他养阶段	
完全不能满足	11.2	14.3	9.8	14.9	9.1	11.1	11.9
很难满足	75.4	72.0	71.8	71.5	76.6	71.6	73.2
基本能满足	12.7	13.6	17.6	13.6	14.0	16.5	14.6
完全能满足	0.7	0.0	0.4	0.0	0.4	0.8	0.4
显著性检验	Pearson $\chi^2=7.189$ $p=0.304$			Pearson $\chi^2=8.180$ $p=0.225$			

既然绝大多数农村老人认为目前社会养老保险的养老金难以满足其基本生活需要，那么到底多少养老金可以满足其基本生活需要呢？调查显示，有26.4%的样本认为每月100元可以满足其基本生活需要，有18.8%的样本认为每月200元可以满足其基本生活需要，23.5%的样本认为每月300元可以满足其基本生活需要，4.8%的样本认为每月400元可以满足其基本生活的需要，10.4%的样本认为每月500元可以满足其基本生活需要。统计来看（见表5—23），样本认为可以满足其基本生活需要的养老金均值为267.259元，标准差为197.969元，中值为200元，众数为300元。

表 5—23　　每个月大概多少钱（养老金）可以满足目前基本生活的需要（元/月）

项目	均值	中值	众数	标准差	极小值	极大值
金额	267.259	200	300	197.969	50	2000

虽然绝大多数农民并不认可当前社会养老保险的养老金对基本生活的保障作用，但是却比较认同养老保险在改善老年贫困人口生活方面的作用。表5—24就显示，认为当前的养老保险在改善老年贫困人口的生活方面"作用非常大"的占10.2%，认为"作用较大"的占48.8%，两者合计接近60.0%，而认为"作用较小"和"几乎没有什么作用"的比例合计仅为15.2%。

表 5—24　　当前的社会养老保险在改善老年贫困人口生活方面的作用（%）

选项	地区			养老阶段			合计
	安陆	洪湖	浠水	自养阶段	半自养阶段	他养阶段	
几乎没有什么作用	0.7	1.4	0.8	1.7	0.4	0.8	1.0
作用较小	8.0	16.8	18.0	14.9	15.1	12.3	14.2
作用一般	22.5	24.7	30.6	24.8	27.5	25.1	25.8
作用较大	52.9	49.1	43.9	45.4	49.8	51.9	48.8
作用非常大	15.9	7.9	6.7	13.2	7.2	9.9	10.2
显著性检验	Pearson $\chi^2=31.653$　$p=0.000$			Pearson $\chi^2=10.122$　$p=0.257$			

其实养老金满足基本生活需求的情况和养老金改善老年贫困人口生活方面的作用均是表征社会养老保险养老保障能力的具体变量，分别表示对社会养老保险较高层次养老保障能力认可度和较低层次养老保障能力认可度。[①] 也即虽然大多数农村老人并不认同社会养老保险较高层次的养老保障能力，但是却比较认同其较低层次的养老保障能力。

第四节　社会养老保险对农村老人的福利效应

社会养老保险对农村老人的福利效应即农村老人享受养老金后福利的变化，或者说社会养老保险实施后农村老人福利的变化。社会养老保险对农村老人的福利效应是本书研究的核心，这一部分要解决的是“是什么”的问题，即社会养老保险的实施对农村老人是否具有福利的提升效应。黄有光对效用的测量以及福利的人际比较进行讨论时，强调的是主观满足，[②] 因此本书的福利也主要是主观福利，福利效应主要采用主观

① 钟涨宝、聂建亮：《农民的养老观念与新农保养老保障能力评价》，《中南民族大学学报》（人文社会科学版）2014 年第 1 期。

② ［澳］黄有光：《福祉经济学——一个趋于更全面分析的尝试》，张清津译，东北财经大学出版社 2005 年版。

判断的方式进行测量。通过询问农村老人对一些表述的赞同程度来理解社会养老保险的福利效应。如果选择的是“非常赞同”，就意味着农村老人认为社会养老保险的福利提升效应非常明显，而如果选择的是“比较赞同”，那么就意味着农村老人认为社会养老保险对其有一定的福利提升效应，但并不是特别明显，而如果选择“不好说”则意味着农村老人并不认同社会养老保险的福利提升效应，相反选择“不太赞同”和“很不赞同”则意味着农村老人认同社会养老保险的负福利效应，或者认同社会养老保险福利的损失效应。数据的统计分析显示选择“不太赞同”和“很不赞同”的样本极少，甚至可以忽略，所以这里将这两项与“不好说”项合并，形成“不赞同”，意即农村老人并不认同社会养老保险的福利提升效应。

在表5—25中，问题1—2测量的是社会养老保险对农村老人收入的福利效应；问题3—5测量的是社会养老保险对农村老人消费支出的福利效应；问题6—8测量的是社会养老保险对农村老人闲暇与休闲的福利效应；问题9测量的是社会养老保险对农村老人夫妻关系的福利效应；问题10—12测量的是社会养老保险对农村老人所在家庭代际关系的福利效应；问题13—16测量的是社会养老保险对农村老人心理的福利效应。1—5界定为经济福利效应，主要包括收入、消费支出；6—16界定为非经济福利效应，主要包括闲暇与休闲、夫妻关系、代际关系、心理等。

首先，从频次分析的角度测量社会养老保险对农村老人的福利效应（见表5—25）。可以发现大部分的样本认为“享受养老金后，我可支配的收入提高了”，持“不赞同”态度的仅8.4%；同样大部分的样本认为“享受养老金后，我的手头不像原来那么紧了”，“非常赞同”和“比较赞同”的比例分别为30.9%和52.3%，而持“不赞同”态度的也只有16.8%。作为一种养老保险种类，社会养老保险天然具有公共物品的属性，在社会养老保险实施时期已经年满60周岁的农村老人可以直接享受基础养老金，所以说，目前来看60周岁以上的老人大多数是在未缴费的情况下，享受基础养老金，这就意味着大多数的农村老人每月可以比实施社会养老保险之前收入净增加至少55元（目前是70元），每年增加至少660元，而如果农村老人一家两口都已经达到60周岁，那么年收入至少可以增加1320元，这对于一个老人家庭来说并不是一个小的数目，所以社会养老保险直接的收入福利效应是得到农村老人认可的。

收入的增加自然会影响到农村老人的消费支出能力（见表5—25），所以大部分的样本认为“享受养老金后，我每天吃得更好了”以及“享受养老金后，我对日常生活用品的购买能力提高了”，赞同的比例分别为73.6%和76.4%。不过可以发现社会养老保险对农村老人消费支出的影响也主要局限在一般饮食和日常生活用品的购买上，而对于大件商品的购买能力并没有什么明显影响。因此，大部分样本并不赞同“享受养老金后，我大件商品的购买能力提高了”这一看法，选择“不赞同”的比例高达81.1%。也即农村老人比较赞同社会养老保险消费支出福利的提升效应，尤其是对基本生活消费支出福利的提升效应，但是对较高层次消费支出福利的提升效应认同度并不高。

再进一步从闲暇与休闲的角度分析社会养老保险对农村老人的非经济福利效应。从表5—25可以看出，农村老人认为社会养老保险对其劳动时间减少的影响较小，另外对其闲暇时间及休闲娱乐时间增加的影响也较小，因此说农村老人对社会养老保险闲暇与休闲福利的提升效应认同度并不高。

表5—25　　社会养老保险对农村老人福利效应的描述统计：频次分析（%）

<table>
<tr><th colspan="2">福利效应分类</th><th>项目</th><th>非常赞同</th><th>比较赞同</th><th>不赞同</th></tr>
<tr><td rowspan="5">经济福利效应</td><td rowspan="2">收入</td><td>1. 享受养老金后，我可支配的收入提高了</td><td>40.7</td><td>50.9</td><td>8.4</td></tr>
<tr><td>2. 享受养老金后，我的手头不像原来那么紧了</td><td>30.9</td><td>52.3</td><td>16.8</td></tr>
<tr><td rowspan="3">消费支出</td><td>3. 享受养老金后，我每天吃得更好了</td><td>24.1</td><td>49.5</td><td>26.4</td></tr>
<tr><td>4. 享受养老金后，我对日常生活用品的购买能力提高了</td><td>20.7</td><td>55.7</td><td>23.6</td></tr>
<tr><td>5. 享受养老金后，我对大件商品的购买能力提高了</td><td>5.9</td><td>13.0</td><td>81.1</td></tr>
</table>

续表

<table>
<tr><th colspan="2">福利效应分类</th><th>项目</th><th>非常赞同</th><th>比较赞同</th><th>不赞同</th></tr>
<tr><td rowspan="11">非经济福利效应</td><td rowspan="3">闲暇与休闲</td><td>6. 享受养老金后，我的劳动时间减少了</td><td>3.6</td><td>14.8</td><td>81.6</td></tr>
<tr><td>7. 享受养老金后，我的空闲时间增加了</td><td>3.6</td><td>21.1</td><td>75.3</td></tr>
<tr><td>8. 享受养老金后，我休闲娱乐的时间增加了</td><td>4.4</td><td>23.0</td><td>72.6</td></tr>
<tr><td>夫妻关系</td><td>9. 享受养老金后，夫妻关系变得更好了</td><td>6.5</td><td>34.0</td><td>59.5</td></tr>
<tr><td rowspan="3">代际关系</td><td>10. 享受养老金后，我对子女的经济依赖降低了</td><td>12.3</td><td>39.4</td><td>48.3</td></tr>
<tr><td>11. 享受养老金后，子女对我的态度更好了</td><td>9.0</td><td>34.0</td><td>57.0</td></tr>
<tr><td>12. 享受养老金后，子女与我交流的时间更多了</td><td>5.7</td><td>25.3</td><td>69.0</td></tr>
<tr><td rowspan="4">心理</td><td>13. 享受养老金后，我对生活更有信心了</td><td>35.1</td><td>49.8</td><td>15.2</td></tr>
<tr><td>14. 享受养老金后，我觉得活得更有尊严了</td><td>25.9</td><td>51.1</td><td>23.0</td></tr>
<tr><td>15. 享受养老金后，我对生活的满意度提高了</td><td>33.0</td><td>56.3</td><td>10.7</td></tr>
<tr><td>16. 享受养老金后，我感觉生活更加幸福了</td><td>35.8</td><td>52.7</td><td>11.5</td></tr>
</table>

农村老人普遍认为社会养老保险对夫妻关系和代际关系的改善有一定的影响。在分析社会养老保险对家庭关系影响的时候，不能避开夫妻关系。夫妻关系往往会因为家庭资源的稀缺而产生竞争，从而形成关系的紧张。那么社会养老保险金的注入是否会缓和紧张，夫妻关系是否会变好？表 5—25 显示，40.5% 的样本表示夫妻关系变得更好了。

在农村，养老资源主要来源于家庭，除了自我的收入及储蓄外，很大程度上要依靠子女，因此子女是农村养老体系中非常关键的变量。社会养老保险可以在一定程度上降低农村老人对子女经济上的依赖，因此对于“享受养老金后，我对子女的经济依赖降低了”这一看法，有 12.3% 的样本表示“非常赞同”，39.4% 的样本表示“比较赞同”，合计有 51.7% 的样本表示赞同，也有 48.3% 的样本表示“不赞同”。当然，农村老人对子女经济依赖程度降低后其实有利于代际之间关系的增进，尤其是那些代际关系较差的家庭。调查显示，样本对“享受养老金后，子女对我的态度更好了”持赞同观点的有 43.0%，虽然不足一半，但比例仍然是很高的。农村老人的子女一般既要赡养父母又要抚养子女，如果其本身经济收入较低，创收能力较差，那么其生活压力较大，对子女的抚养尚且吃力，更不必说对老人的有效赡养了。很多农村老人表示子女压力较大，所以子女对自己赡养不力可以接受。但是持这一观点的也仅仅是那些仍然有生产能力的老人，那些劳动能力严重衰退或者夫妻中有一方已经去世的老人，往往需要子女的接济，这时候就出现了问题，老人贫穷的情况下子女贫穷的可能性较大，所以越贫穷的家庭越容易出现代际之间关系的紧张。社会养老保险作为一种直接的经济支持，解决了老人部分的生活开支，这样老人与子女在经济上的互动相对减少，老人不必经常要求子女提供赡养，子女对老人的态度也会变化。那么享受养老金以后，子女与老人的交流是否会增多呢？调查显示，社会养老保险对农村老人与子女交流时间的影响是有的，但并不是很明显，69.0%的样本认为享受养老金后，子女与其交流的时间并没有增多。

我们再来看社会养老保险对农村老人心理的福利效应，可以发现社会养老保险对农村老人心理福利有明显的提升效应，社会养老保险的实施增强了农村老人生活的信心，提升了尊严、生活满意度和幸福感。农民觉得享受养老金后，“对生活更有信心了”“觉得活得更有尊严了”“对生活的满意度提高了”“感觉生活更加幸福了”的比例分别达到84.9%、77.0%、89.3%、88.5%。

其次，我们从均值角度来测量社会养老保险对农村老人的福利效应（见表5—26），并对不同类别的福利效应进行比较。均值在2.0以上的项目包括“享受养老金后，我可支配的收入提高了”“享受养老金后，我的手头不像原来那么紧了”“享受养老金后，我对生活更有信心了”“享受养老金后，我觉得活得更有尊严了”“享受养老金后，我对生活的满意度提高了”“享受养老金后，我感觉生活更加幸福了”，也就是说在农村老人看来，社会养老保险对农村老人收入和心理方面福利的影响是最大最明显的，即社会养老保险对农村老人收入和心理福利的提升效应最明显。除此之外，均值在1.5以上的项目包括“享受养老金后，我每天吃得更好了”“享受养老金后，我对日常生活用品的购买能力提高了”“享受养老金后，我对子女的经济依赖降低了”“享受养老金后，子女对我的态度更好了"，也就是说在农村老人看来，社会养老保险对农村老人消费支出和代际关系方面福利的影响较大、较明显，即社会养老保险对农村老人消费支出和代际关系福利的提升效应较明显。而社会养老保险对农村老人闲暇与休闲以及夫妻关系方面福利的提升效应则并不明显。这与前文频次分析的结果基本一致。

表 5—26　　社会养老保险对农村老人福利效应的描述统计：均值

福利分类		项目	均值	标准差
经济福利效应	收入	1. 享受养老金后，我可支配的收入提高了	2. 324	0. 622
		2. 享受养老金后，我的手头不像原来那么紧了	2. 141	0. 676
	消费支出	3. 享受养老金后，我每天吃得更好了	1. 977	0. 711
		4. 享受养老金后，我对日常生活用品的购买能力提高了	1. 972	0. 666
		5. 享受养老金后，我对大件商品的购买能力提高了	1. 248	0. 666
非经济福利效应	闲暇与休闲	6. 享受养老金后，我的劳动时间减少了	1. 220	0. 493
		7. 享受养老金后，我的空闲时间增加了	1. 283	0. 524
		8. 享受养老金后，我休闲娱乐的时间增加了	1. 319	0. 553
	夫妻关系	9. 享受养老金后，夫妻关系变得更好了	1. 470	0. 616
	代际关系	10. 享受养老金后，我对子女的经济依赖降低了	1. 640	0. 691
		11. 享受养老金后，子女对我的态度更好了	1. 519	0. 655
		12. 享受养老金后，子女与我交流的时间更多了	1. 367	0. 589
	心理	13. 享受养老金后，我对生活更有信心了	2. 199	0. 681
		14. 享受养老金后，我觉得活得更有尊严了	2. 030	0. 699
		15. 享受养老金后，我对生活的满意度提高了	2. 222	0. 623
		16. 享受养老金后，我感觉生活更加幸福了	2. 243	0. 644

第五节　本章小结

本章主要分三部分，一是描述了农村老人对社会养老保险政策的认知，二是介绍了农村老人享受养老金待遇的情况，三是探讨了农村老人享受养老金后福利变化的情况，结果表明：

第一，农村老人对当前社会养老保险的了解程度并不高，其获取社会养老保险相关信息的渠道主要为村组干部上门宣传。绝大多数农村老人都愿意参加社会养老保险，农村老人对社会养老保险的认同度较高。农村老人对社会养老保险制度的满意度很高，对当地社会养老保险实施效果的评价较高。

第二，在领取养老金之前，大部分农村老人并没有缴纳过养老保险费，而是直接领取基础养老金。有过缴费经历的农村老人，绝大部分并没有补缴过养老保险费，从最后一次缴费的档次来看，绝大多数选择的是最低档次，缴费的人主要是自己或者配偶。绝大多数农村老人一直都及时领取到了足额的养老金。虽然不同地区规定的领取养老金的周期并不一致，但是大部分农村老人会选择半年或者一年左右时间领取一次养老金。大部分农村老人选择领取养老金的地点是在镇上或村里，而绝大多数农村老人的养老金是由自己亲自领取并由自己支配。

第三，农村老人普遍认为当前社会养老保险的养老金待遇偏低，但认为其对农村老人的生活还是有一定影响的。不过，对于大多数农村老人来说，目前养老保险的养老金并不能满足其基本的生活需要，可以说“保基本”的目标并未实现。虽然绝大多数农民并不认可当前养老保险养老金对基本生活的保障作用，但是却比较认同养老保险在改善老年贫困人口生活方面的作用，也即虽然大多数农村老人并不认同社会养老保险较高层次的养老保障能力，但是却比较认同其较低层次的养老保障能力，可以说当前农村地区的社会养老保险仅是有限保障。

第四，社会养老保险的实施提升了农村老人的福利，且不同方面福利提升的程度不同。社会养老保险的实施提升了农村老人的经济福利：农村老人普遍认为养老金提高了其收入，增强了其消费支出能力，尤其是对基本生活消费的支出能力。社会养老保险的实施提升了农村老人的非经济福利：农村老人认为社会养老保险的实施对其闲暇和休闲以及夫妻关系的影响较小，但是却认为社会养老保险的实施可以改进农村老人的代际关系，提高农村老人生活的信心、尊严、生活满意度和幸福感。可以说，在农村老人看来，社会养老保险对农村老人收入和心理方面福利的影响是最大、最明显的，其次是消费支出和代际关系方面的福利，最小的是闲暇与休闲以及夫妻关系方面的福利，即社会养老保险对农村老人收入和心理福利的提升效应最明显，再次是对消费支出和代际关系福利的提升效应，最后是对闲暇与休闲以及夫妻关系福利的提升效应。

第六章

社会养老保险对农村老人经济福利效应的实证分析

第一节 社会养老保险对农村老人收入福利效应的实证分析

一 农村老人的收入水平

要研究社会养老保险对农村老人收入的福利效应，首先需要对农村老人的收入状况有一个比较清晰的了解，而农村老人的收入状况又可以从收入水平和收入结构两个角度进行审视。这里首先来看收入水平，表6—1显示的是农村老人收入水平各个方面的统计数据。[①]

通过对农村老人收入水平的分析发现，劳动收入的水平是最高的，均值达到了2468.077元，其中“农业生产纯收入”最高，为1475.095元，虽然“非农工作纯收入”均值相对较低，只有992.982元，但是标准差最大，达到了4717.686元。“子女及其他家庭成员供养”的均值仅次于“农业生产纯收入”，达到了1187.853元。“社会养老保险金”均值为666.632元，与660元的基础养老金比较接近，标准差也最低，仅80.074元，这就意味着目前绝大多数农村老人领取的都是基础养老金，个体之间的差异较小。当然还有“农业补贴”“土地出租/入股收入”“其他收入”，均值都不足200元，分别为176.241元、58.022元、179.924元。农村老人总收入均值为4736.747元，标准差为5693.866元，而如果排除社会养老保险金收入，则样本总收入水平均值为4070.116元，标准差为5683.789元。

---

① 这里的收入主要指农村老人的现金收入，不包括非现金收入。

表 6—1　　农村老人收入水平（元）

统计量	农业生产纯收入	非农工作纯收入	土地出租/入股收入	农业补贴	社会养老保险金	子女及其他家庭成员供养	其他收入	农村老人的收入水平（减去社会养老保险金收入）	农村老人的收入水平
N	810	810	810	810	810	810	810	810	810
均值	1475.095	992.982	58.022	176.241	666.632	1187.853	179.924	4070.116	4736.747
均值标准误	90.001	165.763	9.823	8.202	2.814	72.976	24.554	199.708	200.062
中值	500	0	0	100	660	425	0	2567.5	3252.5
众数	0	0	0	0	660	0	0	0	660
标准差	2561.469	4717.686	279.552	233.431	80.074	2076.925	698.818	5683.789	5693.866
偏度	3.458	13.088	6.880	2.371	19.848	3.448	9.266	7.549	7.527
偏度的标准误	0.086	0.086	0.086	0.086	0.086	0.086	0.086	0.086	0.086
峰度	16.510	246.846	54.334	9.471	465.078	16.757	124.149	108.230	107.524
峰度的标准误	0.172	0.172	0.172	0.172	0.172	0.172	0.172	0.172	0.172
极小值	0	0	0	0	500	0	0	0	660
极大值	20000	100000	3000	2000	2640	20000	12000	101000	101660

数据来源：根据问卷调查数据整理。

表 6—2 农村老人所在家庭收入水平（元）

统计量	家庭农业生产纯收入	家庭非农工作纯收入	家庭土地出租/入股收入	家庭农业补贴	家庭社会养老保险金收入	子女及其他家庭成员供养	家庭其他收入	农村老人所在家庭的收入水平（减去社会养老保险金收入）	农村老人所在家庭的收入水平
N	810	810	810	810	810	810	810	810	810
均值	3850.884	3340.333	98.442	302.972	1073.918	1784.593	368.726	9745.949	10819.867
均值标准误	1240.432	375.452	16.629	12.705	19.438	107.360	69.487	1299.191	1299.444
中值	1000	0	0	200	1320	600	0	4800	5825
众数	0	0	0	0	1320	0	0	0	2660
标准差	35303.308	10685.558	473.280	361.603	553.208	3055.514	1977.625	36975.632	36982.815
偏度	27.843	6.667	7.266	1.480	13.030	4.173	12.291	24.231	24.233
偏度的标准误	0.086	0.086	0.086	0.086	0.086	0.086	0.086	0.086	0.086
峰度	786.412	64.794	63.640	2.216	285.008	33.952	180.255	647.761	647.895
峰度的标准误	0.172	0.172	0.172	0.172	0.172	0.172	0.172	0.172	0.172
极小值	0	0	0	0	0	0	0	0	660
极大值	1000000	150000	6000	2000	13200	40000	36000	1003720	1005040

数据来源：根据问卷调查数据整理。

接着再来看农村老人所在家庭收入水平情况。表6—2显示，农村老人所在家庭收入中，“家庭农业生产纯收入”的均值为3850.884元，排在第一位；“家庭非农工作纯收入”的均值紧随其后，为3340.333元；排在第三位的是“子女及其他家庭成员供养”，均值为1784.593元；“家庭社会养老保险金”仍然排在第四位，均值为1073.918元；还有“家庭农业补贴”“家庭土地出租/入股收入”“家庭其他收入”，均值分别为302.972元、98.442元、368.726元。农村老人所在家庭总收入均值为10819.867元，如果排除社会养老保险金收入，那么样本所在家庭收入均值为9745.949元。农村老人所在家庭收入水平的其他统计指标均在表6—2中显示。

二　农村老人的收入结构

收入结构与收入水平不同，样本某项收入水平的离散趋势过大可能导致均值较大，很难比较不同收入项目的相对位置，但是收入结构却可以很好地表现各项收入的相对位置。因此说收入结构相比收入水平更能展现农村老人的收入状况。图6—1显示了农村老人的收入结构。在当前状况下，农村老人收入比重中排在前三位的分别是“社会养老保险金”“农业生产纯收入”和“子女及其他家庭成员供养”，且三项所占比重接近，分别为28.4%、26.7%和25.2%，合计达到了80.3%，这三项在农村老人收入结构中占主体地位。“非农工作纯收入”仅占8.1%，与土地和农业生产相关的“农业补贴”以及“土地出租/入股收入”分别占4.8%和1.7%，“其他收入”占到了5.0%。[①]

图6—2显示了中国老龄人口的资产结构：“家庭其他成员供养”所占的比重最大，达到了49%，其次是“离退休金养老金”收入，比重达到了24%，紧随其后是“劳动收入”，比重达到了20%，合计达到了93%；当然还有“最低生活保障金”，占5%，“其他”的仅占2%。

---

① 农村老人各项收入比重的计算方式如下：首先计算每个样本各项收入占自己总收入的比重，而总收入等于各项收入之和；其次计算样本各项收入占自己总收入比重的均值，各项收入所占自己总收入比重均值之和为100%。后文农村老人所在家庭收入结构的计算同此方法。同时需要说明的是，农村老人收入是纯收入，考虑到自产的蔬菜等很难折价，因此不包括自产食物。

对比图6—1和图6—2可以发现，农村老人与中国老龄人口的收入结构有一定的相似性，即排在前三位的基本一致。“农业生产纯收入”和“非农工作纯收入”可以等同于“劳动收入”，“社会养老保险金”可以等同于“离退休金养老金”，而“子女及其他家庭成员供养”可以等同于“家庭其他成员供养”。但是，排在前三位的顺序却是不同的，农村老人收入中排在第一位的是“农业生产纯收入”和“非农工作纯收入”，合计有34.8%，而中国老龄人口资产结构排在首位的则是“家庭其他成员供养”。农村老人收入中排在第二位的是“社会养老保险金”，占到了28.4%，中国老龄人口资产结构排在第二位的是“离退休金养老金”，占到了24%，两者基本一致。农村老人收入中排在第三位的是“子女及其他家庭成员供养”，有25.2%，而中国老龄人口资产结构排在第三位的则是“劳动收入”。图6—1和图6—2存在一定差异的关键可能是因为图6—2中的老龄人口包括城镇居民和农村居民，而图6—1中的老人仅包括农村居民。

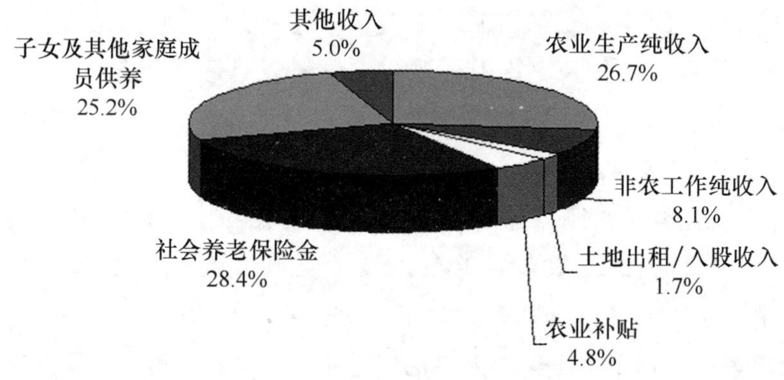

图6—1　农村老人收入结构示意图

数据来源：根据本次调查数据整理，后文图6—3、图6—4、图6—5同此。

总结来看，目前农村老人收入结构的特点是：收入主要来源于自身劳动，包括农业劳动和非农工作，而对子女及其他家庭成员的依赖相对较低；社会养老保险金的作用虽然不及中国总体情况，尤其是城镇就业的退休人员，但是在农村老人收入中已经占到了近三成，有望成为农村老人今后收入的主体部分。

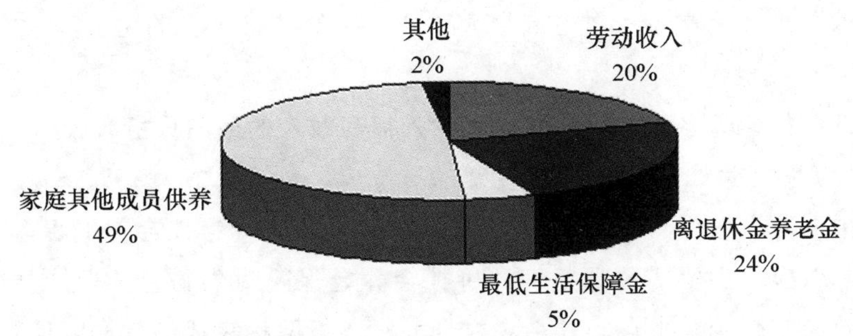

图 6—2　中国老龄人口资产结构示意图

资料来源：杨燕绥主编：《中国老龄社会与养老保障发展报告（2013）》，清华大学出版社 2014 年版，第 16 页。

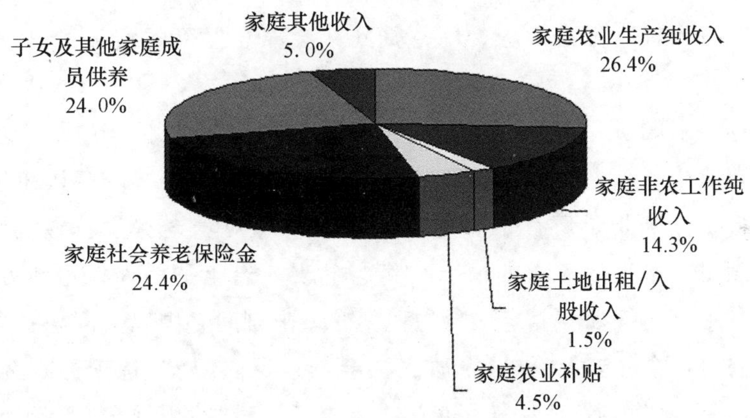

图 6—3　农村老人所在家庭收入结构示意图

接着再来看农村老人所在家庭收入结构。本书研究中家庭的边界是进行收支统一核算的家庭成员，如果子女与老人收支分账，那么不进行统一计算。图 6—3 显示，样本所在家庭收入中，比重最高的是“劳动收入”，也即“家庭农业生产纯收入”和“家庭非农工作纯收入”之和，比重达到 40.7%（26.4% + 14.3%）；其次是“家庭社会养老保险金”，占到了 24.4%；紧随其后的为“子女及其他家庭成员供养”，比重为 24.0%；“家庭农业补贴”“家庭土地出租/入股收入”的比重分别为

4.5%和1.5%；“家庭其他收入”占5.0%。应该说农村老人所在家庭收入结构与农村老人个人收入结构基本一致，主要区别在“家庭非农工作纯收入”的比重高于农村老人个人“非农工作纯收入”的比重。

三　社会养老保险对农村老人收入福利效应的回归分析

（一）变量选取

根据研究假设与实际调查情况，这里的因变量为社会养老保险的收入福利效应，主要从主观角度评价社会养老保险对农村老人收入福利的提升效应。因变量来自问卷中农村老人对以下两种表述的赞同程度：“享受养老金后，我可支配的收入提高了”和“享受养老金后，我的手头不像原来那么紧了”，可选项均为“不赞同”“比较赞同”“非常赞同”，为定序变量，分别赋值1、2、3，将以上两种表述赋值相加，得到一个新的连续变量，取值范围为2—6。分值越高，意味着农村老人越认可社会养老保险的收入福利提升效应，即越赞同社会养老保险的实施可以提高其收入水平。

根据本书的研究假设，这里的自变量包括政策认知、享受养老金状况、养老阶段、个人禀赋特征、家庭禀赋特征5个方面。政策认知包括4个子变量，分别是了解社会养老保险的程度、对养老保险待遇的评价、养老金满足基本生活需求的情况、养老金改善老年贫困人口生活方面的作用。其中，了解社会养老保险的程度变量来自问卷中以下问题：“您了解新型农村社会养老保险/城乡居民社会养老保险吗?”选项分别为“没听说过”“了解很少”“一般了解”“比较了解”“非常了解”，因为选择“没听说过”的样本极少，所以将“没听说过”和“了解很少”进行合并形成“没听说过/了解很少”项。对养老保险待遇的评价变量来自问卷中以下问题：“您觉得目前养老保险的养老金待遇怎么样?”选项分别为“待遇很低”“待遇比较低”“待遇一般”“待遇比较高”“待遇很高”，因为选择待遇很高的样本极少，所以将“待遇比较高”和“待遇很高”进行合并形成“待遇比较高/待遇很高”项。养老金满足基本生活需求的情况变量来自问卷中以下问题：“在您看来，目前您领取的养老金能否满足您的基本生活需求?”选项分别是“完全不能满足”“很难满足”“基本能满足”“完全能满足”。养老金改善老年贫困人口生活方面的作用变量来自问卷中以下问题："在您看来，当前的养老保险在改善老年贫困人口的生活方面有多大作用?"选项分别为"几乎没有什么作用""作用较小""作用一般""作用较大""作用很大"。

享受养老金状况包括3个子变量，分别为是否缴纳过养老保险费、多久领取一次养老金、养老金是否自己支配。其中，是否缴纳过养老保险费变量来自问卷中以下问题："在领取养老金之前，您是否缴纳过养老保险费?"选项分别为"缴过"和"没缴过"；多久领取一次养老金变量来自问卷中以下问题："您一般多久去领取一次养老金?"选项分别为"每月领取一次""两个月左右领取一次""三个月左右领取一次""半年左右领取一次""一年左右领取一次"以及"不确定"，因为选择"每月领取一次""两个月左右领取一次"的较少，所以合并形成"每一两个月领取一次"项；养老金是否自己支配变量来自问卷中以下问题："您的养老金一般由谁支配?"选项分别为"自己""配偶""儿子""女儿""儿媳""女婿""孙子女""其他"，将选择"自己"的转化为"是"，将选择"自己"之外其他选项的转化为"否"。

养老阶段变量主要来源于问卷中的题目："最近一年，您衣食住行等方面的花费，除养老金、农业补贴等外，由以下哪些主体提供（多选)"，选项分别为"自己及配偶""同住的子女""不同住的子女""子女间分摊""商业养老保险""其他"，农村老人的养老资源供给主体除养老金、农业补贴等之外，主要为自己及配偶的意味着处于自养阶段，主要为子女的意味着处于他养阶段，两者均有的意味着处于半自养阶段。

个人禀赋特征包括7个子变量，分别是性别、年龄、受教育年限、婚姻状况、身体健康状况、劳动状况、个人收入对数。其中，性别分为男性和女性；年龄按照周岁计算；受教育年限计算从上小学开始算起，一共受过多少年的学校教育（含私塾)；婚姻状况包括"未婚""初婚有配偶""再婚有配偶""离婚""丧偶"，其中"未婚""离婚""丧偶"合并简化为"无配偶"，"初婚有配偶""再婚有配偶"合并简化为"有配偶"；身体健康状况通过询问农村老人自评的健康状况获得，包括"很差，不能自理""较差，但可自理""一般""较好""很好"，简化为"很差""较差""一般""较好""很好"；劳动状况包括"全职务农"

“兼业务农”“全职非农”“部分退出劳动”以及“完全退出劳动”，将“兼业务农”“全职非农”合并形成“兼业或全职非农”；个人收入对数指农村老人2013年其个人的全年收入，包括自己单独收入加上与其他人合作收入中自己的份额，在分析时转换为收入的对数。

家庭禀赋特征包括4个子变量，分别是常住人口数、家庭代际数、居住房子类型、是否政府补助对象。其中，常住人口数指被访者居住房屋中常年居住在一起的家人的数量；家庭代际数指被访者所在家庭中的代际数量；居住房子类型包括平房和楼房；是否政府补贴对象通过询问以下问题获得：“您家是否是以下政府确定的补助对象?”选项分别为“低保户”“残疾人员家属”“五保户”“以上都不是”，选择“低保户”“残疾人员家属”“五保户”意味着是政府补助对象，而选择“以上都不是”意味着不是政府补助对象。

所在地区为控制变量，包括安陆地区、洪湖地区、浠水地区3个类别。[①] 各个变量的详细情况见表6—3。

表6—3　　社会养老保险收入福利效应模型的变量选择

变量名称	变量说明	均值	标准差
因变量			
社会养老保险的收入福利效应	连续变量	4.464	1.159
政策认知			
了解社会养老保险的程度	没听说过/了解很少 =1；一般了解 =2；比较了解 =3；非常了解 =4	1.582	0.728
对养老保险待遇的评价	待遇很低 =1；待遇比较低 =2；待遇一般 =3；待遇比较高/待遇很高 =4	2.521	0.722
养老金满足基本生活需求的情况	完全不能满足 =1；很难满足 =2；基本能满足 =3；完全能满足 =4	2.031	0.517
养老金改善老年贫困人口生活方面的作用	作用较小 =1；作用一般 =2；作用较大 =3；作用非常大 =4	2.541	0.871
享受养老金状况			

① 本书后文模型中自变量和控制变量的详细描述与此部分基本一致，在后文不再赘述。

续表

变量名称	变量说明	均值	标准差
是否缴纳过养老保险费	缴过 = 1；没有缴过 = 0	0.141	0.348
多久领取一次养老金	每一两个月领取一次 = 1；三个月左右领取一次 = 2；半年左右领取一次 = 3；一年左右领取一次 = 4；不确定 = 5	3.372	0.976
养老金是否自己支配	是 = 1；否 = 0	0.933	0.250
养老阶段			
自养阶段	自养阶段 = 1；其他养老阶段 = 0	0.373	0.484
半自养阶段	半自养阶段 = 1；其他养老阶段 = 0	0.327	0.469
他养阶段	他养阶段 = 1；其他养老阶段 = 0	0.300	0.459
个人禀赋特征			
性别	男 = 1；女 = 0	0.569	0.496
年龄	连续变量（周岁）	71.000	6.394
受教育年限	连续变量（年）	2.894	3.204
婚姻状况	有配偶 = 1；无配偶 = 0	0.683	0.466
身体健康状况	很差 = 1；较差 = 2；一般 = 3；较好 = 4；很好 = 5	2.915	0.918
劳动状况			
全职务农	全职务农 = 1；其他劳动状况 = 0	0.437	0.496
兼业或全职非农	兼业或全职非农 = 1；其他劳动状况 = 0	0.089	0.285
部分退出劳动	部分退出劳动 = 1；其他劳动状况 = 0	0.121	0.326
完全退出劳动	完全退出劳动 = 1；其他劳动状况 = 0	0.353	0.478
个人收入对数	农村老人个人收入取对数	8.086	0.844
家庭禀赋特征			
常住人口数	连续变量（人）	2.696	1.602
家庭代际数	连续变量（代）	3.306	0.536
居住房子类型	平房 = 1；楼房 = 0	0.403	0.491
是否政府补助对象	是 = 1；否 = 0	0.165	0.372
所在地区			
安陆地区	安陆地区 = 1；其他地区 = 0	0.341	0.474
洪湖地区	洪湖地区 = 1；其他地区 = 0	0.344	0.475
浠水地区	浠水地区 = 1；其他地区 = 0	0.315	0.465

（二）模型构建

因变量选择为社会养老保险对农村老人的收入福利效应，简称社会养老保险的收入福利效应。因变量处理为连续变量，所以建立多元线性回归模型，模型为：

$$y_i = \alpha + \lambda x_i + \varepsilon \tag{6.1}$$

（6.1）式中，y_i 为社会养老保险的收入福利效应，α 为常数项，λ 为回归系数，x_i 为自变量矩阵，ε 为随机误差项，代表没有观测到的因素。

（三）自变量与因变量的相关性分析

这里首先计算了自变量与因变量之间的 Pearson 相关系数。表 6—4 显示，在政策认知变量中，对养老保险待遇的评价变量、养老金改善老年贫困人口生活方面的作用变量与社会养老保险的收入福利效应变量之间均在 1% 的统计水平上显著正向相关，养老金满足基本生活需求的情况变量与社会养老保险的收入福利效应变量之间则在 10% 的统计水平上显著正向相关，而了解社会养老保险的程度变量与社会养老保险的收入福利效应变量之间的关系则不显著。享受养老金状况中的变量与社会养老保险的收入福利效应变量之间的关系均不显著。

表 6—4　　自变量与因变量的双变量相关分析

变量	Pearson 相关系数	变量	Pearson 相关系数
政策认知		年龄	-0.001
了解社会养老保险的程度	-0.039	受教育年限	-0.010
对养老保险待遇的评价	0.112***	婚姻状况	-0.054
养老金满足基本生活需求的情况	0.061*	身体健康状况	-0.002
养老金改善老年贫困人口生活方面的作用	0.213***	劳动状况	
享受养老金状况		全职务农	0.004
是否缴纳过养老保险费	-0.018	兼业或全职非农	0.010
多久领取一次养老金	-0.039	部分退出劳动	0.054
养老金是否自己支配	0.056	完全退出劳动	-0.046

续表

变量	Pearson 相关系数	变量	Pearson 相关系数
养老阶段		个人收入对数	-0.068*
自养阶段	-0.060*	家庭禀赋特征	
半自养阶段	0.102***	常住在一起的人数	-0.005
他养阶段	-0.041	家庭代际数	0.050
个人禀赋特征		居住房子类型	0.047
性别	-0.047	是否政府补助对象	0.077**

注：***、**和*分别表示变量在1%、5%和10%的统计水平上显著。

在养老阶段中，半自养阶段与社会养老保险的收入福利效应变量之间在1%的统计水平上显著正向相关，而自养阶段则与社会养老保险的收入福利效应变量之间在10%的统计水平上显著负向相关，他养阶段与社会养老保险的收入福利效应变量之间的关系不显著。

在个人禀赋特征中，仅个人收入对数变量与社会养老保险的收入福利效应变量之间在10%的统计水平上显著相关，且方向为负，其他变量与因变量的关系不显著；同样，在家庭禀赋特征中，仅是否政府补助对象变量与社会养老保险的收入福利效应变量之间在5%的统计水平上显著相关，且方向为正，其他变量与因变量的关系不显著。

由于自变量之间可能存在相互作用，因此，有必要建立回归模型来进一步估计这些因素的影响程度及其显著性水平。

（四）模型回归结果

表6—5为社会养老保险对农村老人收入福利效应的多元线性回归模型结果。模型6—1中的养老阶段、劳动状况和所在地区变量分别以他养阶段、完全退出劳动和浠水地区为参照；为了进一步检验养老阶段、劳动状况和所在地区变量影响的差异，模型6—2中的养老阶段、劳动状况和所在地区变量分别以自养阶段、全职务农和安陆地区为参照。首先来看一下模型变量间的多重共线性情况。多重共线性指两个或多个解释变量之间存在线性相关关系的现象。本模型选择解释变量较多，虽然可以使分析更加全面，但是也容易产生多重共线性，故需要对模型的多重共

线性进行检验。测度解释变量间的多重共线性一般有容差、方差膨胀因子（VIF）、特征根和方差比。容差的取值范围在 0 和 1 之间，越接近 0 表示多重共线性越强，越接近 1 表示多重共线性越弱。方差膨胀因子（VIF）是容忍度的倒数，其取值大于等于 1。当方差膨胀因子（VIF）越接近 1，解释变量间的多重共线性越弱，而越大则解释变量间的多重共线性越强。一般来说，方差膨胀因子（VIF）>10 时，解释变量之间存在严重的多重共线性，可能会过度地影响方程的最小二乘法。① SPSS 回归结果给出了容差和方差膨胀因子（VIF）的结果。从模型变量间的多重共线性情况来看，解释变量的容差基本都在 0.5 以上，方差膨胀因子也均小于 10，说明所选择的解释变量间不存在严重的多重共线性。再来看模型拟合的情况，模型的 R^2 为 0.117，调整后的 R^2 为 0.090，应该说模型拟合的较好。

表 6—5　　社会养老保险收入福利效应的多元线性回归模型结果

变量	模型 6—1		模型 6—2		共线性统计量	
	B	标准误	B	标准误	容差	VIF
政策认知						
了解社会养老保险的程度	-0.040	0.056	-0.040	0.056	0.900	1.111
对养老保险待遇的评价	0.038	0.060	0.038	0.060	0.793	1.260
养老金满足基本生活需求的情况	0.054	0.081	0.054	0.081	0.870	1.149
养老金改善老年贫困人口生活方面的作用	0.267***	0.047	0.267***	0.047	0.922	1.085
享受养老金状况						
是否缴纳过养老保险费	-0.083	0.138	-0.083	0.138	0.659	1.518
多久领取一次养老金	-0.014	0.042	-0.014	0.042	0.910	1.099
养老金是否自己支配	0.208	0.162	0.208	0.162	0.920	1.087
养老阶段						
自养阶段[a]	0.070	0.114			0.498	2.007
半自养阶段[a]	0.341***	0.115			0.519	1.928

① 薛薇编著：《SPSS 统计分析及应用》，电子工业出版社 2013 年版，第 196 页。

续表

变量	模型6—1		模型6—2		共线性统计量	
	B	标准误	B	标准误	容差	VIF
半自养阶段[b]			0.271***	0.099	0.707	1.415
他养阶段[b]			-0.070	0.114	0.555	1.803
个人禀赋特征						
性别	-0.105	0.098	-0.105	0.098	0.644	1.553
年龄	-0.013	0.009	-0.013	0.009	0.423	2.363
受教育年限	0.007	0.015	0.007	0.015	0.689	1.452
婚姻状况	-0.184*	0.105	-0.184*	0.105	0.634	1.578
身体健康状况	0.024	0.046	0.024	0.046	0.859	1.164
劳动状况						
全职务农[c]	0.147	0.109			0.513	1.951
兼业或全职非农[c]	0.359**	0.173			0.622	1.608
部分退出劳动[c]	0.131	0.134			0.793	1.261
兼业或全职非农[d]			0.212	0.150	0.831	1.204
部分退出劳动[d]			-0.016	0.135	0.775	1.290
完全退出劳动[d]			-0.147	0.109	0.552	1.811
个人收入对数	-0.135**	0.056	-0.135**	0.056	0.677	1.476
家庭禀赋特征						
常住在一起的人数	-0.003	0.027	-0.003	0.027	0.811	1.234
家庭代际数	0.207**	0.083	0.207**	0.083	0.768	1.302
居住房子类型	0.119	0.088	0.119	0.088	0.818	1.222
是否政府补助对象	0.231**	0.110	0.231**	0.110	0.900	1.112
所在地区						
安陆地区[e]	-0.003	0.107			0.591	1.692
洪湖地区[e]	-0.354***	0.107			0.584	1.712
洪湖地区[f]			-0.351***	0.102	0.649	1.541
浠水地区[f]			0.003	0.107	0.616	1.624
常量	4.751***	0.913	4.965***	0.915		
R^2	0.117		0.117			
调整的 R^2	0.090		0.090			

注：a. 参照为他养阶段，b. 参照为自养阶段，c. 参照为完全退出劳动，d. 参照为全职务农，e. 参照为浠水地区，f. 参照为安陆地区；***、**和*分别表示变量在1%、5%和10%的统计水平上显著。

表6—5显示，政策认知、养老阶段、个人禀赋特征、家庭禀赋特征、所在地区中均有变量通过了显著性检验，而享受养老金状况中的变量均未通过显著性检验。

首先来看政策认知对社会养老保险收入福利效应的影响。在政策认知中，仅养老金改善老年贫困人口生活方面的作用变量通过了显著检验。养老金改善老年贫困人口生活方面的作用变量在1%的统计水平上显著正向通过了检验，即农村老人越认可养老金在改善老年贫困人口生活方面的作用，那么其越认可社会养老保险收入福利的提升效应，即越认可社会养老保险的实施可以提高其收入水平。

与政策认知不同，享受养老金状况中的变量均未通过显著性检验。

其次来看养老阶段对社会养老保险收入福利效应的影响。模型6—1显示，半自养阶段变量在1%的统计水平上显著正向通过了检验，模型6—2显示，半自养阶段变量仍然在1%的统计水平上显著正向通过了检验，也就意味着相对于处于自养阶段和他养阶段的农村老人而言，处于半自养阶段的农村老人更认可社会养老保险收入福利的提升效应，即更认可社会养老保险的实施可以提高其收入水平，而处于自养阶段与他养阶段的农村老人之间不存在显著差异。

在个人禀赋特征中，婚姻状况、劳动状况、个人收入对数等变量通过了显著性检验。婚姻状况变量在10%的统计水平上显著负向通过了检验，即没有配偶的农村老人相对于有配偶的农村老人而言，更认可社会养老保险收入福利的提升效应，即更认可社会养老保险的实施可以提高其收入水平。模型6—1显示，劳动状况中的兼业或全职非农变量在5%的统计水平上显著正向通过了检验，而在模型6—2中，劳动状况中的变量均未通过显著性检验，也即相对于完全退出劳动的农村老人，兼业或全职非农的农村老人更认可社会养老保险收入福利的提升效应，即更认可社会养老保险的实施可以提高其收入水平。个人收入对数变量在5%的统计水平上显著负向通过了检验，即农村老人的个人收入水平越低，那么其越认可社会养老保险收入福利的提升效应，即越认可社会养老保险的实施可以提高其收入水平。可能因为农村老人的收入水平越低，那么养老金在收入中的比重越高，对收入的贡献率越高，所以越能感受到社会养老保险对其收入福利的提升效应。

在家庭禀赋特征中，家庭代际数、是否政府补助对象变量通过了显著性检验。家庭代际数变量在5%的统计水平上显著正向通过了检验，即所在家庭代际数越多的农村老人，越认可社会养老保险收入福利的提升效应，即越认可社会养老保险的实施可以提高其收入水平。为什么家庭代际数变量与因变量存在显著的相关关系呢？可能因为所在家庭的代际数越多，那么年龄相对越大，相应的收入水平越低，从而每年增加600多元的养老金的话，发挥的作用更加明显。是否政府补助对象变量也在5%的统计水平上显著正向通过了检验，也即所在家庭是政府补助对象的农村老人相对于不是政府补助对象的更认可社会养老保险收入福利的提升效应，即更认可社会养老保险的实施可以提高其收入水平。可能因为农村中的政府补助对象一般生活条件都相对比较差，所以这些家庭更容易从主观上感受到社会养老保险的实施对其收入提高的作用。

最后再来看所在地区，模型6—1和模型6—2均显示，洪湖地区变量在1%的统计水平上显著负向通过了检验，即安陆地区和浠水地区相对于洪湖地区而言，农村老人认为社会养老保险对自己收入福利的提升效应更明显，更认可社会养老保险的实施可以提高其收入水平。

第二节　社会养老保险对农村老年人消费支出福利效应的实证分析

一　农村老人的消费支出水平

消费是人类赖以生存和发展的最基本功能，也是人类社会不断进步的基本动力，对社会经济的影响也越来越大，[①] 所以应该关注社会养老保险对农村老人消费支出的福利效应。要研究社会养老保险对农村老人消费支出的福利效应，首先也需要对农村老人的消费支出状况有一个比较清晰的了解。与农村老人收入状况相同，农村老人的消费

① 尹志宏主编：《消费经济学》第二版，中国人民大学出版社2012年版，第1页。

支出状况也可以从消费支出水平和消费支出结构两个方面进行探讨。同时消费支出从内容上分，包括基本生活消费支出和非基本生活消费支出，基本生活消费支出一般包括“衣、食、住、行、用”几个方面。表6—6显示的是农村老人消费支出水平各个方面的统计数据。[①]

通过对农村老人消费支出水平的统计分析发现，个人生活消费总支出为6156.293元。其中，“个人医疗支出”的水平是最高的，均值达到了1508.736元，可见农村老人医疗支出的水平之高，已经成为农村患有疾病老人最大的消费支出。其次是“个人食品支出”，均值也达到了1473.467元，但是这一支出水平并不算高，如果按照一年365天计算，每人每天食品消费支出均值仅4.037元。农村老人“个人食品支出”之所以较低，与农村老人的食品消费来源高度相关。我们的调查显示，农村老人平时吃的蔬菜“全部自产”的占到了50.7%，“大部分自产”的占到了31.0%，也就是说农村老人食用的蔬菜有80%以上的主要是自产的，另外，农村老人平时吃的主食（米、面）“全部自产”的占35.4%，“大部分自产”的占21.4%，这些都在很大程度上降低了农村老人食品消费支出的水平。其他接近1000元的消费支出包括“个人人情送礼支出”和“个人快速消费品支出”，均值分别为974.710元和900.193元。还有“个人居住支出”“个人交通通信支出”“个人购房、建房、租房支出”“个人服装支出”“个人耐用消费品支出”“个人文化休闲娱乐支出”“个人教育支出”“个人赡养及赠予支出”，均值分别为408.145元、272.570元、263.827元、116.362元、82.474元、71.915元、54.574元、29.321元。

接着再来看农村老人所在家庭消费支出水平的情况。表6—7显示，农村老人所在家庭消费总支出为15760.737元。与农村老人个人消费支出不同，农村老人所在家庭消费支出中排在第一位的是“家庭购房、建房、租房支出”，均值为4647.161元，但是标准差为106122.680元，这就意味着家庭居住支出的离散趋势比较明显，家庭建房、购房等巨额消费导致均值较大，而之所以农村老人所在家庭住房消费支出均值与个人消费支出均值的差距如此之大，主要因为一些农村老人与子女共同居住生活，

① 需要说明的是，农村老人消费支出是现金消费支出，因此不包括对自产食物的消耗。

表 6—6　　农村老人全年消费支出水平（元）

统计量	个人食品支出	个人服装支出	个人购房、建房、租房支出	个人居住支出	个人耐用消费品支出	个人快速消费品支出	个人交通通信支出	个人教育支出	个人文化休闲娱乐支出	个人医疗支出	个人人情送礼支出	个人赡养及赠予支出	个人生活消费总支出
N	810	810	810	810	810	810	810	810	810	810	810	810	810
均值	1473.467	116.362	263.827	408.145	82.474	900.193	272.570	54.574	71.915	1508.736	974.710	29.321	6156.293
均值标准误	43.061	6.695	177.855	18.501	15.758	43.426	21.268	13.701	5.977	156.403	67.615	5.918	272.529
中值	1200	0	0	300	0	360	120	0	0	500	0	0	4683
众数	1200.00	0	0	0	0	120.00	0	0	0	0	0	0	0
标准差	1225.539	190.530	5061.844	526.544	448.480	1235.934	605.293	389.928	170.103	4451.318	1924.346	168.415	7756.299
偏度	1.471	3.226	26.298	4.210	8.743	2.595	7.658	9.615	6.818	10.300	5.183	8.052	9.630
偏度的标准误	0.086	0.086	0.086	0.086	0.086	0.086	0.086	0.086	0.086	0.086	0.086	0.086	0.086
峰度	2.684	17.240	721.229	25.164	98.499	8.558	88.584	104.264	68.974	144.903	45.380	75.614	145.042
峰度的标准误	0.172	0.172	0.172	0.172	0.172	0.172	0.172	0.172	0.172	0.172	0.172	0.172	0.172
极小值	0	0	0	0	0	0	0	0	0	0	0	0	0
极大值	7440	2000	140000	4800	7000	8640	9600	5400	2400	80000	25000	2000	144580

表 6—7　　农村老人所在家庭全年消费支出水平（元）

统计量	家庭食品支出	家庭服装支出	家庭购房、建房、租房支出	家庭居住支出	家庭耐用消费品支出	家庭快速消费品支出	家庭交通通信支出	家庭教育支出	家庭文化休闲娱乐支出	家庭医疗支出	家庭人情送礼支出	家庭赡养及赠予支出	家庭生活消费总支出
N	810	810	810	810	810	810	810	810	810	810	810	810	810
均值	2874. 133	311. 321	4647. 161	817. 938	335. 448	1506. 030	272. 570	336. 407	71. 915	2674. 091	1868. 043	45. 679	15760. 737
均值标准误	100. 463	26. 542	3728. 771	37. 745	158. 759	67. 321	21. 268	54. 482	5. 977	229. 562	111. 050	8. 755	3745. 985
中值	2280	60	0	576	0	840	120	0	0	1000	400	0	8611
众数	2400	0	0	0	0	240	0	0	0	0	0	0	0[a]
标准差	2859. 236	755. 402	106122. 680	1074. 250	4518. 366	1916. 001	605. 293	1550. 575	170. 103	6533. 461	3160. 543	249. 176	106612. 712
偏度	3. 246	7. 617	27. 894	4. 029	27. 324	3. 679	7. 658	6. 682	6. 818	8. 315	3. 206	7. 205	27. 368
偏度的标准误	0. 086	0. 086	0. 086	0. 086	0. 086	0. 086	0. 086	0. 086	0. 086	0. 086	0. 086	0. 086	0. 086
峰度	19. 160	83. 553	787. 440	25. 247	766. 098	25. 726	88. 584	56. 040	68. 974	95. 351	18. 838	59. 274	767. 335
峰度的标准误	0. 172	0. 172	0. 172	0. 172	0. 172	0. 172	0. 172	0. 172	0. 172	0. 172	0. 172	0. 172	0. 172
极小值	0	0	0	0	0	0	0	0	0	0	0	0	0
极大值	30000	10600	3000000	12000	127000	21048	9600	20000	2400	100000	30000	3000	3005612

注：a. 存在多个众数，显示最小值。

而其子女建房、购房的可能性较大。“家庭食品支出”的均值为2874.133元，排在第二位，“家庭医疗支出”的均值紧随“家庭食品支出”之后，为2674.091元。与农村老人个人消费支出不同，在农村老人所在家庭消费支出中，医疗支出低于食品支出，可能因为农村老人所在家庭中存在年轻子女或者孙子女，而这些人医疗支出一般较少，食品支出相对较多，也就导致了医疗支出相对食品支出较少的状况。与农村老人个人消费支出中“个人人情送礼支出”排在第三位不同，“家庭人情送礼支出”排在了第四位，均值为1868.043元，主要因为“家庭购房、建房、租房支出”排在了第一位。“家庭快速消费品支出”，均值为1506.030元，还有“家庭居住支出”的均值为817.938元，而其他支出均值均不足500元，如“家庭教育支出”的均值为336.407元，“家庭服装支出”的均值为311.321元，“家庭耐用消费品支出”的均值为335.448元，“家庭交通通信支出”的均值为272.570元，“家庭文化休闲娱乐支出”的均值为71.915元，“家庭赡养及赠予支出”的均值为45.679元。总体来看，农村老人所在家庭因为可能存在年轻子女或者孙子女，因此各个消费支出项目的排序与农村老人个人消费支出存在一定的差异。农村老人所在家庭消费支出水平的其他统计指标均在表6—7中显示。

二　农村老人的消费支出结构

消费支出结构是指人们在消费过程中所消费的各种消费资料的组合和比例。[①] 消费支出结构与消费支出水平不同，样本消费支出水平的离散趋势过大可能导致消费支出水平均值较大，很难比较不同消费支出项目的相对位置，但是消费支出结构却可以很好地表现各项消费支出项目的相对位置。因此说消费支出结构相比消费支出水平更能展现农村老人的消费支出状况。图6—4显示了农村老人的消费支出结构。调查统计结果显示，农村老人消费支出中比重在10%以上的包括四项，分别是“食品支出”“家庭设备、用品支出”“医疗支出”和“人情送礼支出”，合计

① 尹志宏主编：《消费经济学》第二版，中国人民大学出版社2012年版，第181页。

比重占到了 81.5%。①

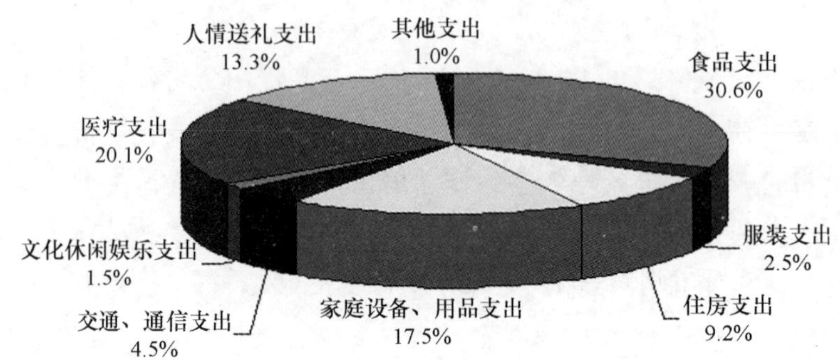

图 6—4 农村老人生活消费支出结构示意图

虽然从均值上来看，农村老人消费支出最大的是医疗支出，但是在农村老人的消费支出结构中，“食品支出”所占的比重是最大的，达到了 30.6%，但是这一比重并不是特别高，主要原因仍然是农村老人平时食用的蔬菜绝大多数都是自产，平时吃的主食（米、面）也有很大一部分是自产，而这些并未计入消费支出。

老人群体身体机能处于衰退阶段，所以每年用在医疗方面的支出比重也较大，占到了 20.1%，排到了农村老人消费支出的第二位。医疗支出之所以在消费水平中可以排到第一位，主要因为医疗支出离散趋势较大，医疗支出往往会成为患重病家庭最大的消费支出。

排在第三位的是“衣食住行用”的“用”，即“家庭设备、用品支出”，占到了 17.5%。这里主要是家庭中的快速消费品，比如洗漱用品、纸巾、洗洁剂、洗发水等日化用品，占到了 16.5%，而耐用消费品的比重是极低的，仅占到了 1.0%。

排在第四位的并不在“衣食住行用”的基本生活消费支出中，而是“人情送礼支出”，比重达到了 13.3%。在湖北农村地区，人情往来的标

① 农村老人各项消费支出比重的计算方式如下：首先计算每个样本各项消费支出占自己总消费支出的比重，总消费支出等于各项消费支出之和；其次计算样本各项消费支出占自己总消费支出比重的均值，各项消费支出所占自己总消费支出比重均值之和为 100.0%。后文农村老人所在家庭消费支出结构的计算同此方法。

准一直很高，而且项目繁多，是调查中农村老人普遍表示不满的问题。有些老人甚至表示，目前自己仍然从事劳动的主要原因就是为了应对人情送礼。

排在第五位的是“衣食住行用”中的“住”，比重占到了9.2%，也主要是一些居住支出，比如水电、煤气等开支，占到了8.4%。农村中基本不存在租住房屋的情况，所以房租是很少的，农村老人也很少有能力购房和建房，因此用在购房、建房、租房（含装修）支出的比重仅占0.7%。

排在第六位的是“交通、通信支出”，也即“衣食住行用”中的“行”，占到了4.5%，主要是电话通信费以及少量的车油费开支。

排在第七位的是“服装支出”，占到了2.5%。作为“衣食住行用”中的“衣”，比重如此之低，与农村老人在服装方面消费的特性有关：首先，农村老人服装基本靠子女供给，很少自己购买，其次农村老人也习惯穿旧衣服；同时农村老人生活节俭，衣服常常多次修补，因此真正用于服装消费支出的在农村老人消费支出比重中是非常低的。

“文化休闲娱乐支出”排到了第八位，比重仅占1.5%。农村老人一般很少走出农村进行休闲娱乐，在本地的休闲娱乐也主要是看电视、聊天等。还有“其他支出”占到了1.0%。

如果将“衣食住行用”作为基本生活消费支出的话，农村老人的基本生活消费支出占总消费支出的比重为64.3%，仍然是消费中的主体。总结来看，目前农村老人消费支出结构的特点是：基本生活消费支出占主体，基本生活消费支出中“食品支出”和“家庭设备、用品支出”占主导，也即在“衣食住行用”中“食”和“用”占主导；在非基本生活消费中，“医疗支出”“人情送礼支出”是重要的消费支出方向。总体来说，农村老人消费层次主要还集中在生存层次。

接着再来看农村老人所在家庭消费支出结构。图6—5显示，农村老人所在家庭消费支出中，比重超过10%的分别是“家庭食品支出”、“家庭医疗支出”、“家庭设备、用品支出”以及“家庭人情送礼支出”，比重分别是31.1%、20.8%、16.9%和13.3%，“家庭住房支出”的比重为9.8%，排到了第五位，以上比重与农村老人个人消费支出的比重基本相近。排到第六位的是“家庭服装支出”，比重为2.7%，高于“家庭交通、通信支出”的2.6%。“家庭文化休闲娱乐支出”的比重仅占1.0%，而“家庭其他支出”则达到了1.9%。

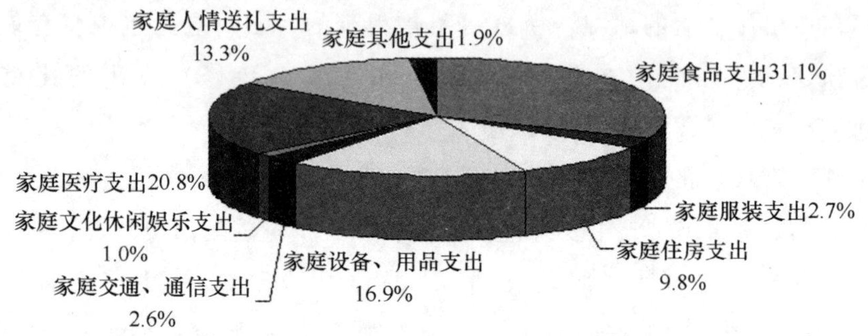

图6—5 农村老人所在家庭生活消费支出结构示意图

三 养老金收入对农村老人及其家庭消费支出的贡献率

再来看农村老人享受的养老金对其消费支出的贡献情况，以及其家庭养老金收入对其家庭消费支出的贡献情况。这里用养老金收入占农村老人及其家庭消费支出的比重，表征养老金收入对农村老人及其家庭消费支出的贡献率。

表6—8显示了养老金收入对农村老人及其家庭消费支出的贡献情况。个人养老金收入占个人消费支出比重的均值为0.215，也即养老金平均来说可以应对农村老人消费支出的21.5%。个人养老金收入占个人基本生活消费支出比重的均值为0.373，也即养老金平均来说可以应对农村老人基本生活消费支出的37.3%，接近四成，可见养老金的作用之大。家庭养老金收入占家庭消费支出比重及家庭养老金收入占家庭基本生活消费支出比重分别为0.200和0.342，即家庭养老金平均来说可以应对农村老人所在家庭总消费支出的20.0%和基本生活消费支出的34.2%，相对来说低于对农村老人个人消费支出的贡献程度。

表 6—8　　养老金收入占农村老人及其家庭消费支出的比重

统计量	个人养老金收入占个人消费支出比重	个人养老金收入占个人基本生活消费支出比重	家庭养老金收入占家庭消费支出比重	家庭养老金收入占家庭基本生活消费支出比重
均值	0. 215	0. 373	0. 200	0. 342
中值	0. 141	0. 250	0. 126	0. 216
众数	0. 18	0. 28	0. 00[a]	0. 17[a]
标准差	0. 26114	0. 49965	0. 281	0. 502
极小值	0. 00	0. 04	0. 00	0. 00
极大值	2. 75	9. 17	2. 75	9. 17
N	804	797	806	799

注：a. 存在多个众数，显示最小值。

四　社会养老保险对农村老人消费支出福利效应的回归分析

（一）变量选取

根据研究假设与实际调查情况，这里的因变量为社会养老保险的消费支出福利效应，主要从主观角度评价社会养老保险对农村老人消费支出福利的提升效应。因变量来自问卷中农村老人对以下三种表述的赞同程度："享受养老金后，我每天吃得更好了""享受养老金后，我对日常生活用品的购买能力提高了"和"享受养老金后，我对大件商品的购买能力提高了"，可选项均为"不赞同""比较赞同""非常赞同"，为定序变量，分别赋值 1、2、3，将以上三种表述赋值相加，得到一个新的连续变量，取值范围为 3—9。分值越高，意味着农村老人越认可社会养老保险消费支出福利的提升效应，即越赞同社会养老保险的实施可以提高其消费支出能力。自变量包括政策认知、享受养老金状况、养老阶段、个人禀赋特征、家庭禀赋特征。一般来说个人生活习惯、食品消费来源以及消费观念等与消费支出水平相关，因此这里将生活习惯、食品消费来源、消费观念连同所在地区设为控制变量。各个变量的详细情况如表 6—9 所示。

表 6—9　　社会养老保险消费支出福利效应模型的变量选择

变量名称	变量说明	均值	标准差
因变量			
社会养老保险的消费支出福利效应	连续变量	5. 196	1. 515
政策认知			
了解社会养老保险的程度	没听说过/了解很少 =1；一般了解 =2；比较了解 =3；非常了解 =4	1. 582	0. 728
对养老保险待遇的评价	待遇很低 =1；待遇比较低 =2；待遇一般 =3；待遇比较高/待遇很高 =4	2. 521	0. 722
养老金满足基本生活需求的情况	完全不能满足 =1；很难满足 =2；基本能满足 =3；完全能满足 =4	2. 031	0. 517
养老金改善老年贫困人口生活方面的作用	作用较小 =1；作用一般 =2；作用较大 =3；作用非常大 =4	2. 541	0. 871
享受养老金状况			
是否缴纳过养老保险费	缴过 =1；没有缴过 =0	0. 141	0. 348
多久领取一次养老金	每一两个月领取一次 =1；三个月左右领取一次 =2；半年左右领取一次 =3；一年左右领取一次 =4；不确定 =5	3. 372	0. 976
养老金是否自己支配	是 =1；否 =0	0. 933	0. 250
养老阶段			
自养阶段	自养阶段 =1；其他养老阶段 =0	0. 373	0. 484
半自养阶段	半自养阶段 =1；其他养老阶段 =0	0. 327	0. 469
他养阶段	他养阶段 =1；其他养老阶段 =0	0. 300	0. 459
个人禀赋特征			
性别	男 =1；女 =0	0. 569	0. 496
年龄	连续变量（周岁）	71. 000	6. 394
受教育年限	连续变量（年）	2. 894	3. 204
婚姻状况	有配偶 =1；无配偶 =0	0. 683	0. 466
身体健康状况	很差 =1；较差 =2；一般 =3；较好 =4；很好 =5	2. 915	0. 918
劳动状况			
全职务农	全职务农 =1；其他劳动状况 =0	0. 437	0. 496

续表

变量名称	变量说明	均值	标准差
兼业或全职非农	兼业或全职非农 =1；其他劳动状况 =0	0.089	0.285
部分退出劳动	部分退出劳动 =1；其他劳动状况 =0	0.121	0.326
完全退出劳动	完全退出劳动 =1；其他劳动状况 =0	0.353	0.478
个人收入对数	农村老人个人收入取对数	8.086	0.844
家庭禀赋特征			
常住人口数	连续变量（人）	2.696	1.602
家庭代际数	连续变量（代）	3.306	0.536
居住房子类型	平房 =1；楼房 =0	0.403	0.491
是否政府补助对象	是 =1；否 =0	0.165	0.372
生活习惯			
抽烟频率	抽烟 =1；基本不抽烟 =0	0.369	0.483
喝酒频率	不喝酒 =1；有时喝 =2；每天喝 =3	1.472	0.795
食品消费来源			
蔬菜的主要来源	全部自产 =1；大部分自产 =2；一般自产，一半购买 =3；大部分购买 =4；全部购买 =5	1.864	1.178
主食的主要来源	全部自产 =1；大部分自产 =2；一般自产，一半购买 =3；大部分购买 =4；全部购买 =5	2.784	1.715
消费观念	尽量节省着花钱，能留一点是一点 =1；有多少花多少 =2；没钱借钱也要花 =3	1.127	0.344
所在地区			
安陆地区	安陆地区 =1；其他地区 =0	0.341	0.474
洪湖地区	洪湖地区 =1；其他地区 =0	0.344	0.475
浠水地区	浠水地区 =1；其他地区 =0	0.315	0.465

（二）模型构建

因变量为社会养老保险对农村老人消费支出的福利效应，简称社会养老保险的消费支出福利效应。因变量处理为连续变量，所以建立多元线性回归模型，模型为：

$$y_i = \alpha + \lambda x_i + \varepsilon \tag{6.2}$$

（6.2）式中，y_i 为社会养老保险的消费支出福利效应，α 为常数项，λ 为回归系数，x_i 为自变量矩阵，ε 为随机误差项，代表没有观测到的因素。

（三）自变量、控制变量与因变量的相关性分析

这里首先计算了自变量与因变量之间的 Pearson 相关系数，同时计算了生活习惯、食品消费来源、消费观念与因变量之间的 Pearson 相关系数。表 6—10 显示，在政策认知变量中，对养老保险待遇的评价变量、养老金改善老年贫困人口生活方面的作用变量与社会养老保险的消费支出福利效应变量之间均在 1% 的统计水平上显著正向相关，而了解社会养老保险的程度变量、养老金满足基本生活需求的情况变量与社会养老保险的消费支出福利效应变量之间的关系则不显著。享受养老金状况中的变量与社会养老保险的消费支出福利效应变量之间的关系均不显著。

在养老阶段中，自养阶段与社会养老保险的消费支出福利效应变量之间在 5% 的统计水平上显著负向相关，而半自养阶段则与社会养老保险的消费支出福利效应变量之间在 1% 的统计水平上显著正向相关，他养阶段与社会养老保险的消费支出福利效应变量之间的关系不显著。

在个人禀赋特征中，仅劳动状况中的兼业或全职非农变量与社会养老保险的消费支出福利效应变量之间在 10% 的统计水平上显著相关，且方向为正，其他变量与因变量的关系不显著；家庭禀赋特征中的变量与社会养老保险的消费支出福利效应变量之间的关系均不显著。

生活习惯、食品消费来源中的变量与社会养老保险的消费支出福利效应变量之间的关系均不显著，不过消费观念却与社会养老保险的消费支出福利效应变量之间在 5% 的统计水平上显著负向相关。

表 6—10　　自变量与因变量的双变量相关分析

变量	Pearson 相关系数	变量	Pearson 相关系数
政策认知		劳动状况	
了解社会养老保险的程度	0.021	全职务农	0.006
对养老保险待遇的评价	0.154***	兼业或全职非农	0.063*

续表

变量	Pearson 相关系数	变量	Pearson 相关系数
养老金满足基本生活需求的情况	0.035	部分退出劳动	-0.013
养老金改善老年贫困人口生活方面的作用	0.201***	完全退出劳动	-0.034
享受养老金状况		个人收入对数	0.055
是否缴纳过养老保险费	0.004	家庭禀赋特征	
多久领取一次养老金	-0.007	常住在一起的人数	0.021
养老金是否自己支配	0.044	家庭代际数	-0.036
养老阶段		居住房子类型	0.052
自养阶段	-0.083**	是否政府补助对象	0.041
半自养阶段	0.130***	生活习惯	
他养阶段	-0.046	抽烟状况	-0.042
个人禀赋特征		喝酒的频率	-0.018
性别	0.022	食品消费来源	
年龄	-0.003	蔬菜的主要来源	-0.029
受教育年限	-0.031	主食的主要来源	0.044
婚姻状况	-0.029	消费观念	-0.088**
身体健康状况	0.011		

注：***、**和*分别表示变量在1%、5%和10%的统计水平上显著。

（四）模型回归结果

相关性分析仅描述了两个变量之间的关系，由于自变量之间以及与控制变量之间可能存在相互作用，因此，有必要建立回归模型来进一步估计这些因素的影响程度及其显著性水平。

表6—11为社会养老保险对农村老人消费支出福利效应的多元线性回归模型结果。模型6—3中的养老阶段、劳动状况和所在地区变量分别以他养阶段、完全退出劳动和浠水地区为参照；为了进一步检验养老阶段、劳动状况和所在地区变量影响的差异，模型6—4中的养老阶段、劳动状况和所在地区变量分别以自养阶段、全职务农和安陆地区为参照。从模型变量间的多重共线性情况来看，解释变量的容差基本都在0.5以上，方差膨胀因子也均小于10，说明所选择的解释变量间不存在严重的多重共

线性。再来看模型拟合的情况，模型的 R^2 为 0.125，调整后的 R^2 为 0.093，应该说模型拟合可以接受。

表 6—11　社会养老保险对农村老人消费支出福利效应的多元线性回归模型结果

变量	模型 6—3		模型 6—4		共线性统计量	
	B	标准误	B	标准误	容差	VIF
政策认知						
了解社会养老保险的程度	0.039	0.074	0.039	0.074	0.878	1.139
对养老保险待遇的评价	0.171**	0.079	0.171**	0.079	0.789	1.267
养老金满足基本生活需求的情况	-0.057	0.105	-0.057	0.105	0.869	1.151
养老金改善老年贫困人口生活方面的作用	0.315***	0.061	0.315***	0.061	0.909	1.100
享受养老金状况						
是否缴纳过养老保险费	-0.005	0.180	-0.005	0.180	0.656	1.523
多久领取一次养老金	0.022	0.055	0.022	0.055	0.907	1.102
养老金是否自己支配	0.141	0.213	0.141	0.213	0.914	1.094
养老阶段						
自养阶段[a]	0.009	0.149			0.494	2.025
半自养阶段[a]	0.379**	0.151			0.514	1.944
半自养阶段[b]			0.370***	0.129	0.706	1.417
他养阶段[b]			-0.009	0.149	0.550	1.818
个人禀赋特征						
性别	0.247*	0.141	0.247*	0.141	0.528	1.893
年龄	0.000	0.012	0.000	0.012	0.419	2.389
受教育年限	-0.029	0.019	-0.029	0.019	0.680	1.470
婚姻状况	-0.178	0.138	-0.178	0.138	0.625	1.599
身体健康状况	0.039	0.060	0.039	0.060	0.850	1.176
劳动状况						
全职务农[c]	0.072	0.153			0.447	2.236
兼业或全职非农[c]	0.413*	0.227			0.614	1.628
部分退出劳动[c]	-0.098	0.177			0.773	1.294
兼业或全职非农[d]			0.341*	0.199	0.804	1.243
部分退出劳动[d]			-0.171	0.181	0.742	1.348
完全退出劳动[d]			-0.072	0.153	0.482	2.076

续表

变量	模型 6—3		模型 6—4		共线性统计量	
	B	标准误	B	标准误	容差	VIF
个人收入对数	0. 056	0. 073	0. 056	0. 073	0. 673	1. 486
家庭禀赋特征						
常住人口数	0. 036	0. 035	0. 036	0. 035	0. 804	1. 244
家庭代际数	0. 025	0. 109	0. 025	0. 109	0. 759	1. 317
居住房子类型	0. 243 * *	0. 115	0. 243 * *	0. 115	0. 812	1. 231
是否政府补助对象	0. 110	0. 144	0. 110	0. 144	0. 897	1. 115
生活习惯						
抽烟状况	-0. 254 * *	0. 125	-0. 254 * *	0. 125	0. 703	1. 423
喝酒的频率	-0. 058	0. 072	-0. 058	0. 072	0. 787	1. 270
食品消费来源						
蔬菜的主要来源	-0. 069	0. 049	-0. 069	0. 049	0. 770	1. 299
主食的主要来源	0. 057	0. 035	0. 057	0. 035	0. 713	1. 402
消费观念	-0. 241	0. 150	-0. 241	0. 150	0. 966	1. 035
所在地区						
安陆地区[g]	-0. 164	0. 144			0. 555	1. 802
洪湖地区[g]	-0. 592 * * *	0. 141			0. 569	1. 757
洪湖地区[h]			-0. 428 * * *	0. 137	0. 608	1. 644
浠水地区[h]			0. 164	0. 144	0. 578	1. 730
常量	3. 525 * * *	1. 224	3. 442 * * *	1. 222		
R^2	0. 125		0. 125			
调整的 R^2	0. 093		0. 093			

注：a. 参照为他养阶段，b. 参照为自养阶段，c. 参照为完全退出劳动，d. 参照为全职务农，e. 参照为浠水地区，f. 参照为安陆地区；* * * 、* * 和 * 分别表示变量在 1% 、5% 和 10% 的统计水平上显著。

表 6—11 显示，政策认知、养老阶段、个人禀赋特征、家庭禀赋特征、生活习惯、所在地区中均有变量通过了显著性检验，而享受养老金状况中的变量均未通过显著性检验。

首先来看政策认知对社会养老保险消费支出福利效应的影响。在政策认知中，对养老保险待遇的评价、养老金改善老年贫困人口生活方面的作用变量通过了显著性检验。其中，对养老保险待遇的评价变量在5%的统计水平上显著正向影响社会养老保险的消费支出福利效应，即农村老人对养老保险待遇的评价越高，那么其越认可社会养老保险消费支出福利的提升效应，也即越认可社会养老保险的实施可以提高其消费支出能力。养老金改善老年贫困人口生活方面的作用变量在1%的统计水平上显著正向影响了社会养老保险的消费支出福利效应，即农村老人越认可养老金在改善老年贫困人口生活方面的作用，那么其越认可社会养老保险消费支出福利的提升效应，也就意味着越认可社会养老保险的实施可以提高其消费支出能力。

其次来看养老阶段对社会养老保险消费支出福利效应的影响。模型6—3显示，半自养阶段变量在5%的统计水平上显著正向通过了检验，模型6—4显示，半自养阶段变量在1%的统计水平上显著正向通过了检验，也就意味着相对于处于自养阶段和他养阶段的农村老人而言，处于半自养阶段的农村老人认为社会养老保险对自己消费支出的福利提升效应更明显，也即更认可社会养老保险的实施可以提高其消费支出能力，而处于他养阶段与自养阶段的农村老人之间不存在显著差异。

在个人禀赋特征中，性别、劳动状况变量通过了显著性检验。性别变量在10%的统计水平上显著正向影响社会养老保险的消费支出福利效应，即男性相对于女性更认可社会养老保险消费支出福利的提升效应，即更认可社会养老保险的实施可以提高其消费支出能力。模型6—3和模型6—4显示，劳动状况中兼业或全职非农变量均在10%的统计水平上显著通过了检验，且方向为正，也即相对于其他劳动状况的农村老人，兼业或全职非农的农村老人认为社会养老保险对自己消费支出福利的提升效应更明显，也就意味着更认可社会养老保险的实施可以提高其消费支出能力。

在家庭禀赋特征中，仅居住房子类型变量通过了显著性检验。居住房子类型变量在5%的统计水平上显著正向影响社会养老保险的消费支出福利效应，即居住房子为平房的农村老人相对于居住房子为楼房的农村老人更认可社会养老保险消费支出福利的提升效应，也即更认可社会养老保险的实施可以提高其消费支出能力。一般来说，在农村中居住平房的老人生活条件相对于居住楼房的要差，且很多生活设施缺失，因此社会养老保险养老金在消费支出中所起的作用明显要大一些。

农村老人的生活习惯在一定程度上会影响社会养老保险的消费支出福利效应，抽烟频率这一变量在5%的统计水平上显著负向通过了检验，即相对于基本不抽烟的农村老人，抽烟的农村老人更不认可社会养老保险消费支出福利的提升效应，也即基本不抽烟的农村老人更认可养老保险的实施可以提高其消费支出能力。

最后再来看所在地区，模型6—3和模型6—4均显示，洪湖地区变量在1%的统计水平上显著负向影响社会养老保险的消费支出福利效应，即洪湖地区相对于安陆地区和浠水地区而言，农村老人认为社会养老保险对自己消费支出福利的提升效应更不明显，而安陆地区与浠水地区的农村老人则认为社会养老保险对自己消费支出的福利提升效应不存在显著差异。

第三节　本章小结

本章在理论分析的基础上，运用抽样调查数据，实证分析了社会养老保险对农村老人的经济福利效应，试图解释社会养老保险影响农村老人经济福利的内在机理。研究结果表明：

第一，社会养老保险对农村老人的收入福利效应表现在两个方面，第一个方面为养老金收入及其占收入的比重，是表征社会养老保险客观收入福利效应的指标；第二个方面为主观收入福利效应，在本书中直接用收入福利效应表征。从收入水平来看，农村老人养老金收入均值为666.632元/年，意味着目前绝大多数农村老人领取的都是基础养老金；从收入结构来看，社会养老保险的养老金收入已成为农村老人最主要的收入来源，所占比重达到了28.4%。社会养老保险收入福利效应的多元线性回归模型结果显示，政策认知在一定程度上显著影响了社会养老保险对农村老人的收入福利效应，农村老人越认可养老金在改善老年贫困人口生活方面的作用，即对社会养老保险较低层次养老保障能力认可度越高，那么其越认可社会养老保险收入福利的提升效应，也就意味着越认可社会养老保险的实施可以提高其收入水平。处于不同养老阶段的农村老人对社会养老保险收入福利效应的认可度不同，处于半自养阶段的农村老人更认可社会养老保险收入福利的提升效应，也即更认可社会养老保险的实施可以提高其收入水平。在个人禀赋特征中，没有配偶的农村老人相对于有配偶的，更认可社会养老保险收入福利的提升效应；相对于完全退出劳动的农村老人，兼业或全职非农老人更认可社会养老保险收入福利的提升效应；农村老人的个人收入越低，越认可社会养老保险收入福利的提升效应。在家庭禀赋特征中，所在家庭代际数越多的农村老人，越认可社会养老保险收入福利的提升效应；所在家庭是政府补助对象的农村老人，更认可社会养老保险收入福利的提升效应。

第二，社会养老保险对农村老人的消费支出福利效应表现在两个方面，第一个方面为养老金的消费支出贡献率，是表征社会养老保险客观消费支出福利效应的指标；第二个方面为主观消费支出福利效应，在本书中直接用消费支出福利效应表征。从消费支出水平来看，社会养老保险的养老金平均可以应对农村老人消费支出的21.5%。社会养老保险消费支出福利效应的多元线性回归模型结果显示，政策认知在一定程度上显著影响了社会养老保险对农村老人的消费支出福利效应，农村老人对养老保险待遇的评价越高，越认可养老金在改善老年贫困人口生活方面的作用，也即对社会养老保险较低层次养老保障能力认可度越高，那么其越认可社会养老保险消费支出福利的提升效应，也就意味着越认可社会养老保险的实施可以提高其消费支出能力。社会养老保险的消费支出福利效应存在养老阶段的差异，处于半自养阶段的农村老人更认可社会养老保险对自己消费支出福利的提升效应，也即更认可社会养老保险的实施可以提高其消费支出能力。在个人禀赋特征中，男性相对于女性更认可社会养老保险消费支出福利的提升效应；兼业或全职非农的农村老人更认可社会养老保险消费支出福利的提升效应。在家庭禀赋特征中，居住房子为平房的农村老人更认可社会养老保险消费支出福利的提升效应。

第七章

社会养老保险对农村老人非经济福利效应的实证分析

第一节　社会养老保险对农村老人闲暇与休闲福利效应的实证分析

一　农村老人的劳动状况

劳动与闲暇是相对的概念，讨论农村老人闲暇首先要对其劳动状况有清晰的认识。调查发现，农村老人中退出劳动的比例相对较低，大部分农村老人仍在从事劳动，同时农村老人的劳动状况也深深地打上了农业生产的烙印。表 7—1 显示，样本中“全职务农”的比例占 43.7%，“兼业务农”的比例占 6.0%，“全职从事非农工作”的比例仅占 2.8%，可以发现 52.5%（43.7% +6.0% +2.8%）的样本仍然在全职从事劳动，并未进入“退休”阶段。选择“部分退出劳动”的比例为 12.1%，选择“完全退出劳动”的比例为 35.3%。

不同地区之间样本的劳动状况存在一定的差异，浠水地区样本“全职务农”的比例更高，洪湖地区次之，安陆地区最低；同时“完全退出劳动”的情况，安陆地区与洪湖地区比例相近，均高于浠水地区 10 个左右百分点。不仅不同地区样本存在显著差异，处在不同养老阶段样本的劳动状况也存在显著差异。处于自养阶段和半自养阶段的样本，“全职务农”“兼业务农”的比例相近，均明显高于处于他养阶段的样本。而“完全退出劳动”的比例，处于他养阶段的样本远远高于处于其他两个阶段的样本。

表 7—1　　农村老人的劳动状况（%）

选项	地区			养老阶段			合计
	安陆	洪湖	浠水	自养阶段	半自养阶段	他养阶段	
全职务农	35.1	44.1	52.5	54.3	58.1	14.8	43.7
兼业务农	3.6	7.5	7.1	7.9	7.9	1.6	6.0
全职从事非农工作	3.6	3.9	0.8	5.3	1.1	1.6	2.8
部分退出劳动	17.8	6.8	11.8	9.3	12.8	14.8	12.1
完全退出劳动	39.9	37.6	27.8	23.2	20.0	67.1	35.3
显著性检验	Pearson $\chi^2=38.745$　$p=0.000$			Pearson $\chi^2=191.483$　$p=0.000$			

这里一直讲到大部分农村老人很大程度上并不处于“退休”状态，而是仍从事劳动，那么原因是什么呢？表 7—2 显示，“主要的收入来源”是最重要的原因，比例高达 75.2%，也就是说农村老人之所以在到达 60 岁后并不选择“退休”而仍然坚持劳动的主要原因是为了获得收入，支持生活。农村中其实很多老人是“活到老，干到老”，在可以干活的时候是不会“退休”的，毕竟他们并没有真正意义上足以支持生活的“养老金”。还有 57.3% 的认为是“减轻子女的赡养负担”。如果在没有真正意义上的“养老金”的情况下，农村老人退出劳动意味着要么靠自身积蓄维持生活，要么靠子女供养，但是如果老人的生活完全靠子女供养显然并不实际。子女一般情况下还需要抚养孙子女，抚养孙子女的负担已经很重，如果再承担完全支持老人生活的开支，可能性较小。因此，大部分农村老人也会因为要减轻子女的赡养负担而从事劳动，或者完全自养，或者仅需要子女提供少量的生活支持。还有 48.7% 的是因为“身体还好，还可以劳动”。因为历史原因，农村老人的受教育程度普遍较低，农村老人所能从事的一般是体力劳动，所以需要健康的身体，因此只要农村老人身体还可以，就会选择继续劳动。调查发现，还有一部分样本是因为“子女供养不足，补贴家用”。农村中一部分子女因为经济基础较差或者与老人关系较差等原因导致对老人的供养不足，所以这些老人只能通过劳动来补贴家用。当然还有一些样本是因为“可以锻炼身体”“可以打发时间”。一些农村老人家庭条件较好，或者子女家庭条件较好，不需要依

靠劳动来维持家庭生计，而仅仅是将劳动作为一种消遣。

表 7—2　　农村老人仍从事劳动的原因（复选）

选项	频数（N）	响应百分比（%）	个案百分比（%）
身体还好，还可以劳动	253	21.3	48.7
主要的收入来源	391	32.9	75.2
减轻子女的赡养负担	298	25.1	57.3
可以锻炼身体	75	6.3	14.4
可以打发时间	54	4.5	10.4
子女供养不足，补贴家用	117	9.8	22.5
总计	1188	100.0	228.5

调查也显示（见表 7—3），已经退出劳动的样本，当时退出劳动的年龄集中在 60—74 周岁。不足 60 周岁就已经退出劳动的比例占到了 10.9%，这一群体主要是因为身体原因才退出劳动，比如罹患难以从事劳动的疾病。在 60—64 周岁退出劳动的比例为 20.7%，65—69 周岁退出劳动的比例为 24.6%，70—74 周岁退出劳动的比例为 26.3%，可见退出劳动年龄处在 60—74 周岁的比例达到了 71.6%。退出劳动年龄在 75 周岁及以上的比例只有 17.5%，主要因为被访者中 75 周岁以上的比例并不高。完全退出劳动的样本，退出劳动时年龄的均值为 67.768 周岁，标准差为 7.494 岁，其中最小值为 40 岁，最大值为 85 岁。

表 7—3　　完全退出劳动的年龄段

选项	频数（N）	百分比（%）	统计量	数值
60 周岁以下	31	10.9	均值	67.768
60—64 周岁	59	20.7	均值的标准误	0.444
65—69 周岁	70	24.6	中值	68
70—74 周岁	75	26.3	众数	70
75—79 周岁	38	13.3	标准差	7.494
80 周岁及以上	12	4.2	极小值	40
合计	285	100.0	极大值	85

二 农村老人的闲暇与休闲娱乐状况

老人处于生命周期的后期，一般已退出劳动，处于退休阶段，因此老人空闲时间一般较多。但是对于农村老人来说，却并不一定。农村老人天然地拥有生产资料——土地，因此在老年阶段很可能仍然从事农业劳动，从而使自己的空闲时间受到挤压。调查发现（见表7—4），24.4%的样本认为自己平时“空闲时间不多”，33.1%的样本认为自己平时“空闲时间较多”，也有42.5%的样本认为自己“空闲时间很多”。可以说，农村老人平时生活的空闲时间相对较多。

表7—4　　农村老人的空闲情况（%）

选项	地区			养老阶段			合计
	安陆	洪湖	浠水	自养阶段	半自养阶段	他养阶段	
空闲时间不多	17.8	15.8	41.2	29.1	32.5	9.9	24.4
空闲时间较多	35.9	34.1	29.0	35.4	34.3	28.8	33.1
空闲时间很多	46.4	50.2	29.8	35.4	33.2	61.3	42.5
显著性检验	Pearson $\chi^2=59.375$　$p=0.000$			Pearson $\chi^2=61.946$　$p=0.000$			

统计结果显示，不同地区样本空闲情况存在显著差异，浠水地区样本“空闲时间不多”的比例最高，达到了41.2%，其他地区的比例均不足20.0%。同样的，洪湖地区样本和安陆地区样本“空闲时间很多”的比例达到了50.0%左右，而浠水地区样本的比例还不足30.0%。同时，处于不同养老阶段农村老人的空闲情况也存在显著的差异，处于他养阶段的样本“空闲时间很多”的比例最高，达到了61.3%，远高于其他养老阶段的样本，同样，处于他养阶段的样本“空闲时间不多”的比例也最低，仅9.9%，远低于其他养老阶段的样本。

农村老人在空闲时间的休闲娱乐活动有哪些呢？表7—5显示，“看电视”排到了第一位，比例高达77.7%，当然一些老人也会因为眼神不好，看不清电视或者不能长时间看电视，所以没有选择这一项。另外，“串门聊天”，也是农村老人休闲娱乐的主要方式，比例也高达74.7%。农村老人最怕的是孤独，所以串门聊天便理所当然成了比较经济的休闲娱乐方式，而农村中“熟人社会”的特性也为“串门聊天”这种休闲娱乐方式提供了最坚实的基础。不可否认“看电视”和“串门聊天”已经成为农村老人最主要的休闲娱乐方式。其他比较重要的休闲娱乐方式还有“打牌下棋”“听广播”“看书看报”，但比例均不足35%。

表7—5　　农村老人平时主要的休闲娱乐活动（复选，%）

选项	地区			养老阶段			合计
	安陆	洪湖	浠水	自养阶段	半自养阶段	他养阶段	
看电视	75.5	73.1	85.1	75.0	84.2	74.0	77.7
看电影	0.0	1.1	2.0	0.3	1.5	1.2	1.0
听广播	19.8	42.3	14.9	26.0	29.1	22.7	26.0
上网	0.7	0.4	0.4	0.7	0.0	0.8	0.5
打牌下棋	35.5	38.4	25.1	34.0	35.8	29.3	33.2
跳舞	4.4	1.1	1.2	1.7	2.3	2.9	2.2
串门聊天	68.5	87.1	67.8	70.0	75.1	80.2	74.7
看书看报	10.3	10.8	10.2	11.3	11.7	7.9	10.4
运动健身	0.7	4.3	3.9	4.3	3.0	1.2	3.0
旅游	0.0	0.7	2.7	1.7	0.0	1.7	1.1
其他	4.8	2.5	3.9	4.3	3.4	3.3	3.7

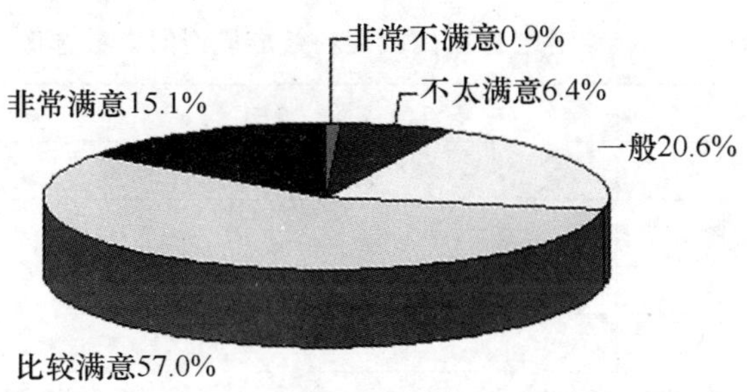

图7—1　农村老人休闲娱乐状况满意度示意图

虽然说农村老人休闲娱乐方式的多样化程度比较低，但是总体来看，农村老人对自己休闲娱乐的状态还是比较满意的。图 7—1 显示，样本中，对自己的休闲娱乐状况“非常满意”的比例为 15.1%，“比较满意”的比例为 57.0%，对自己的休闲娱乐状况表示“一般”满意的比例有 20.6%，而对自己的休闲娱乐状况“不太满意”和“非常不满意”的比例仅为 6.4% 和 0.9%。

三 社会养老保险对农村老人闲暇福利效应的回归分析

（一）变量选取

根据研究假设与实际调查情况，这里的因变量为社会养老保险的闲暇福利效应，主要从主观角度评价社会养老保险对农村老人闲暇福利的提升效应。因变量来自问卷中农村老人对以下两种表述的赞同程度：“享受养老金后，我的劳动时间减少了”和“享受养老金后，我的空闲时间增加了”，可选项均为“不赞同”“比较赞同”“非常赞同”，为定序变量，分别赋值 1、2、3，将以上两种表述赋值相加，得到一个新的连续变量，取值范围为 2—6。分值越高，意味着农村老人越认可社会养老保险闲暇福利的提升效应，即越赞同社会养老保险的实施可以增加其闲暇。自变量包括政策认知、享受养老金状况、养老阶段、个人禀赋特征、家庭禀赋特征，控制变量为所在地区。各个变量的详细情况如表 7—6 所示。

表 7—6 社会养老保险闲暇福利效应模型的变量选择

变量名称	变量说明	均值	标准差
因变量			
社会养老保险的闲暇福利效应	连续变量	2.503	0.933
政策认知			
了解社会养老保险的程度	没听说过/了解很少 =1；一般了解 =2；比较了解 =3；非常了解 =4	1.582	0.728
对养老保险待遇的评价	待遇很低 =1；待遇比较低 =2；待遇一般 =3；待遇比较高/待遇很高 =4	2.521	0.722

续表

变量名称	变量说明	均值	标准差
养老金满足基本生活需求的情况	完全不能满足 =1；很难满足 =2；基本能满足 =3；完全能满足 =4	2.031	0.517
养老金改善老年贫困人口生活方面的作用	作用较小 =1；作用一般 =2；作用较大 =3；作用非常大 =4	2.541	0.871
享受养老金状况			
是否缴纳过养老保险费	缴过 =1；没有缴过 =0	0.141	0.348
多久领取一次养老金	每一两个月领取一次 =1；三个月左右领取一次 =2；半年左右领取一次 =3；一年左右领取一次 =4；不确定 =5	3.372	0.976
养老金是否自己支配	是 =1；否 =0	0.933	0.250
养老阶段			
自养阶段	自养阶段 =1；其他养老阶段 =0	0.373	0.484
半自养阶段	半自养阶段 =1；其他养老阶段 =0	0.327	0.469
他养阶段	他养阶段 =1；其他养老阶段 =0	0.300	0.459
个人禀赋特征			
性别	男 =1；女 =0	0.569	0.496
年龄	连续变量（周岁）	71.000	6.394
受教育年限	连续变量（年）	2.894	3.204
婚姻状况	有配偶 =1；无配偶 =0	0.683	0.466
身体健康状况	很差 =1；较差 =2；一般 =3；较好 =4；很好 =5	2.915	0.918
劳动状况			
全职务农	全职务农 =1；其他劳动状况 =0	0.437	0.496
兼业或全职非农	兼业或全职非农 =1；其他劳动状况 =0	0.089	0.285
部分退出劳动	部分退出劳动 =1；其他劳动状况 =0	0.121	0.326
完全退出劳动	完全退出劳动 =1；其他劳动状况 =0	0.353	0.478
个人收入对数	农村老人个人收入取对数	8.086	0.844
家庭禀赋特征			
常住人口数	连续变量（人）	2.696	1.602
家庭代际数	连续变量（代）	3.306	0.536

续表

变量名称	变量说明	均值	标准差
居住房子类型	平房 =1；楼房 =0	0.403	0.491
是否政府补助对象	是 =1；否 =0	0.165	0.372
所在地区			
安陆地区	安陆地区 =1；其他地区 =0	0.341	0.474
洪湖地区	洪湖地区 =1；其他地区 =0	0.344	0.475
浠水地区	浠水地区 =1；其他地区 =0	0.315	0.465

（二）模型构建

因变量为社会养老保险对农村老人的闲暇福利效应，简称社会养老保险的闲暇福利效应。因变量处理为连续变量，所以建立多元线性回归模型，模型为：

$$y_i = \alpha + \lambda x_i + \varepsilon \tag{7.1}$$

（7.1）式中，y_i 为社会养老保险的闲暇福利效应，α 为常数项，λ 为回归系数，x_i 为自变量矩阵，ε 为随机误差项，代表没有观测到的因素。

（三）自变量与因变量的相关性分析

这里首先计算了自变量与因变量之间的 Pearson 相关系数。表 7—7 显示，在政策认知变量中，仅了解社会养老保险的程度变量与社会养老保险的闲暇福利效应之间在 10% 的统计水平上显著正向相关，而对养老保险待遇的评价变量、养老金改善老年贫困人口生活方面的作用变量、养老金满足基本生活需求的情况变量与社会养老保险的闲暇福利效应变量之间的关系均不显著。享受养老金状况中的变量与社会养老保险的闲暇福利效应变量之间的关系也均不显著。

在养老阶段中，自养阶段与社会养老保险的闲暇福利效应变量之间在 10% 的统计水平上显著正向相关，而他养阶段则与社会养老保险的闲暇福利效应变量之间在 5% 的统计水平上显著负向相关，半自养阶段与社会养老保险的闲暇福利效应变量之间的关系不显著。

在个人禀赋特征中，劳动状况中的兼业或全职非农变量与社会养老保险的闲暇福利效应变量之间在 1% 的统计水平上显著相关，且方向为正；个人收入对数变量与社会养老保险的闲暇福利效应变量之间在 5% 的统计水平上显著相关，且方向为正；其他变量与因变量的关系不显著。而在家庭禀赋特征中，仅个人收入对数变量与社会养老保险的闲暇福利效应变量之间在5%的统计水平上显著相关，且方向为正，其他变量与因变量的关系也均不显著。

相关性分析仅描述了两个变量之间的关系，由于自变量之间以及与控制变量之间可能存在相互作用，因此，有必要建立回归模型来进一步估计这些因素的影响程度及其显著性水平。

表7—7　　　　自变量与因变量的双变量相关分析

变量	Pearson相关系数	变量	Pearson相关系数
政策认知		年龄	-0.040
了解社会养老保险的程度	0.066*	受教育年限	0.017
对养老保险待遇的评价	0.057	婚姻状况	-0.028
养老金满足基本生活需求的情况	0.052	身体健康状况	0.046
养老金改善老年贫困人口生活方面的作用	0.058	劳动状况	
享受养老金状况		全职务农	0.016
是否缴纳过养老保险费	0.045	兼业或全职非农	0.092***
多久领取一次养老金	-0.010	部分退出劳动	-0.054
养老金是否自己支配	0.033	完全退出劳动	-0.035
养老阶段		个人收入对数	0.086**
自养阶段	0.058*	家庭禀赋特征	
半自养阶段	0.016	常住在一起的人数	0.099***
他养阶段	-0.078**	家庭代际数	-0.036
个人禀赋特征		居住房子类型	-0.010
性别	0.036	是否政府补助对象	-0.037

注：***、**和*分别表示变量在1%、5%和10%的统计水平上显著。

（四）模型回归结果

表7—8为社会养老保险闲暇福利效应的多元线性回归模型结果。模型7—1中的养老阶段、劳动状况和所在地区变量分别以他养阶段、完全退出劳动和浠水地区为参照；为了进一步检验养老阶段、劳动状况和所

在地区变量影响的差异，模型 7—2 中的养老阶段、劳动状况和所在地区变量分别以自养阶段、全职务农和安陆地区为参照。从模型变量间的多重共线性情况来看，解释变量的容差基本都在 0.5 以上，方差膨胀因子也均小于 10，说明所选择的解释变量间不存在严重的多重共线性。再来看模型拟合的情况，模型的 R^2 值为 0.058，调整后的 R^2 值为 0.029，该模型整体拟合的可以接受。

表 7—8 显示，养老阶段、个人禀赋特征、家庭禀赋特征、所在地区中均有变量通过了显著性检验，而政策认知、享受养老金状况中的变量均未通过显著性检验。

表 7—8　　社会养老保险闲暇福利效应的多元线性回归模型结果

变量	模型 7—1		模型 7—2		共线性统计量	
	B	标准误	B	标准误	容差	VIF
政策认知						
了解社会养老保险的程度	0.065	0.047	0.065	0.047	0.900	1.111
对养老保险待遇的评价	0.030	0.050	0.030	0.050	0.793	1.260
养老金满足基本生活需求的情况	0.087	0.067	0.087	0.067	0.870	1.149
养老金改善老年贫困人口生活方面的作用	0.029	0.039	0.029	0.039	0.922	1.085
享受养老金状况						
是否缴纳过养老保险费	0.010	0.115	0.010	0.115	0.659	1.518
多久领取一次养老金	-0.023	0.035	-0.023	0.035	0.910	1.099
养老金是否自己支配	0.089	0.135	0.089	0.135	0.920	1.087
养老阶段						
自养阶段[a]	0.214**	0.095			0.498	2.007
半自养阶段[a]	0.164*	0.096			0.519	1.928
半自养阶段[b]			-0.050	0.082	0.707	1.415
他养阶段[b]			-0.214**	0.095	0.555	1.803
个人禀赋特征						
性别	0.045	0.081	0.045	0.081	0.644	1.553
年龄	0.001	0.008	0.001	0.008	0.423	2.363

续表

变量	模型 7—1		模型 7—2		共线性统计量	
	B	标准误	B	标准误	容差	VIF
受教育年限	-0.005	0.012	-0.005	0.012	0.689	1.452
婚姻状况	-0.239***	0.087	-0.239***	0.087	0.634	1.578
身体健康状况	0.011	0.038	0.011	0.038	0.859	1.164
劳动状况						
全职务农[c]	-0.032	0.091			0.513	1.951
兼业或全职非农[c]	0.188	0.144			0.622	1.608
部分退出劳动[c]	-0.148	0.111			0.793	1.261
兼业或全职非农[d]			0.220*	0.125	0.831	1.204
部分退出劳动[d]			-0.116	0.113	0.775	1.290
完全退出劳动[d]			0.032	0.091	0.552	1.811
个人收入对数	0.076	0.047	0.076	0.047	0.677	1.476
家庭禀赋特征						
常住人口数	0.073***	0.022	0.073***	0.022	0.811	1.234
家庭代际数	-0.058	0.069	-0.058	0.069	0.768	1.302
居住房子类型	0.077	0.073	0.077	0.073	0.818	1.222
是否政府补助对象	-0.087	0.092	-0.087	0.092	0.900	1.112
所在地区						
安陆地区[e]	0.188**	0.089			0.591	1.692
洪湖地区[e]	-0.014	0.089			0.584	1.712
洪湖地区[f]			-0.202**	0.084	0.649	1.541
浠水地区[f]			-0.188**	0.089	0.616	1.624
常量	1.300*	0.759	1.670**	0.760		
R^2	0.058		0.058			
调整的 R^2	0.029		0.029			

注：a. 参照为他养阶段，b. 参照为自养阶段，c. 参照为完全退出劳动，d. 参照为全职务农，e. 参照为浠水地区，f. 参照为安陆地区；***、**和*分别表示变量在1%、5%和10%的统计水平上显著。

因为政策认知、享受养老金状况中的变量均未通过显著性检验，所以首先来看养老阶段对社会养老保险休闲福利效应的影响。养老阶段中的自养阶段、半自养阶段变量在模型 7—1 中均通过了显著性检验，他养阶段变量则在模型 7—2 中通过了显著性检验。模型 7—1 中，自养阶段变量在 5% 的统计水平上显著正向影响社会养老保险的闲暇福利效应，半自养阶段变量在 10% 的统计水平上显著正向影响社会养老保险的闲暇福利效应，模型 7—2 中，他养阶段变量在 5% 的统计水平上显著负向影响社会养老保险的闲暇福利效应，意味着相对于处于他养阶段的农村老人，处于自养阶段和半自养阶段的农村老人更认可社会养老保险闲暇福利的提升效应，即更认可社会养老保险的实施可以增加其闲暇。这是可以理解的，因为处于他养阶段的农村老人生活来源基本靠子女或其他家庭成员，所以他们已经基本不再从事生产劳动，因此即使享受养老金也基本不会减少其劳动时间，增加其闲暇；相反处于自养阶段以及半自养阶段的农村老人生活来源完全要依靠自己或部分靠自己，因此享受养老金后反而有可能减少其劳动时间，增加其闲暇。

其次来看个人禀赋特征对社会养老保险闲暇福利效应的影响。个人禀赋特征中婚姻状况、劳动状况变量通过了显著性检验。婚姻状况变量在 1% 的统计水平上显著负向影响社会养老保险的闲暇福利效应，也即有配偶的相对于没有配偶的农村老人，反而更不认可社会养老保险闲暇福利的提升效应，意味着没有配偶的农村老人更认可社会养老保险的实施可以增加其闲暇。劳动状况中的变量在模型 7—1 中均未通过显著性检验，而在模型 7—2 中，兼业或全职非农变量通过了显著性检验。兼业或全职非农变量在 10% 的统计水平上显著正向影响社会养老保险的闲暇福利效应，也即相对于全职务农的农村老人，兼业或全职非农的农村老人更认可社会养老保险闲暇福利的提升效应，即更认可社会养老保险的实施可以增加其闲暇。

在家庭禀赋特征中，仅常住人口数变量通过了显著性检验。常住人口数变量在 1% 的统计水平上显著正向影响了社会养老保险的闲暇福利效应，即家庭常住人口数越多，那么其越认可社会养老保险闲暇福利的提升效应，即越认可社会养老保险的实施可以增加其闲暇。

所在地区中，模型 7—1 显示，安陆地区变量在 5% 的统计水平上显著正向通过了检验，在模型 7—2 中，洪湖地区变量和浠水地区变量均在 5% 的统计水平上显著负向通过了检验，也就意味着相对于洪湖地区、浠水地区的农村老人，安陆地区的农村老人更认可社会养老保险闲暇福利的提升效应，即更认可社会养老保险的实施可以增加其闲暇。

四　社会养老保险对农村老人休闲娱乐福利效应的回归分析

（一）变量选取

根据研究假设与实际调查情况，这里的因变量为社会养老保险的休闲娱乐福利效应，主要从主观角度评价社会养老保险对农村老人休闲娱乐福利的提升效应。因变量来自问卷中农村老人对以下表述的赞同程度："享受养老金后，我的休闲娱乐时间增加了"，可选项为"不赞同""比较赞同""非常赞同"，为定序变量，分别赋值1、2、3。自变量包括政策认知、享受养老金状况、养老阶段、个人禀赋特征、家庭禀赋特征。空闲时间是进行休闲娱乐的必要条件，因此这里将空闲时间进行了控制，所以控制变量为空闲时间和所在地区。各个变量的详细情况如表7—9所示。

表7—9　社会养老保险休闲娱乐福利效应模型的变量选择

变量名称	变量说明	均值	标准差
因变量			
社会养老保险的休闲娱乐福利效应	不赞同=1；比较赞同=2；非常赞同=3	1.319	0.553
政策认知			
了解社会养老保险的程度	没听说过/了解很少=1；一般了解=2；比较了解=3；非常了解=4	1.582	0.728
对养老保险待遇的评价	待遇很低=1；待遇比较低=2；待遇一般=3；待遇比较高/待遇很高=4	2.521	0.722
养老金满足基本生活需求的情况	完全不能满足=1；很难满足=2；基本能满足=3；完全能满足=4	2.031	0.517
养老金改善老年贫困人口生活方面的作用	作用较小=1；作用一般=2；作用较大=3；作用非常大=4	2.541	0.871
享受养老金状况			
是否缴纳过养老保险费	缴过=1；没有缴过=0	0.141	0.348

续表

变量名称	变量说明	均值	标准差
多久领取一次养老金	每一两个月领取一次=1；三个月左右领取一次=2；半年左右领取一次=3；一年左右领取一次=4；不确定=5	3.372	0.976
养老金是否自己支配	是=1；否=0	0.933	0.250
养老阶段			
自养阶段	自养阶段=1；其他养老阶段=0	0.373	0.484
半自养阶段	半自养阶段=1；其他养老阶段=0	0.327	0.469
他养阶段	他养阶段=1；其他养老阶段=0	0.300	0.459
个人禀赋特征			
性别	男=1；女=0	0.569	0.496
年龄	连续变量（周岁）	71.000	6.394
受教育年限	连续变量（年）	2.894	3.204
婚姻状况	有配偶=1；无配偶=0	0.683	0.466
身体健康状况	很差=1；较差=2；一般=3；较好=4；很好=5	2.915	0.918
劳动状况			
全职务农	全职务农=1；其他劳动状况=0	0.437	0.496
兼业或全职非农	兼业或全职非农=1；其他劳动状况=0	0.089	0.285
部分退出劳动	部分退出劳动=1；其他劳动状况=0	0.121	0.326
完全退出劳动	完全退出劳动=1；其他劳动状况=0	0.353	0.478
个人收入对数	农村老人个人收入取对数	8.086	0.844
家庭禀赋特征			
常住人口数	连续变量（人）	2.696	1.602
家庭代际数	连续变量（代）	3.306	0.536
居住房子类型	平房=1；楼房=0	0.403	0.491
是否政府补助对象	是=1；否=0	0.165	0.372
空闲时间	不多=1；较多=2；很多=3	2.180	0.798
所在地区			
安陆地区	安陆地区=1；其他地区=0	0.341	0.474
洪湖地区	洪湖地区=1；其他地区=0	0.344	0.475
浠水地区	浠水地区=1；其他地区=0	0.315	0.465

（二）模型构建

因变量为社会养老保险对农村老人的休闲娱乐福利效应，简称社会养老保险的休闲娱乐福利效应。由于被解释变量社会养老保险的休闲娱乐福利效应为有序多分类变量，故拟建立有序 Logistic 回归模型进行分析：

$$P\ (y=y_i \mid X,\ \beta)\ =P\ (y=y_i \mid x_1,\ x_2,\ x_3,\ \cdots,\ x_k) \tag{7.2}$$

在（7.2）式中，y_i 有 3 个选择。

在有序 Logistic 模型中，引入一个不可直接观测的潜在隐含变量 y^*，在本书中为社会养老保险的休闲娱乐福利效应无法观测到的主观评价，y 为实际观测到的评价值，调研数据中分别赋值为 1、2、3。y^* 满足下式：

$$y^* = X\beta + \varepsilon_i \tag{7.3}$$

其中，X 为解释变量向量；β 为待估参数向量；ε 为独立分布的误差项。设 γ 代表本书中社会养老保险的休闲娱乐福利效应结果未知的临界值分界点，即 γ_1、γ_2 共 2 个分界点，潜变量 $y_i{}^*$ 与实际观测值 y_i 的关系可由如下的对应关系来定义：

如果 $y_i{}^* < \gamma_1$，即 $y=1$；

如果 $\gamma_i \leqslant y_i{}^* < \gamma_2$，即 $y=2$；

如果 $\gamma_2 \leqslant y_i{}^*$，即 $y=3$。

对于评价结果 y 各个取值的概率为随机误差项 ε 的累计分布函数对应值，可以表示为：

$$\begin{cases} Prob\ (y=1)\ =Prob\ (X\beta+\varepsilon<\gamma_1)\ =\dfrac{1}{1+e^{-\gamma_1+X\beta}} \\ Prob\ (y=2)\ =Prob\ (\gamma_1 \leqslant X\beta+\varepsilon<\gamma_2)\ =\dfrac{1}{1+e^{-\gamma_2+X\beta}}-\dfrac{1}{1+e^{-\gamma_1+X\beta}} \\ Prob\ (y=3)\ =Prob\ (\gamma_2 \leqslant X\beta+\varepsilon)\ =1-\dfrac{1}{1+e^{-\gamma_2+X\beta}} \end{cases} \tag{7.4}$$

（三）自变量、控制变量与因变量的相关性分析

这里首先计算了自变量与因变量之间的 Pearson 相关系数，同时计算了空闲时间与因变量之间的 Pearson 相关系数。表 7—10 显示，在政策认

知变量中，了解社会养老保险的程度变量与社会养老保险的休闲娱乐福利效应变量之间在1%的统计水平上显著正向相关，而对养老保险待遇的评价变量、养老金满足基本生活需求的情况变量与社会养老保险的休闲娱乐福利效应变量之间均在5%的统计水平上显著正向相关，养老金改善老年贫困人口生活方面的作用变量与社会养老保险的休闲娱乐福利效应变量之间的关系则不显著。享受养老金状况中的变量、养老阶段与社会养老保险的休闲娱乐福利效应变量之间的关系均不显著。

在个人禀赋特征中，劳动状况中的部分退出劳动变量与社会养老保险的休闲娱乐福利效应变量之间在1%的统计水平上显著相关，且方向为负；个人收入对数变量与社会养老保险的休闲娱乐福利效应变量之间在1%的统计水平上显著相关，且方向为正；其他变量与因变量的关系不显著。而在家庭禀赋特征中，仅常住在一起的人数变量与社会养老保险的闲暇福利效应变量之间在5%的统计水平上显著相关，且方向为正，其他变量与因变量的关系也均不显著。作为控制变量的空闲时间变量与社会养老保险的闲暇福利效应变量之间则在5%的统计水平上显著正向相关。

表7—10　　自变量与因变量的双变量相关分析

变量	Pearson 相关系数	变量	Pearson 相关系数
政策认知		受教育年限	0.023
了解社会养老保险的程度	0.091***	婚姻状况	-0.051
对养老保险待遇的评价	0.082**	身体健康状况	0.048
养老金满足基本生活需求的情况	0.076**	劳动状况	
养老金改善老年贫困人口生活方面的作用	0.035	全职务农	0.022
享受养老金状况		兼业或全职非农	0.051
是否缴纳过养老保险费	0.046	部分退出劳动	-0.092***
多久领取一次养老金	-0.038	完全退出劳动	0.009
养老金是否自己支配	0.042	个人收入对数	0.096***
养老阶段		家庭禀赋特征	
自养阶段	0.007	常住在一起的人数	0.084**

续表

变量	Pearson 相关系数	变量	Pearson 相关系数
半自养阶段	0.014	家庭代际数	-0.036
他养阶段	-0.022	居住房子类型	-0.013
个人禀赋特征		是否政府补助对象	0.009
性别	0.032	空闲时间	0.083**
年龄	-0.032		

注：***、**和*分别表示变量在1%、5%和10%的统计水平上显著。

（四）模型回归结果

表7—10中的相关性分析仅描述了两个变量之间的关系，由于自变量之间以及与控制变量之间可能存在相互作用，因此，有必要建立回归模型来进一步估计这些因素的影响程度及其显著性水平。

表7—11为社会养老保险休闲娱乐福利效应的有序Logistic回归模型结果。模型7—3中的养老阶段、劳动状况和所在地区变量分别以他养阶段、完全退出劳动和浠水地区为参照；为了进一步检验养老阶段、劳动状况和所在地区变量影响的差异，模型7—4中的养老阶段、劳动状况和所在地区变量分别以自养阶段、全职务农和安陆地区为参照。模型平行线检验的P值为0.442，大于显著性水平0.05，说明连接函数选择恰当。模型的似然比卡方值为61.552，概率P值为0.000，说明模型选择正确，模型的Cox和Snell R^2值为0.073，Nagelkerke R^2值为0.097，该模型整体拟合的较好。

政策认知、个人禀赋特征、家庭禀赋特征中均有变量通过了显著性检验，控制变量中空闲状况变量通过了显著性检验，而享受养老金状况和所在地区中的变量均未通过显著性检验。

在政策认知中，了解社会养老保险的程度、对养老保险待遇的评价、养老金满足基本生活需求的情况变量均通过了显著性检验。了解社会养老保险的程度、对养老保险待遇的评价变量均在10%的统计水平上显著正向影响了社会养老保险的休闲娱乐福利效应，即农村老人越了解社会养老保险，那么其越认可社会养老保险休闲娱乐福利的提升效应，即越认可社会养老保险的实施可以增加其休闲娱乐时间；对养老保险待遇的评价越高，那么其越认可社会养老保险休闲娱乐福利的提升效应，越认可社会养老保险的实施可以增加其休闲娱乐时间。养老金满足基本生活需求的情况变量在5%的统计水平上显著正向影响了社会养老保险的休闲娱乐福利效应，即农村老人越认为养老金可以满足其基本生活需求，也即对社会养老保险较高层次养老保障能力认可度越高，那么其越认可社会养老保险休闲娱乐福利的提升效应，越认可社会养老保险的实施可以增加其休闲娱乐时间。

在个人禀赋特征中，婚姻状况、劳动状况和个人收入对数变量通过了显著性检验。婚姻状况变量在1%的统计水平上显著负向通过了检验，即相对于没有配偶的农村老人，有配偶的更不认可社会养老保险休闲娱乐福利的提升效应，也就意味着没有配偶的农村老人更认可社会养老保险的实施可以增加其休闲娱乐时间。模型7—4和模型7—5中，劳动状况中的部分退出劳动变量均在5%的统计水平上显著通过了检验，且方向为负，即相对于全职务农和完全退出劳动的农村老人，部分退出劳动的农村老人认为社会养老保险休闲娱乐福利的提升效应更不明显，也就意味着相对于部分退出劳动的农村老人，全职务农和完全退出劳动的农村老人更认可社会养老保险的实施可以增加其休闲娱乐时间。个人收入对数变量在5%的统计水平上显著正向影响了社会养老保险的休闲娱乐福利效应，即农村老人的个人收入越高，那么其越认可社会养老保险休闲娱乐福利的提升效应，即越认可社会养老保险的实施增加了其休闲娱乐时间。

在家庭禀赋特征中，仅常住人口数变量通过了显著性检验。常住人口数变量在1%的统计水平上显著正向影响了社会养老保险的休闲娱乐福利效应，即家庭常住人口数越多，那么其越认可社会养老保险休闲娱乐福利的提升效应，也就越认可社会养老保险的实施可以增加其休闲娱乐时间。

控制变量中的空闲时间变量在1%的统计水平上显著正向通过了显著性检验，即农村老人的空闲时间越多，那么其越认可社会养老保险休闲娱乐福利的提升效应，也就越认可社会养老保险的实施可以增加其休闲娱乐时间。

表 7—11　　社会养老保险休闲娱乐福利效应的有序 Logistic 回归模型结果

变量	模型 7—3		模型 7—4	
	估计	标准误	估计	标准误
政策认知				
了解社会养老保险的程度	0.157*	0.094	0.157*	0.094
对养老保险待遇的评价	0.183*	0.105	0.183*	0.105
养老金满足基本生活需求的情况	0.273**	0.135	0.273**	0.135
养老金改善老年贫困人口生活方面的作用	-0.003	0.083	-0.003	0.083
享受养老金状况				
是否缴纳过养老保险费	0.052	0.230	0.052	0.230
多久领取一次养老金	-0.106	0.073	-0.106	0.073
养老金是否自己支配	0.293	0.319	0.293	0.319
养老阶段				
自养阶段[a]	0.218	0.204		
半自养阶段[a]	0.191	0.204		
半自养阶段[b]			-0.026	0.170
他养阶段[b]			-0.218	0.204
个人禀赋特征				
性别	0.025	0.173	0.025	0.173
年龄	-0.006	0.016	-0.006	0.016
受教育年限	0.010	0.025	0.010	0.025
婚姻状况	-0.490***	0.179	-0.490***	0.179
身体健康状况	0.051	0.079	0.051	0.079
劳动状况				
全职务农[c]	0.072	0.199		
兼业或全职非农[c]	0.298	0.295		
部分退出劳动[c]	-0.608**	0.280		
兼业或全职非农[d]			0.226	0.240
部分退出劳动[d]			-0.680**	0.286
完全退出劳动[d]			-0.072	0.199
个人收入对数	0.235**	0.096	0.235**	0.096
家庭禀赋特征				

续表

变量	模型 7—3		模型 7—4	
	估计	标准误	估计	标准误
常住人口数	0.155***	0.041	0.155***	0.041
家庭代际数	-0.038	0.143	-0.038	0.143
居住房子类型	0.107	0.152	0.107	0.152
是否政府补助对象	0.102	0.190	0.102	0.190
空闲时间	0.370***	0.103	0.370***	0.103
所在地区				
安陆地区[e]	0.177	0.188		
洪湖地区[e]	-0.029	0.196		
洪湖地区[f]			-0.206	0.180
浠水地区[f]			-0.177	0.188
阈值 =1	5.095***	1.634	4.629***	1.625
阈值 =2	7.096***	1.644	6.630***	1.635
-2 对数似然值卡方	61.552		61.552	
显著性	0.000		0.000	
Cox 和 Snell R^2	0.073		0.073	
Nagelkerke R^2	0.097		0.097	

注：a. 参照为他养阶段，b. 参照为自养阶段，c. 参照为完全退出劳动，d. 参照为全职务农，e. 参照为浠水地区，f. 参照为安陆地区；***、**和*分别表示变量在1%、5%和10%的统计水平上显著。

第二节　社会养老保险对农村老人家庭关系福利效应的实证分析

一　农村老人夫妻关系状况

研究社会养老保险对农村老人夫妻关系的影响，首先需要了解农村老人的夫妻关系。询问农村老人在有心事或想法时的倾诉对象，可以测量农村老人与周围人的关系亲疏，尤其可以测量农村老人的夫妻关系。调查显示（见表7—12），农村老人在有心事或想法时首选的倾诉对象是"配偶"，45.6%的样本选择的是这一项；其次是"藏在心里，谁都不说”，比例近三成，达到了 28.4%；最后，选择“儿子”的也达到了 15.2%，选择其他选项的比例均较低。总体来讲，农村老人倾诉对象主要是配偶和儿子，其中配偶占绝对优势。

表 7—12 还显示，不同婚姻状况的老人倾诉的对象存在差异，有配偶的样本主要的倾诉对象是“配偶”，这一比例达到了 66.7%，还有 19.5% 的选择“藏在心里，谁都不说”，其他选项的比例均不足 10%；而无配偶的样本主要是“藏在心里，谁都不说”，比例达到了 47.5%，排在第二位的是“儿子”，比例达到了 30.4%，其他选项的比例均不足 10%。因此可以发现，配偶在农村老人生活中的重要性，配偶不仅是农村老人物质生活中的帮手，也是精神慰藉的来源。

表 7—12　　有心事或想法时首要倾诉对象

选项	有配偶		无配偶		合计	
	频数（N）	百分比（%）	频数（N）	百分比（%）	频数（N）	百分比（%）
配偶	369	66.7			369	45.6
儿子	45	8.1	78	30.4	123	15.2
女儿	17	3.1	23	8.9	40	4.9
儿媳/女婿	2	0.4	8	3.1	10	1.2
孙子女	0	0.0	7	2.7	7	0.9
朋友	4	0.7	14	5.4	18	2.2
藏在心里，谁都不说	108	19.5	122	47.5	230	28.4
其他	8	1.4	5	1.9	13	1.6
合计	553	100.0	257	100.0	810	100.0

农村老人与配偶的关系如何呢？在有配偶的样本中，认为自己与配偶的关系“非常亲近”的比例占 47.6%，认为“比较亲近”的占 37.4%，认为“一般”的占 12.5%，认为“不太亲近”的仅占 2.5%（见表 7—13）。农村老人认为与配偶关系的亲近程度较高，这一方面可能因为农村老人与配偶一般也有 40 年左右的感情，磨合的较好，所以关系比较亲密，另一方面也可能因为被访者并不愿意回答较负面的情况。

表 7—13　　农村老人与配偶的关系

选项	完全样本		有配偶样本	
	频数（N）	百分比（%）	频数（N）	百分比（%）
不太亲近	14	1.7	14	2.5
一般	69	8.5	69	12.5
比较亲近	207	25.6	207	37.4
非常亲近	263	32.5	263	47.6
不适用	257	31.7		
合计	810	100.0	553	100.0

同样，农村老人对自己与配偶关系的满意程度也很高。表 7—14 显示，对自己配偶关系"很满意"的比例达到了 42.1%，认为"比较满意"的也达到了 46.3%，两者的比例已经接近 90%。而且农村老人与配偶的关系与其对配偶关系满意之间存在高度相关性，皮尔逊相关系数达到了 0.904，显著性为 0.000。

表 7—14　　农村老人对与配偶关系的满意度

选项	完全样本		有配偶样本	
	频数（N）	百分比（%）	频数（N）	百分比（%）
很不满意	1	0.1	1	0.2
不太满意	14	1.7	14	2.5
一般	49	6.0	49	8.9
比较满意	256	31.6	256	46.3
很满意	233	28.8	233	42.1
不适用	257	31.7		
合计	810	100.0	553	100.0

二　农村老人所在家庭代际关系状况

对于大部分农村老人而言，他们很少会主动向子女提出经济资助要求。调查显示，67.0% 的样本认为直接跟子女要钱（生活费）会觉得不好意思。农村老人一般认为，子女由自己抚养长大，在这一过程中一直都是自己向子女提供生活资助，而向子女要钱，从自尊角度看，是很难接受的。当然，很多老人表示子女会主动给自己钱，但他们在很多时候并不会要。一方面是因为很多农村老人自己有能力挣钱，可以照顾自己；另一方面是因为觉得自己子女负担较重，不好再加重子女经济负担。

农村老人对自己子女经济状况的判断也较保守，表7—15显示，首先，认为自己子女家的经济状况在当地处于“平均水平”的比例为59.5%，近六成。其次，认为“略低于平均水平”的比例达到了24.5%，认为“远低于平均水平”的为1.6%，而认为“略高于平均水平”的占13.3%，认为“远高于平均水平”的比例仅1.0%。一般来说，即使自家子女经济状况并不太好，父母也并不愿意宣称子女家经济状况在当地的层次低，同样，即使子女家的经济状况确实不错，但也不愿表露出来。农村老人并不喜欢“露富”，但也不愿意承认“贫穷”，所以对子女家经济状况的评价更集中在“平均水平”。另外，因为调查者的身份，农村老人可能更希望可以从调查中获得利益，所以也会降低判断，从而博得同情，以期获得可能的收益。

表7—15　　子女家经济状况在当地的层次

选项	频数（N）	百分比（%）
远低于平均水平	13	1.6
略低于平均水平	197	24.5
平均水平	478	59.5
略高于平均水平	107	13.3
远高于平均水平	8	1.0
合计	803	100.0

再从老人与子女的关系看，被访农村老人普遍认为与子女关系亲近。表7—16显示，样本认为最近6个月来，与子女的关系“都比较亲近”的比例达到了52.9%，“大部分比较亲近”的比例也有34.7%，认为“亲近与不亲近的差不多”的占到了9.3%，而认为“大部分不亲近”和“都不亲近”的比例仅2.6%和0.4%。

表 7—16　　农村老人与子女关系及满意度状况

项目	选项	频数（N）	百分比（%）
最近6个月，您与子女的关系	都不亲近	3	0.4
	大部分不亲近	21	2.6
	亲近与不亲近的差不多	75	9.3
	大部分比较亲近	279	34.7
	都比较亲近	425	52.9
	合计	803	100.0
跟子女关系的满意度	很不满意	5	0.6
	不太满意	24	3.0
	一般	79	9.8
	比较满意	523	65.1
	很满意	172	21.4
	合计	803	100.0

那么，最近6个月来，被访者与子女之间的交往活动又是怎样的呢？表7—17显示，“子女为您提供经济帮助”的比例最高，达到了48.4%，排在第二位的是“您为子女照看孩子”，比例为37.1%。在农村，很多老人的重要职责便是帮子女带孩子，尤其是帮那些外出打工的子女带孩子，从而形成大批的留守儿童和留守老人，所以样本中帮子女照看孩子的比重比较高。排在第三位的是“您为子女料理家务”，比例也有27.1%。其他比例较高的还有“子女照看您”“子女为您料理家务”，但是比例也分别仅19.9%、18.2%，也即在目前农村青壮年外流的情况下，子女反馈父母的除了“经济帮助”之外，其他的照料则是很少的。“您为子女提供经济帮助”的仅5.5%，这是因为处于养老资源“反馈”期的农村老人，从道理上和能力上都是很难再为子女提供经济帮助的。

不仅绝大多数被访者表示与子女亲近程度比较高，而且绝大多数被访者对与子女的关系表示满意。对自己跟子女的关系“很满意”的比例为21.4%，认为“比较满意”的比例高达65.1%，表示“一般”满意的只有9.8%，而表示“不太满意”和“很不满意”的仅3.0%和0.6%。

也就是说，对自己与子女的关系表示不满意的比例仅3.6%。从抽样的结果来看，绝大多数农村老人对亲子关系比较满意。但是也不可避免一些被访者可能并没有告知真实的满意度，但是即使如此，也并不影响总体判断的结果。

表7—17　　最近6个月农村老人与子女的交往活动（复选）

选项	频数（N）	响应百分比（%）	个案百分比（%）
您为子女提供经济帮助	44	3.1	5.5
子女为您提供经济帮助	389	27.5	48.4
您为子女料理家务	218	15.4	27.1
子女为您料理家务	146	10.3	18.2
您为子女照看孩子	298	21.0	37.1
子女照看您	160	11.3	19.9
以上都没有	162	11.4	20.2
合计	1417	100.0	176.5

在被问及被访者子女赡养他们时的负担时，大部分被访者认为子女的负担并不重。表7—18显示，认为子女“没负担”的比例为17.4%，认为负担“不太重”的比例为30.3%，认为负担“一般”的占18.2%，当然也有28.4%的样本认为子女的负担“比较重”，认为子女负担“非常重”的也有5.7%。其实在调查中我们发现，即使农村老人并不需要子女提供养老的经济资助，但是他们仍然认为子女负担重，在他们看来只要子女家庭条件差，或者家庭子女较多，那么子女的负担就重。

表7—18　　子女对被访者及配偶赡养的负担

选项	频数（N）	百分比（%）
没负担	140	17.4
不太重	243	30.3
一般	146	18.2

续表

选项	频数（N）	百分比（%）
比较重	228	28.4
非常重	46	5.7
合计	803	100.0

三　社会养老保险对农村老人夫妻关系福利效应的回归分析

（一）变量选取

根据研究假设与实际调查情况，这里的因变量为社会养老保险的夫妻关系福利效应，主要从主观角度评价社会养老保险对农村老人夫妻关系福利的提升效应。因变量来自问卷中农村老人对以下表述的赞同程度："享受养老金后，夫妻关系变得更好了"，可选项为"不赞同""比较赞同""非常赞同"，为定序变量，分别赋值1、2、3。自变量包括政策认知、享受养老金状况、养老阶段、个人禀赋特征、家庭禀赋特征，控制变量为所在地区。各个变量的详细情况如表7—19所示。因为许多农村老人的配偶已经去世，还有一些则是未婚或已经离婚，测量这些人的夫妻关系没有意义，所以这里仅选取了有配偶的样本共553人。

表7—19　社会养老保险夫妻关系福利效应模型的变量选择（N=553）

变量名称	变量说明	均值	标准差
因变量			
社会养老保险的夫妻关系福利效应	不赞同=1；比较赞同=2；非常赞同=3	1.470	0.616
政策认知			
了解社会养老保险的程度	没听说过/了解很少=1；一般了解=2；比较了解=3；非常了解=4	1.647	0.757
对养老保险待遇的评价	待遇很低=1；待遇比较低=2；待遇一般=3；待遇比较高/待遇很高=4	2.492	0.740
养老金满足基本生活需求的情况	完全不能满足=1；很难满足=2；基本能满足=3；完全能满足=4	1.998	0.491

续表

变量名称	变量说明	均值	标准差
养老金改善老年贫困人口生活方面的作用	作用较小 =1；作用一般 =2；作用较大 =3；作用非常大 =4	2.535	0.902
享受养老金状况			
是否缴纳过养老保险费	缴过 =1；没有缴过 =0	0.174	0.379
多久领取一次养老金	每一两个月领取一次 =1；三个月左右领取一次 =2；半年左右领取一次 =3；一年左右领取一次 =4；不确定 =5	3.367	0.980
养老金是否自己支配	是 =1；否 =0	0.906	0.292
养老阶段			
自养阶段	自养阶段 =1；其他养老阶段 =0	0.465	0.499
半自养阶段	半自养阶段 =1；其他养老阶段 =0	0.369	0.483
他养阶段	他养阶段 =1；其他养老阶段 =0	0.166	0.373
个人禀赋特征			
性别	男 =1；女 =0	0.647	0.478
年龄	连续变量（周岁）	69.289	5.610
受教育年限	连续变量（年）	3.426	3.228
身体健康状况	很差 =1；较差 =2；一般 =3；较好 =4；很好 =5	2.982	0.923
劳动状况			
全职务农	全职务农 =1；其他劳动状况 =0	0.532	0.499
兼业或全职非农	兼业或全职非农 =1；其他劳动状况 =0	0.118	0.322
部分退出劳动	部分退出劳动 =1；其他劳动状况 =0	0.103	0.304
完全退出劳动	完全退出劳动 =1；其他劳动状况 =0	0.248	0.432
个人收入对数	农村老人个人收入取对数	8.165	0.867
家庭禀赋特征			
常住人口数	连续变量（人）	2.993	1.461
家庭代际数	连续变量（代）	3.242	0.499
居住房子类型	平房 =1；楼房 =0	0.383	0.487

续表

变量名称	变量说明	均值	标准差
是否政府补助对象	是 =1；否 =0	0.159	0.366
所在地区			
安陆地区	安陆地区 =1；其他地区 =0	0.327	0.470
洪湖地区	洪湖地区 =1；其他地区 =0	0.353	0.478
浠水地区	浠水地区 =1；其他地区 =0	0.320	0.467

（二）模型构建

因变量为社会养老保险对农村老人的夫妻关系福利效应，简称社会养老保险的夫妻关系福利效应。由于被解释变量社会养老保险的夫妻关系福利效应仍然为有序多分类变量，故拟建立有序 Logistic 回归模型进行分析：

$$P(y=y_i \mid X, \beta) = P(y=y_i \mid x_1, x_2, x_3 \cdots, x_k) \tag{7.5}$$

在（7.5）式中，y_i 有 3 个选择。

在有序 Logistic 模型中，引入一个不可直接观测的潜在隐含变量 y^*，在本书中为社会养老保险的夫妻关系福利效应无法观测到的主观评价，y 为实际观测到的评价值，调研数据中分别赋值为 1、2、3。y^* 满足下式：

$$y^* = X\beta + \varepsilon_i \tag{7.6}$$

其中，X 为解释变量向量；β 为待估参数向量；ε 为独立分布的误差项。设 γ 代表本书中社会养老保险的夫妻关系福利效应结果未知的临界值分界点，即 γ_1、γ_2 共 2 个分界点，潜变量 y_i^* 与实际观测值 y_i 的关系可由如下的对应关系来定义：

如果 $y_i^* < \gamma_1$，即 $y=1$；

如果 $\gamma_1 \leqslant y_i^* < \gamma_2$，即 $y=2$；

如果 $\gamma_2 \leqslant y_i^*$，即 $y=3$。

对于评价结果 y 各个取值的概率为随机误差项 ε 的累计分布函数对应值，可以表示为：

$$\begin{cases} \text{Prob}\ (y=1)\ =\text{Prob}\ (X\beta+\varepsilon<\gamma_1)\ =\dfrac{1}{1+e^{-\gamma_1+X\beta}} \\ \text{Prob}\ (y=2)\ =\text{Prob}\ (\gamma_1\leqslant X\beta+\varepsilon<\gamma_2)\ =\dfrac{1}{1+e^{-\gamma_2+X\beta}}-\dfrac{1}{1+e^{-\gamma_1+X\beta}} \\ \text{Prob}\ (y=3)\ =\text{Prob}\ (\gamma_2\leqslant X\beta+\varepsilon)\ =1-\dfrac{1}{1+e^{-\gamma_2+X\beta}} \end{cases} \tag{7.7}$$

（三）自变量与因变量的相关性分析

这里首先计算了自变量与因变量之间的 Pearson 相关系数。表 7—20 显示，在政策认知变量中，了解社会养老保险的程度变量与社会养老保险的夫妻关系福利效应变量之间在 1% 的统计水平上显著正向相关，对养老保险待遇的评价变量则与社会养老保险的夫妻关系福利效应变量之间在 5% 的统计水平上显著正向相关，而养老金满足基本生活需求的情况变量、养老金改善老年贫困人口生活方面的作用变量与社会养老保险的夫妻关系福利效应变量之间的关系均不显著。

在享受养老金状况中，养老金是否自己支配变量与社会养老保险的夫妻关系福利效应变量之间在 5% 的统计水平上显著正向相关，而是否缴纳过养老保险费变量、多久领取一次养老金变量与社会养老保险的夫妻关系福利效应变量之间的关系均不显著。

养老阶段中的变量与社会养老保险的夫妻关系福利效应变量之间的关系均不显著。在个人禀赋特征中，仅劳动状况中的部分退出劳动变量与社会养老保险的夫妻关系福利效应变量之间在 10% 的统计水平上显著相关，且方向为负；其他变量与因变量的关系不显著。而在家庭禀赋特征中，仅是否政府补助对象变量与社会养老保险的夫妻关系福利效应变量之间在 10% 的统计水平上显著相关，且方向为正，其他变量与因变量的关系也均不显著。

这里的相关性分析仅描述了两个变量之间的关系，而由于自变量之间以及与控制变量之间可能存在相互作用，因此，有必要建立回归模型来进一步估计这些因素的影响程度及其显著性水平。

表7—20 自变量与因变量的双变量相关分析

变量	Pearson 相关系数	变量	Pearson 相关系数
政策认知		年龄	0.009
了解社会养老保险的程度	0.146***	受教育年限	0.007
对养老保险待遇的评价	0.109**	身体健康状况	-0.068
养老金满足基本生活需求的情况	0.063	劳动状况	
养老金改善老年贫困人口生活方面的作用	0.045	全职务农	-0.015
享受养老金状况		兼业或全职非农	0.008
是否缴纳过养老保险费	0.011	部分退出劳动	-0.074*
多久领取一次养老金	-0.031	完全退出劳动	0.064
养老金是否自己支配	0.089**	个人收入对数	0.029
养老阶段		家庭禀赋特征	
自养阶段	0.036	常住在一起的人数	0.044
半自养阶段	-0.005	家庭代际数	-0.024
他养阶段	-0.042	居住房子类型	0.039
个人禀赋特征		是否政府补助对象	0.074*
性别	0.069		

注：***、**和*分别表示变量在1%、5%和10%的统计水平上显著。

（四）模型回归结果

表7—21为社会养老保险夫妻关系福利效应的有序 Logistic 回归模型结果。模型7—5中的养老阶段、劳动状况和所在地区变量分别以他养阶段、完全退出劳动和浠水地区为参照；为了进一步检验养老阶段、劳动状况和所在地区变量影响的差异，模型7—6中的养老阶段、劳动状况和所在地区变量分别以自养阶段、全职务农和安陆地区为参照。模型平行线检验的 P 值为0.209，大于显著性水平0.05，说明连接函数选择恰当。模型的似然比卡方值为49.161，概率 P 值为0.001，说明模型选择正确，模型的 Cox & Snell R^2 值为0.085，Nagelkerke R^2 值为0.104，该模型整体拟合的较好。

政策认知、享受养老金状况、家庭禀赋特征、所在地区中均有变量通过了显著性检验，但养老阶段和个人禀赋特征中的变量均未通过显著性检验。

在政策认知中，了解社会养老保险的程度变量、对养老保险待遇的评价变量通过了显著性检验。前者在5%的统计水平上显著正向影响了社会养老保险的夫妻关系福利效应，后者在1%的统计水平上显著正向影响了社会养老保险的夫妻关系福利效应，即农村老人越了解社会养老保险、对养老保险待遇的评价越高，那么其越认可社会养老保险夫妻关系福利的提升效应，也就越认可社会养老保险的实施可以增进夫妻关系。

享受养老金状况中，养老金是否自己支配变量通过了显著性检验。养老金是否自己支配变量在10%的统计水平上显著正向影响了社会养老保险的夫妻关系福利效应，即相对于养老金不是自己支配的农村老人，养老金是自己支配的农村老人更认可社会养老保险夫妻关系福利的提升效应，更认可社会养老保险的实施可以增进夫妻关系。

在家庭禀赋特征中，是否政府补贴对象变量通过了显著性检验。是否政府补贴对象变量在10%的统计水平上显著正向影响了社会养老保险的夫妻关系福利效应，即所在家庭是政府补贴对象的农村老人更认可社会养老保险夫妻关系福利的提升效应，也即更认可社会养老保险的实施可以增进夫妻关系。

模型7—5显示，所在地区中的安陆地区、洪湖地区变量均通过了显著性检验。安陆地区变量在5%的统计水平上显著正向通过了检验，洪湖地区变量在1%的统计水平上显著正向通过了检验；模型7—6则显示，所在地区中仅浠水地区变量在5%的统计水平上显著负向通过了显著性检验。综合来看，安陆地区和洪湖地区的农村老人，相对于浠水地区的农村老人，更认可社会养老保险夫妻关系福利的提升效应，更认可社会养老保险的实施可以增进夫妻关系。

表7—21　　社会养老保险夫妻关系福利效应的有序Logistic回归模型结果

变量	模型7—5		模型7—6	
	估计	标准误	估计	标准误
政策认知				
了解社会养老保险的程度	0.232**	0.091	0.232**	0.091

续表

变量	模型 7—5		模型 7—6	
	估计	标准误	估计	标准误
对养老保险待遇的评价	0.292***	0.102	0.292***	0.102
养老金满足基本生活需求的情况	0.144	0.142	0.144	0.142
养老金改善老年贫困人口生活方面的作用	0.026	0.080	0.026	0.080
享受养老金状况				
是否缴纳过养老保险费	-0.066	0.223	-0.066	0.223
多久领取一次养老金	-0.099	0.074	-0.099	0.074
养老金是否自己支配	0.533*	0.285	0.533*	0.285
养老阶段				
自养阶段[a]	0.285	0.224		
半自养阶段[a]	0.274	0.233		
半自养阶段[b]			-0.012	0.157
他养阶段[b]			-0.285	0.224
个人禀赋特征				
性别	0.217	0.176	0.217	0.176
年龄	0.000	0.018	0.000	0.018
文化程度	-0.009	0.025	-0.009	0.025
身体健康状况	-0.128	0.080	-0.128	0.080
劳动状况				
全职务农[c]	-0.277	0.187		
兼业或全职非农[c]	-0.335	0.280		
部分退出劳动[c]	-0.449	0.283		
兼业或全职非农[d]			-0.059	0.232
部分退出劳动[d]			-0.172	0.268
完全退出劳动[d]			0.277	0.187
个人收入对数	0.114	0.097	0.114	0.097
家庭禀赋特征				
常住人口数	0.071	0.048	0.071	0.048
家庭代际数	-0.068	0.151	-0.068	0.151
居住房子类型	0.047	0.157	0.047	0.157
是否政府补助对象	0.337*	0.182	0.337*	0.182

续表

变量	模型 7—5		模型 7—6	
	估计	标准误	估计	标准误
所在地区				
安陆地区[e]	0.404**	0.194		
洪湖地区[e]	0.575***	0.192		
洪湖地区[f]			0.171	0.176
浠水地区[f]			-0.404**	0.194
阈值 =1	3.400**	1.656	2.987*	1.647
阈值 =2	5.496***	1.666	5.082***	1.656
-2 对数似然值卡方	49.161		49.161	
显著性	0.001		0.001	
Cox 和 Snell R^2	0.085		0.085	
Nagelkerke R^2	0.104		0.104	

注：a. 参照为他养阶段，b. 参照为自养阶段，c. 参照为完全退出劳动，d. 参照为全职务农，e. 参照为浠水地区，f. 参照为安陆地区；***、** 和 * 分别表示变量在 1%、5% 和 10% 的统计水平上显著。

四　社会养老保险对农村老人代际关系福利效应的回归分析

（一）变量选取

根据研究假设与实际调查情况，这里的因变量为社会养老保险的代际关系福利效应，主要从主观角度评价社会养老保险对农村老人所在家庭代际关系福利的提升效应。因变量来自问卷中农村老人对以下三种表述的赞同程度：“享受养老金后，我对子女的经济依赖降低了”“享受养老金后，子女对我的态度更好了”和“享受养老金后，子女与我交流的时间更多了”，可选项均为“不赞同”“比较赞同”“非常赞同”，为定序变量，分别赋值 1、2、3，将以上三种表述赋值相加，得到一个新的连续变量，取值范围为 3—9。分值越高，意味着农村老人越认可社会养老保险代际关系福利的提升效应，即越赞同社会养老保险的实施对其所在家庭代际关系的改善作用。自变量包括政策认知、享受养老金状况、养老阶段、个人禀赋特征、家庭禀赋特征，控制变量为所在地区。各个变量的详细情况如表 7—22 所示。

表 7—22 社会养老保险代际关系福利效应模型的变量选择

变量名称	变量说明	均值	标准差
因变量			
社会养老保险的代际关系福利效应	连续变量	4.527	1.515
政策认知			
了解社会养老保险的程度	没听说过/了解很少 =1；一般了解 =2；比较了解 =3；非常了解 =4	1.582	0.728
对养老保险待遇的评价	待遇很低 =1；待遇比较低 =2；待遇一般 =3；待遇比较高/待遇很高 =4	2.521	0.722
养老金满足基本生活需求的情况	完全不能满足 =1；很难满足 =2；基本能满足 =3；完全能满足 =4	2.031	0.517
养老金改善老年贫困人口生活方面的作用	作用较小 =1；作用一般 =2；作用较大 =3；作用非常大 =4	2.541	0.871
享受养老金状况			
是否缴纳过养老保险费	缴过 =1；没有缴过 =0	0.141	0.348
多久领取一次养老金	每一两个月领取一次 =1；三个月左右领取一次 =2；半年左右领取一次 =3；一年左右领取一次 =4；不确定 =5	3.372	0.976
养老金是否自己支配	是 =1；否 =0	0.933	0.250
养老阶段			
自养阶段	自养阶段 =1；其他养老阶段 =0	0.373	0.484
半自养阶段	半自养阶段 =1；其他养老阶段 =0	0.327	0.469
他养阶段	他养阶段 =1；其他养老阶段 =0	0.300	0.459
个人禀赋特征			
性别	男 =1；女 =0	0.569	0.496
年龄	连续变量（周岁）	71.000	6.394
受教育年限	连续变量（年）	2.894	3.204
婚姻状况	有配偶 =1；无配偶 =0	0.683	0.466
身体健康状况	很差 =1；较差 =2；一般 =3；较好 =4；很好 =5	2.915	0.918

续表

变量名称	变量说明	均值	标准差
劳动状况			
全职务农	全职务农 =1；其他劳动状况 =0	0.437	0.496
兼业或全职非农	兼业或全职非农 =1；其他劳动状况 =0	0.089	0.285
部分退出劳动	部分退出劳动 =1；其他劳动状况 =0	0.121	0.326
完全退出劳动	完全退出劳动 =1；其他劳动状况 =0	0.353	0.478
个人收入对数	农村老人个人收入取对数	8.086	0.844
家庭禀赋特征			
常住人口数	连续变量（人）	2.696	1.602
家庭代际数	连续变量（代）	3.306	0.536
居住房子类型	平房 =1；楼房 =0	0.403	0.491
是否政府补助对象	是 =1；否 =0	0.159	0.366
所在地区			
安陆地区	安陆地区 =1；其他地区 =0	0.341	0.474
洪湖地区	洪湖地区 =1；其他地区 =0	0.344	0.475
浠水地区	浠水地区 =1；其他地区 =0	0.315	0.465

（二）模型构建

因变量为社会养老保险对农村老人的代际关系福利效应，简称社会养老保险的代际关系福利效应。因变量处理为连续变量，所以建立多元线性回归模型，模型为：

$$y_i = \alpha + \lambda x_i + \varepsilon \tag{7.8}$$

（7.8）式中 y_i 为社会养老保险的代际关系福利效应，α 为常数项，λ 为回归系数，x_i 为自变量矩阵，ε 为随机误差项，代表没有观测到的因素。

（三）自变量与因变量的相关性分析

这里首先计算了自变量与因变量之间的 Pearson 相关系数。表 7—23 显示，在政策认知变量中，了解社会养老保险的程度变量、对养老保险待遇的评价变量、养老金满足基本生活需求的情况变量与社会养老保险的代际关系福利效应变量之间均在 1% 的统计水平上显著正向相关，而养老金改善老年贫困人口生活方面的作用变量与社会养老保险的代际关系福利效应变量之间则在 5% 的统计水平上显著正向相关。

在享受养老金状况中，是否缴纳过养老保险费变量与社会养老保险的代际关系福利效应变量之间均在10%的统计水平上显著正向相关，而多久领取一次养老金变量、养老金是否自己支配变量则与社会养老保险的代际关系福利效应变量之间的关系也均不显著。

在养老阶段中，自养阶段与社会养老保险的代际关系福利效应变量之间在10%的统计水平上显著负向相关，而半养阶段则与社会养老保险的代际关系福利效应变量之间在5%的统计水平上显著正向相关，他养阶段与社会养老保险的代际关系福利效应变量之间的关系不显著。

在个人禀赋特征中的变量与社会养老保险的代际关系福利效应变量之间的关系均不显著。而在家庭禀赋特征中，仅家庭代际数变量与社会养老保险的代际关系福利效应变量之间在10%的统计水平上显著相关，且方向为负，其他变量与因变量的关系也均不显著。

表7—23　　自变量与因变量的双变量相关分析

变量	Pearson 相关系数	变量	Pearson 相关系数
政策认知		年龄	-0.036
了解社会养老保险的程度	0.132***	受教育年限	0.010
对养老保险待遇的评价	0.091***	婚姻状况	-0.052
养老金满足基本生活需求的情况	0.099***	身体健康状况	0.008
养老金改善老年贫困人口生活方面的作用	0.083**	劳动状况	
享受养老金状况		全职务农	0.003
是否缴纳过养老保险费	0.060*	兼业或全职非农	0.035
多久领取一次养老金	-0.044	部分退出劳动	-0.015
养老金是否自己支配	0.011	完全退出劳动	-0.013
养老阶段		个人收入对数	0.024
自养阶段	-0.060*	家庭禀赋特征	
半自养阶段	0.084**	常住在一起的人数	0.056
他养阶段	-0.022	家庭代际数	-0.063*
个人禀赋特征		居住房子类型	0.036
性别	0.026	是否政府补助对象	0.039

注：***、**和*分别表示变量在1%、5%和10%的统计水平上显著。

（四）模型回归结果

表7—23中的Pearson相关系数仅描述了两个变量之间的关系，由于自变量之间以及与控制变量之间可能存在相互作用，因此，有必要建立回归模型来进一步估计这些因素的影响程度及其显著性水平。

表7—24为社会养老保险对农村老人所在家庭代际关系福利效应的多元线性回归模型结果。模型7—7中的养老阶段、劳动状况和所在地区变量分别以他养阶段、完全退出劳动和浠水地区为参照；为了进一步检验养老阶段、劳动状况和所在地区变量影响的差异，模型7—8中的养老阶段、劳动状况和所在地区变量分别以自养阶段、全职务农和安陆地区为参照。从模型变量间的多重共线性情况来看，解释变量的容差基本都在0.5以上，方差膨胀因子也均小于10，说明所选择的解释变量间不存在严重的多重共线性。再来看模型拟合的情况，模型的R^2为0.065，调整后的R^2为0.036，应该说模型拟合得可以接受。

表7—24显示，政策认知、养老阶段、个人禀赋特征、家庭禀赋特征中均有变量通过了显著性检验，而享受养老金状况、所在地区中的变量均未通过显著性检验。

在政策认知中，了解社会养老保险的程度、养老金满足基本生活需求的情况、养老金改善老年贫困人口生活方面的作用变量通过了显著检验。其中，了解社会养老保险的程度变量在1%的统计水平上显著正向影响社会养老保险的代际关系福利效应，即农村老人对社会养老保险的了解程度越高，那么其越认可社会养老保险代际关系福利的提升效应，也就越认可社会养老保险的实施可以增进其所在家庭代际关系。养老金满足基本生活需求的情况变量在5%的统计水平上显著正向影响社会养老保险的代际关系福利效应，即农村老人越认可养老金可以满足其基本生活需求，也即对社会养老保险较高层次养老保障能力认可度越高，那么其越认可社会养老保险代际关系福利的提升效应，也就越认可社会养老保险的实施可以增进其所在家庭代际关系。养老金改善老年贫困人口生活方面的作用变量在10%的统计水平上显著正向影响社会养老保险的代际关系福利效应，即农村老人越认可养老金改善老年贫困人口生活方面的作用，也即对社会养老保险较低层次养老保障能力认可度越高，那么其越认可社会养老保险代际关系福利的提升效应，也就越认可社会养老保险的实施可以增进其所在家庭代际关系。

在养老阶段中，模型7—7显示，自养阶段变量和半自养阶段变量均未通过显著性检验，模型7—8则显示，半自养阶段变量在5%的统计水平上显著正向通过了检验，也就意味着相对于处于自养阶段的农村老人而言，处于半自养阶段的农村老人更认可社会养老保险代际关系福利的提升效应，也就更认可社会养老保险的实施可以增进其所在家庭代际关系。

在个人禀赋特征中，仅婚姻状况变量通过了显著性检验。婚姻状况变量在1%的统计水平上显著负向影响了社会养老保险的代际关系福利效应，即相对于有配偶的农村老人，没有配偶的农村老人更认同社会养老保险代际关系福利的提升效应，也就更认可社会养老保险的实施可以增进其所在家庭代际关系。

在家庭禀赋特征中，仅常住人口数变量通过了显著性检验。常住人口数变量在5%的统计水平上显著正向影响社会养老保险的代际关系福利效应，即家中常住人口数越多，那么农村老人越认可社会养老保险代际关系福利的提升效应，也就越认可社会养老保险的实施可以增进其所在家庭代际关系。

表7—24 社会养老保险代际关系福利效应的多元线性回归模型结果

变量	模型7—7		模型7—8		共线性统计量	
	B	标准误	B	标准误	容差	VIF
政策认知						
了解社会养老保险的程度	0.253***	0.076	0.253***	0.076	0.902	1.109
对养老保险待遇的评价	0.093	0.082	0.093	0.082	0.791	1.264
养老金满足基本生活需求的情况	0.218**	0.109	0.218**	0.109	0.868	1.152
养老金改善老年贫困人口生活方面的作用	0.118*	0.063	0.118*	0.063	0.927	1.079
享受养老金状况						
是否缴纳过养老保险费	0.205	0.186	0.205	0.186	0.658	1.520
多久领取一次养老金	-0.048	0.056	-0.048	0.056	0.907	1.102

续表

变量	模型 7—7		模型 7—8		共线性统计量	
	B	标准误	B	标准误	容差	VIF
养老金是否自己支配	-0.136	0.218	-0.136	0.218	0.920	1.087
养老阶段						
自养阶段[a]	-0.062	0.154			0.497	2.014
半自养阶段[a]	0.229	0.155			0.519	1.928
半自养阶段[b]			0.291**	0.133	0.704	1.421
他养阶段[b]			0.062	0.154	0.554	1.805
个人禀赋特征						
性别	0.060	0.132	0.060	0.132	0.640	1.562
年龄	-0.004	0.013	-0.004	0.013	0.414	2.415
受教育年限	0.000	0.020	0.000	0.020	0.683	1.464
婚姻状况	-0.391***	0.142	-0.391***	0.142	0.631	1.586
身体健康状况	0.015	0.062	0.015	0.062	0.860	1.162
劳动状况						
全职务农[c]	-0.014	0.148			0.514	1.946
兼业或全职非农[c]	0.220	0.233			0.621	1.610
部分退出劳动[c]	-0.077	0.181			0.792	1.262
兼业或全职非农[d]			0.234	0.202	0.830	1.204
部分退出劳动[d]			-0.063	0.183	0.774	1.292
完全退出劳动[d]			0.014	0.148	0.555	1.801
个人收入对数	-0.016	0.076	-0.016	0.076	0.675	1.482
家庭禀赋特征						
常住人口数	0.084**	0.036	0.084**	0.036	0.812	1.231
家庭代际数	-0.145	0.120	-0.145	0.120	0.749	1.335
居住房子类型	0.194	0.118	0.194	0.118	0.819	1.222
是否政府补贴对象	0.185	0.150	0.185	0.150	0.909	1.100
所在地区						
安陆地区[e]	0.001	0.144			0.592	1.689
洪湖地区[e]	0.001	0.144			0.585	1.709
洪湖地区[f]			-3.188E-5	0.137	0.651	1.537
浠水地区[f]			-0.001	0.144	0.621	1.611

续表

变量	模型 7—7		模型 7—8		共线性统计量	
	B	标准误	B	标准误	容差	VIF
常量	4.136***	1.238	4.061***	1.238		
R^2	0.065		0.065			
调整 R 方	0.036		0.036			

注：a. 参照为他养阶段，b. 参照为自养阶段，c. 参照为完全退出劳动，d. 参照为全职务农，e. 参照为浠水地区，f. 参照为安陆地区；***、**和*分别表示变量在1%、5%和10%的统计水平上显著。

第三节　社会养老保险对农村老人心理福利效应的实证分析

一　社会养老保险对农村老人心理福利效应的描述

本书重点关注了社会养老保险对农村老人的心理福利效应，也即社会养老保险的实施是否增进了农村老人的心理福利。调查显示，农村老人普遍认为养老保险的实施提高了其对生活的信心，觉得活得更有尊严了，同时生活的满意度和幸福感均得到了提高。前文表5—25显示，享受养老金后，样本中感觉自己生活更有信心的比例中，“非常赞同”的达到了35.1%，“比较赞同”的达到了49.8%，而不赞同或者不持肯定意见的仅占15.2%；样本中感觉自己活得更有尊严的比例中，“非常赞同”的达到了25.9%，“比较赞同”的达到了51.1%，而不赞同或者不持肯定意见的仅占23.0%；样本中感觉自己生活满意度提高了的比例中，“非常赞同”的达到了33.0%，“比较赞同”的达到了56.3%，而不赞同或者不持肯定意见的仅占10.7%；样本中感觉自己生活更加幸福的比例中，“非常赞同”的达到了35.8%，“比较赞同”的达到了52.7%，而不赞同或者不持肯定意见的仅占11.5%。因此可以说，社会养老保险的实施大幅度提高了农村老人的心理福利，也即社会养老保险对农村老人的心理福利具有明显的提升效应。

二　社会养老保险对农村老人心理福利效应的回归分析

（一）变量选取

根据研究假设与实际调查情况，这里的因变量为社会养老保险的心理福利效应，主要从主观角度评价社会养老保险对农村老人心理福利的提升效应。因变量来自问卷中农村老人对以下四种表述的赞同程度："享受养老金后，我对生活更有信心了""享受养老金后，我觉得活得更有尊严了""享受养老金后，我对生活的满意度提高了"和"享受养老金后，我感觉生活更加幸福了"，可选项均为"不赞同""比较赞同""非常赞同"，为定序变量，分别赋值1、2、3，将以上四种表述赋值相加，得到一个新的连续变量，取值范围为4—12。分值越高，意味着农村老人越认可社会养老保险心理福利的提升效应。自变量包括政策认知、享受养老金状况、养老阶段、个人禀赋特征、家庭禀赋特征，控制变量为所在地区。各个变量的详细情况如表7—25所示。

表7—25　　社会养老保险心理福利效应模型的变量选择

变量名称	变量说明	均值	标准差
因变量			
社会养老保险的心理福利效应	连续变量	8.694	2.192
政策认知			
了解社会养老保险的程度	没听说过/了解很少=1；一般了解=2；比较了解=3；非常了解=4	1.582	0.728
对养老保险待遇的评价	待遇很低=1；待遇比较低=2；待遇一般=3；待遇比较高/待遇很高=4	2.521	0.722
养老金满足基本生活需求的情况	完全不能满足=1；很难满足=2；基本能满足=3；完全能满足=4	2.031	0.517
养老金改善老年贫困人口生活方面的作用	作用较小=1；作用一般=2；作用较大=3；作用非常大=4	2.541	0.871

续表

变量名称	变量说明	均值	标准差
享受养老金状况			
是否缴纳过养老保险费	缴过 =1；没有缴过 =0	0.141	0.348
多久领取一次养老金	每一两个月领取一次 =1；三个月左右领取一次 =2；半年左右领取一次 =3；一年左右领取一次 =4；不确定 =5	3.372	0.976
养老金是否自己支配	是 =1；否 =0	0.933	0.250
养老阶段			
自养阶段	自养阶段 =1；其他养老阶段 =0	0.373	0.484
半自养阶段	半自养阶段 =1；其他养老阶段 =0	0.327	0.469
他养阶段	他养阶段 =1；其他养老阶段 =0	0.300	0.459
个人禀赋特征			
性别	男 =1；女 =0	0.569	0.496
年龄	连续变量（周岁）	71.000	6.394
受教育年限	连续变量（年）	2.894	3.204
婚姻状况	有配偶 =1；无配偶 =0	0.683	0.466
身体健康状况	很差 =1；较差 =2；一般 =3；较好 =4；很好 =5	2.915	0.918
劳动状况			
全职务农	全职务农 =1；其他劳动状况 =0	0.437	0.496
兼业或全职非农	兼业或全职非农 =1；其他劳动状况 =0	0.089	0.285
部分退出劳动	部分退出劳动 =1；其他劳动状况 =0	0.121	0.326
完全退出劳动	完全退出劳动 =1；其他劳动状况 =0	0.353	0.478
个人收入对数	农村老人个人收入取对数	8.086	0.844
家庭禀赋特征			
常住人口数	连续变量（人）	2.696	1.602
家庭代际数	连续变量（代）	3.306	0.536
居住房子类型	平房 =1；楼房 =0	0.403	0.491
是否政府补助对象	是 =1；否 =0	0.159	0.366
所在地区			
安陆地区	安陆地区 =1；其他地区 =0	0.341	0.474
洪湖地区	洪湖地区 =1；其他地区 =0	0.344	0.475
浠水地区	浠水地区 =1；其他地区 =0	0.315	0.465

（二）模型构建

因变量为社会养老保险对农村老人的心理福利效应，简称社会养老保险的心理福利效应。因变量处理为连续变量，所以建立多元线性回归模型，模型为：

$$y_i = \alpha + \lambda x_i + \varepsilon \tag{7.9}$$

（7.9）式中 y_i 为社会养老保险的心理福利效应，α 为常数项，λ 为回归系数，x_i 为自变量矩阵，ε 为随机误差项，代表没有观测到的因素。

（三）自变量与因变量的相关性分析

在进行回归模型分析之前，这里首先计算了自变量与因变量之间的Pearson 相关系数。表 7—26 显示，在政策认知变量中，对养老保险待遇的评价变量、养老金改善老年贫困人口生活方面的作用变量与社会养老保险的心理福利效应变量之间均在 1% 的统计水平上显著正向相关，养老金满足基本生活需求的情况变量则与社会养老保险的心理福利效应变量之间在 5% 的统计水平上显著正向相关，了解社会养老保险的程度变量与社会养老保险的心理福利效应变量之间的关系则不显著。

在享受养老金状况中，多久领取一次养老金变量与社会养老保险的心理福利效应变量之间在 5% 的统计水平上显著负向相关，而是否缴纳过养老保险费变量、养老金是否自己支配变量与社会养老保险的心理福利效应变量之间的关系则不显著。

在养老阶段中，自养阶段与社会养老保险的心理福利效应变量之间在 1% 的统计水平上显著负向相关，而半自养阶段则与社会养老保险的心理福利效应变量之间在 1% 的统计水平上显著正向相关，他养阶段与社会养老保险的心理福利效应变量之间的关系不显著。

在个人禀赋特征中的变量与社会养老保险的心理福利效应变量的关系均不显著。而在家庭禀赋特征中，仅是否政府补助对象变量与社会养老保险的心理福利效应变量之间在 1% 的统计水平上显著相关，且方向为正，其他变量与因变量的关系也均不显著。

这里的相关性分析仅分别描述了某个自变量与因变量之间的相关关系，但由于自变量之间以及与控制变量之间可能存在相互作用，因此，有必要建立回归模型来进一步估计这些因素的影响程度及其显著性水平。

表 7—26　　　　自变量与因变量的双变量相关分析

变量	Pearson 相关系数	变量	Pearson 相关系数
政策认知		年龄	-0.040
了解社会养老保险的程度	-0.031	受教育年限	0.036
对养老保险待遇的评价	0.186***	婚姻状况	-0.018
养老金满足基本生活需求的情况	0.077**	身体健康状况	0.013
养老金改善老年贫困人口生活方面的作用	0.266***	劳动状况	
享受养老金状况		全职务农	0.000
是否缴纳过养老保险费	0.011	兼业或全职非农	0.038
多久领取一次养老金	-0.069**	部分退出劳动	0.036
养老金是否自己支配	0.017	完全退出劳动	-0.046
养老阶段		个人收入对数	-0.010
自养阶段	-0.151***	家庭禀赋特征	
半自养阶段	0.206***	常住在一起的人数	0.026
他养阶段	-0.051	家庭代际数	-0.054
个人禀赋特征		居住房子类型	0.023
性别	0.012	是否政府补助对象	0.102***

注：***、**和*分别表示变量在1%、5%和10%的统计水平上显著。

（四）模型回归结果

表7—27为社会养老保险对农村老人心理福利效应的多元线性回归模型结果。模型7—9中的养老阶段、劳动状况和所在地区变量分别以他养阶段、完全退出劳动和浠水地区为参照；为了进一步检验养老阶段、劳动状况和所在地区变量影响的差异，模型7—10中的养老阶段、劳动状况和所在地区变量分别以自养阶段、全职务农和安陆地区为参照。从模型变量间的多重共线性情况来看，解释变量的容差基本都在0.5以上，方差膨胀因子也均小于10，说明所选择的解释变量间不存在严重的多重共线性。再来看模型拟合的情况，模型的 R^2 为0.190，调整后的 R^2 为0.166，应该说模型拟合的较好。

表7—27显示，政策认知、养老阶段、个人禀赋特征、家庭禀赋特征

和所在地区中均有变量通过了显著性检验，而享受养老金状况中的变量均未通过显著性检验。

在政策认知中，对养老保险待遇的评价、养老金改善老年贫困人口生活方面的作用2个变量通过了显著性检验。其中，对养老保险待遇的评价变量在5%的统计水平上显著正向影响社会养老保险的心理福利效应，即农村老人对养老保险待遇的评价越高，那么其越认可社会养老保险心理福利的提升效应，也就意味着越认可社会养老保险的实施可以增进其心理福利。养老金改善老年贫困人口生活方面的作用变量在1%的统计水平上显著正向影响社会养老保险的心理福利效应，即农村老人认为养老金在改善贫困人口生活方面的作用越大，也即对社会养老保险较低层次养老保障能力认可度越高，那么其越认可社会养老保险心理福利的提升效应，也就越认可社会养老保险的实施可以增进其心理福利。

在养老阶段中，模型7—9和模型7—10均显示，半自养阶段变量在1%的统计水平上显著正向影响社会养老保险的心理福利效应，即处于半自养阶段的农村老人相对于处于自养阶段和他养阶段的农村老人而言，更认可社会养老保险对自己心理福利的提升效应，也就越认可社会养老保险的实施可以增进其心理福利。

在个人禀赋特征中，仅劳动状况中有变量通过了显著性检验。模型7—9和7—10均显示，兼业或全职非农变量在10%的统计水平上显著正向影响社会养老保险的心理福利效应，即兼业或全职非农的农村老人相对于全职务农和完全退出劳动的农村老人而言，更认可社会养老保险对自己心理福利的提升效应，也即更认可社会养老保险的实施可以增进其心理福利。

在家庭禀赋特征中，仅是否政府补助对象变量通过了显著性检验。是否政府补助对象变量在1%的统计水平上显著正向影响社会养老保险的心理福利效应，即相对于不是政府补贴对象的农村老人，是政府补贴对象的更认可社会养老保险对其心理福利的提升效应，也即更认可社会养老保险的实施可以增进其心理福利。

模型7—9和模型7—10均显示，所在地区中的洪湖地区变量在1%的统计水平上显著负向影响社会养老保险的心理福利效应，即洪湖地区相对于安陆地区和浠水地区而言，农村老人认为社会养老保险对自己心理福利的提升效应更不明显，而安陆地区与浠水地区中，农村老人认为社会养老保险对自己心理福利的提升效应不存在显著差异。

表 7—27　社会养老保险心理福利效应的多元线性回归模型结果

变量	模型 7—9		模型 7—10		共线性统计量	
	B	标准误	B	标准误	容差	VIF
政策认知						
了解社会养老保险的程度	-0.108	0.102	-0.108	0.102	0.900	1.111
对养老保险待遇的评价	0.268**	0.109	0.268**	0.109	0.793	1.260
养老金满足基本生活需求的情况	0.110	0.146	0.110	0.146	0.870	1.149
养老金改善老年贫困人口生活方面的作用	0.598***	0.084	0.598***	0.084	0.922	1.085
享受养老金状况						
是否缴纳过养老保险费	-0.081	0.249	-0.081	0.249	0.659	1.518
多久领取一次养老金	-0.108	0.076	-0.108	0.076	0.910	1.099
养老金是否自己支配	-0.046	0.294	-0.046	0.294	0.920	1.087
养老阶段						
自养阶段[a]	-0.227	0.206			0.498	2.007
半自养阶段[a]	0.903***	0.208			0.519	1.928
半自养阶段[b]			1.131***	.178	0.707	1.415
他养阶段[b]			0.227	.206	0.555	1.803
个人禀赋特征						
性别	0.012	0.177	0.012	0.177	0.644	1.553
年龄	-0.026	0.017	-0.026	0.017	0.423	2.363
受教育年限	0.021	0.026	0.021	0.026	0.689	1.452
婚姻状况	-0.271	0.190	-0.271	0.190	0.634	1.578
身体健康状况	0.060	0.083	0.060	0.083	0.859	1.164
劳动状况						
全职务农[c]	0.055	0.198			0.513	1.951
兼业或全职非农[c]	0.588*	0.314			0.622	1.608
部分退出劳动[c]	0.018	0.242			0.793	1.261
兼业或全职非农[d]			0.533*	0.271	0.831	1.204

续表

变量	模型 7—9		模型 7—10		共线性统计量	
	B	标准误	B	标准误	容差	VIF
部分退出劳动[d]			-0.037	0.245	0.775	1.290
完全退出劳动[d]			-0.055	0.198	0.552	1.811
个人收入对数	-0.143	0.101	-0.143	0.101	0.677	1.476
家庭禀赋特征						
常住人口数	0.036	0.049	0.036	0.049	0.811	1.234
家庭代际数	0.015	0.150	0.015	0.150	0.768	1.302
居住房子类型	0.188	0.159	0.188	0.159	0.818	1.222
是否政府补助对象	0.542***	0.200	0.542***	0.200	0.900	1.112
所在地区						
安陆地区[e]	0.330*	0.193			0.591	1.692
洪湖地区[e]	-0.530***	0.194			0.584	1.712
洪湖地区[f]			-0.860***	0.184	0.649	1.541
浠水地区[f]			-0.330*	0.193	0.616	1.624
常量	9.285***	1.654	9.443***	1.656		
R^2	0.190		0.190			
调整的 R^2	0.166		0.166			

注：a. 参照为他养阶段，b. 参照为自养阶段，c. 参照为完全退出劳动，d. 参照为全职务农，e. 参照为浠水地区，f. 参照为安陆地区；***、** 和 * 分别表示变量在 1%、5% 和 10% 的统计水平上显著。

第四节　本章小结

本章进一步实证分析了社会养老保险对农村老人的非经济福利效应。社会养老保险对农村老人的非经济福利效应表现在三个方面，分别是闲暇与休闲、家庭关系和心理，而家庭关系又可以分为夫妻关系和代际关系。研究结果表明：

第一，社会养老保险闲暇福利效应的有序 Logistic 回归模型结果显示，政策认知和享受养老金状况对社会养老保险闲暇福利效应的影响均不显著。养老阶段则显著影响了社会养老保险的闲暇福利效应，处在自养阶段和半自养阶段的农村老人相对于处于他养阶段的农村老人更认可社会养老保险闲暇福利的提升效应，也即更认可社会养老保险的实施可以增加其闲暇时间。在个人禀赋特征中，没有配偶的农村老人，更认可社会养老保险闲暇福利的提升效应；兼业或全职非农的农村老人相对于全职务农的农村老人更认可社会养老保险闲暇福利的提升效应。在家庭禀赋特征中，家庭常住人口数越多，那么其越认可社会养老保险闲暇福利的提升效应。

第二，社会养老保险休闲娱乐福利效应的有序 Logistic 回归模型结果显示，政策认知在一定程度上显著影响了社会养老保险休闲娱乐的福利效应，农村老人越了解社会养老保险，对社会养老保险待遇的评价越高，对社会养老保险较高层次养老保障能力认可度越高，那么其越认可社会养老保险休闲娱乐福利的提升效应，也即越认可社会养老保险的实施可以增加其休闲娱乐时间。在个人禀赋特征中，没有配偶的农村老人更认可社会养老保险休闲娱乐福利的提升效应；相对于部分退出劳动的农村老人，全职务农和完全退出劳动的农村老人更认可社会养老保险休闲娱乐福利的提升效应；收入水平越高的农村老人，越认可社会养老保险休闲娱乐福利的提升效应。在家庭禀赋特征中，农村老人所在家庭中常住人口数越多，那么其越认可社会养老保险休闲娱乐福利的提升效应。享受养老金状况、养老阶段对社会养老保险休闲娱乐福利效应的影响均不显著。

第三，社会养老保险夫妻关系福利效应的有序 Logistic 回归模型结果显示，政策认知和享受养老金状况在一定程度上显著影响了社会养老保险的夫妻关系福利效应，农村老人越了解社会养老保险，对养老保险待遇的评价越高，那么其越认可社会养老保险夫妻关系福利的提升效应，也即越认可社会养老保险的实施可以增进夫妻关系。享受养老金状况中，养老金是自己支配的农村老人更认可社会养老保险夫妻关系福利的提升效应，即更认可社会养老保险的实施可以增进夫妻关系。在个人禀赋特征中，农村老人的身体健康状况越差，其越认可社会养老保险夫妻关系福利的提升效应；完全退出劳动的农村老人相对于部分退出劳动的农村老人，更认可社会养老保险夫妻关系福利的提升效应。在家庭禀赋特征中，所在家庭是政府补助对象的农村老人更认可社会养老保险夫妻关系福利的提升效应。养老阶段对社会养老保险夫妻关系福利效应的影响不显著。

第四，社会养老保险代际关系福利效应的多元线性回归模型结果显示，政策认知在一定程度上显著影响了社会养老保险家庭代际关系的福利效应，农村老人越了解社会养老保险，对社会养老保险较高层次养老保障能力认可度越高，对社会养老保险较低层次养老保障能力认可度越高，那么其越认可社会养老保险代际关系福利的提升效应，也即越认可社会养老保险的实施可以增进其所在家庭代际关系。处于不同养老阶段的农村老人，对社会养老保险代际关系福利效应的评价不同，相对于处于自养阶段的农村老人而言，处于半自养阶段的农村老人更认可社会养老保险对自己所在家庭代际关系福利的提升效应。在个人禀赋特征中，有配偶的相对于没有配偶的农村老人更认同社会养老保险代际关系福利的提升效应。在家庭禀赋特征中，常住人口数越多，农村老人越认可社会养老保险代际关系福利的提升效应。享受养老金状况对社会养老保险代际关系福利效应的影响不显著。

第五，社会养老保险心理福利效应的多元线性回归模型结果显示，政策认知在一定程度上显著影响了社会养老保险的心理福利效应，农村老人对养老保险待遇的评价越高，对社会养老保险较低层次养老保障能力认可度越高，那么其越认可社会养老保险心理福利的提升效应，也即越认可社会养老保险的实施可以增进其心理福利。处于不同养老阶段的农村老人，对社会养老保险心理福利效应的评价不同，相对于处于自养阶段和他养阶段的农村老人而言，处于半自养阶段的农村老人认为社会养老保险对自己心理福利的提升效应更明显。在个人禀赋特征中，兼业或全职非农的农村老人相对于全职务农和完全退出劳动的农村老人而言，认为社会养老保险对自己心理福利的提升效应更明显。在家庭禀赋特征中，农村老人如果是政府补贴的对象，那么其越认可社会养老保险对其心理福利的提升效应。享受养老金状况对社会养老保险心理福利效应的影响不显著。

第八章

研究结论与政策含义

第一节 研究结论

本书以湖北省为例，采用实地调查数据，立足福利经济学、生命周期、需求层次等理论，通过对农村地区社会养老保险的历史演进进行回顾，并对农村老人享受养老金状况进行描述后，从经济福利和非经济福利两个角度，综合考察了当前农村地区社会养老保险对农村老人的福利效应。研究主要得出以下结论：

一 农村地区社会养老保险的发展经历三个阶段

根据不同时期社会养老保险政策的内容以及对农民福利可能的影响，本书将我国农村地区社会养老保险的发展划分为三个阶段：第一个阶段为农村地区制度性养老保障的肇始，称之为老农保阶段；第二个阶段为农村地区普惠式社会养老保险制度的初步建立，称之为新农保阶段；第三个阶段为迈向更高的福利，称之为统一城乡居民养老保险阶段。老农保、新农保与城乡居民基本养老保险的基本内容存在一定的差异，但总体来看，城乡居民基本养老保险由新农保发展而来，所以两者之间的差异较小，而两者与老农保之间的差异较大。从农民福利角度对老农保、新农保与城乡居民基本养老保险进行比较分析后发现：新农保及城乡居民基本养老保险相对于老农保筹资机制进行了改进，对农民的福利有较大提升；新农保及城乡居民基本养老保险相对于老农保保障水平有所提高，对农民，尤其是农村老人的福利有所增进，但并不明显；新农保及城乡居民基本养老保险直接提高了年满 60 周岁农村老人的福利，而老农保则无法实现；新农保及城乡居民基本养老保险相对于老农保实现了普惠，即面向全体农村居民，实现了对全体农民福利的关注。

二　农村老人享受养老金状况的同质性强且状况良好

农村老人对社会养老保险的了解程度并不太高，其获取社会养老保险相关信息的主要渠道为村组干部的上门宣传。绝大多数农村老人都愿意参加社会养老保险，对社会养老保险的认同度和满意度都很高，对当地社会养老保险实施效果的评价也较高。在领取养老金之前，大部分农村老人并没有缴纳过养老保险费，而是直接领取基础养老金。绝大多数农村老人一直都领取到了足额的养老金，他们中大部分人会选择半年或者一年左右领取一次养老金，领取养老金的地点主要是镇上或村里，且绝大多数农村老人的养老金是亲自领取并由自己支配的。

虽然农村老人认为当前的社会养老保险对其生活产生了一定的影响，但是却普遍认为社会养老保险的养老金待遇偏低。对于大多数农村老人而言，目前社会养老保险的养老金待遇并不能满足其基本的生活需要，可以说“保基本”的目标并未完全实现。虽然绝大多数农村老人并不认可当前养老金对基本生活的保障作用，但是却比较认同社会养老保险在改善老年贫困人口生活方面的作用，也即虽然大多数农村老人并不认同社会养老保险较高层次的养老保障能力，但是却比较认同其较低层次的养老保障能力，可以说当前农村地区的社会养老保险仅是有限保障。

三　社会养老保险的实施对农村老人具有福利的提升效用

社会养老保险的实施提升了农村老人的福利，且不同方面福利提升的程度不同。社会养老保险的实施提升了农村老人的经济福利：从客观收入和客观消费支出福利角度看，养老金收入已成为农村老人最主要的收入来源，占总纯收入的比重达到了28.4%，而且养老金平均可以应对农村老人消费支出的21.5%。从主观收入和主观消费支出福利角度看，农村老人普遍认为养老金提高了其收入，增强了其消费支出能力，尤其是对基本生活消费的支出能力。社会养老保险的实施提升了农村老人的非经济福利：农村老人认为社会养老保险的实施对其闲暇和休闲以及夫妻关系的影响较小，但是却认为社会养老保险的实施可以明显改进农村老人所在家庭的代际关系，提高农村老人生活的信心、尊严、生活满意度和幸福感。可以说，在农村老人看来，社会养老保险对农村老人收入和心理方面福利的影响是最大、最明显的，其次是消费支出和代际关系方面的福利，最小的是闲暇与休闲以及夫妻关系方面的福利，即社会养老保险对农村老人收入和心理福利的提升效应最明显，再次是对消费支出和代际关系福利的提升效应，最后是对闲暇与休闲以及夫妻关系福利的提升效应。综合来看，基本研究假设 1 得到了验证，即社会养老保险的实施提升了农村老人的福利，且不同方面福利提升的程度不同。

应该说当前农村地区社会养老保险对农村老人经济福利的影响是直接的，也是最明显的。农村老人领取养老金则直接增加了其收入，进而可以使其更有效地应对消费支出。目前对大多数农村老人来说，温饱问题已经解决，生产资料——农村土地并未被强制剥离，食品来源可以得到有效保障，所以目前大部分农村老人比较缺乏的是进一步提高其生活质量的货币，而社会养老保险嵌入农村，使农村老人直接受益，其每月可以至少获得 55 元的基础养老金，从而在很大程度上解决了农村老人现金缺失的问题。当然，也应该看到目前农村地区社会养老保险的养老金水平并不高，[①] 尚可在一定程度上应对基本生活消费支出，但无法应对较高层次的消费支出，这也是目前农村地区社会养老保险“保基本”的要求所在。

当然，社会养老保险对农村老人经济福利的影响是直接的，甚至是可以量化的，但是对非经济福利的影响则是间接的，更大程度上是基于对经济福利的影响。一般来说，劳动与收入具有某种程度的替代关系，经济福利的变化可能会影响受益主体对劳动力投入的决策，从而增加或

① 鲁欢、王国辉：《经济欠发达地区提高“新农保”保障水平的路径选择——基于对辽宁省阜新市彰武县 400 家农户调查的研究》，《劳动保障世界》（理论版）2011 年第 11 期；张思锋、张文学：《我国新农保试点的经验与问题——基于三省六县的调查》，《西安交通大学学报》（社会科学版）2012 年第 2 期；刘海宁：《辽宁农村基本养老保险适度保障水平分析——基于生存公平的思考》，《社会科学辑刊》2011 年第 5 期；薛惠元：《新农保能否满足农民的基本生活需要》，《中国人口·资源与环境》2012 年第 12 期。

减少闲暇时间，进而增加或减少休闲娱乐的时间，从本书的研究结果来看，社会养老保险的实施对农村老人劳动时间有一定的挤出效应，但并不明显。一方面可能因为目前养老金的水平较低，不足以促使农村老人改变劳动力投入的决策，另一方面可能是因为农村老人的路径依赖，业已形成的劳动习惯不会因为外部嵌入的社会养老保险而改变。

在传统农村养老保障模式中，代际之间的资源转移是模式维系的核心。费孝通曾提出中国传统养老的“反馈模式”，即甲代抚育乙代，乙代赡养甲代，乙代抚育丙代，丙代赡养乙代。[①] 因此，社会养老保险嵌入农村，尤其是嵌入业已存在的传统养老模式中，最可能冲击的便是代际关系。陈华帅、曾毅研究发现新农保对家庭代际经济支持有显著的“挤出效应”，[②] 程令国等研究发现新农保的实施提高了参保老人的经济独立性，降低了老人在经济来源和照料方面对子女的依赖。[③] 本书的研究结论与他们的研究结果接近，即社会养老保险的实施可以降低农村老人对子女的经济依赖，但本书的研究还发现社会养老保险的实施不仅影响代际之间的资源转移，而且影响代际之间的情感互动，有助于改善代际关系。相对于社会养老保险对代际关系的直接冲击，其对夫妻关系的影响很少有研究关注，本书研究也显示社会养老保险的实施在一定程度上增进了夫妻关系，但增进程度不及代际关系，从而在一定程度上弥补了社会养老保险与家庭关系研究的不足。

黄有光认为幸福和快乐是人生的最终目标，而且是唯一的有理性的最终目标。[④] 追求幸福快乐成为福利的核心，而幸福快乐也最终归结为心理福利，因此在这里心理福利应该是最高福利或者说最终福利，社会养老保险对农村老人心理福利的增进应该是政策产生的最高福利。本书研究发现，社会养老保险对农村老人心理福利的提升效应十分显著，程度

---

① 费孝通：《家庭结构变动中的老年赡养问题——再论中国家庭结构的变动》，《北京大学学报》（哲学社会科学版）1983 年第 3 期。

② 陈华帅、曾毅：《“新农保”使谁受益：老人还是子女?》，《经济研究》2013 年第 8 期。

③ 程令国、张晔、刘志彪：《“新农保”改变了中国农村居民的养老模式吗?》，《管理世界》2013 年第 8 期。

④ ［澳］黄有光：《福祉经济学——一个趋于更全面分析的尝试》，张清津译，东北财经大学出版社 2005 年版。

高于非经济福利的其他方面，在这一层面上可以说农村社会养老保险的实施是非常成功的。

四 政策认知显著影响了社会养老保险对农村老人的福利效应

社会养老保险对农村老人福利的影响即社会养老保险的福利效应。总体来看农村老人对社会养老保险的政策认知不同，相应地认为社会养老保险的福利效应也不同。首先，政策认知在一定程度上显著影响了社会养老保险的经济福利效应，表现在以下几个方面：（1）政策认知在一定程度上显著影响了社会养老保险的收入福利效应，农村老人对社会养老保险较低层次养老保障能力认可度越高，那么其越认可社会养老保险收入福利的提升效应，即越认可社会养老保险的实施可以提高其收入水平。（2）政策认知在一定程度上显著影响了社会养老保险的消费支出福利效应，农村老人对养老保险待遇的评价越高，对社会养老保险较低层次养老保障能力认可度越高，那么其越认可社会养老保险消费支出的福利提升效应，即越认可社会养老保险的实施可以提高其消费支出能力。

其次，政策认知在一定程度上显著影响了社会养老保险的非经济福利效应，表现在以下几个方面：（1）政策认知在一定程度上显著影响了社会养老保险的休闲娱乐福利效应，农村老人越了解社会养老保险，对社会养老保险待遇的评价越高，对社会养老保险较高层次养老保障能力认可度越高，那么其越认可社会养老保险休闲娱乐福利的提升效应，也即越认可社会养老保险的实施可以增加其休闲娱乐时间。（2）政策认知在一定程度上显著影响了社会养老保险的夫妻关系福利效应，农村老人越了解社会养老保险，对养老保险待遇的评价越高，那么其越认可社会养老保险夫妻关系福利的提升效应，即越认可社会养老保险的实施可以增进夫妻关系。(3）政策认知在一定程度上显著影响了社会养老保险的代际关系福利效应，农村老人越了解社会养老保险，对社会养老保险较高层次养老保障能力以及较低层次养老保障能力认可度越高，那么其越认可社会养老保险代际关系的福利提升效应，也即越认可社会养老保险的实施可以增进其所在家庭的代际关系。（4）政策认知在一定程度上显著影响了社会养老保险的心理福利效应，农村老人对养老保险待遇的评价越高，对社会养老保险较低层次养老保障能力认可度越高，那么其越认可社会养老保险心理福利的提升效应，也即越认可社会养老保险的实施可以提升其心理福利。综合来看，基本研究假设 2 得到了验证，即农村老人对社会养老保险的政策认知不同，相应地认为社会养老保险产生的福利效应也不同。

但是，享受养老金状况对社会养老保险经济福利效应的影响不显著。在非经济福利方面，享受养老金状况仅在一定程度上显著影响了社会养老保险的夫妻关系福利效应，养老金是自己支配的农村老人更认可社会养老保险夫妻关系福利的提升效应。享受养老金状况对社会养老保险非经济福利效应其他方面的影响均不显著。因此说，基本研究假设 3 并未得到有效验证。

社会养老保险对农村老人的客观福利效应，尤其是客观经济福利效应是既定的，所以无论享受养老金的主体对政策的认知如何、享受养老金的状况如何，都不会变化。但是与客观福利效应不同，主观福利效应可能会因享受养老金主体对政策的认知以及享受养老金状况的不同而发生变化。本书的研究就发现政策认知显著影响了社会养老保险的福利效应，但是享受养老金状况对社会养老保险福利效应的影响并不显著。在政策认知中，农村老人了解社会养老保险的程度对社会养老保险的福利效应有一定影响，说明增进农村老人对政策的了解，将提高农村老人对社会养老保险福利效应的感知。当然，仅仅增加政策了解程度是不够的，提高社会养老保险的待遇才是根本，研究就发现农村老人对养老保险待遇的评价越高，其越认可社会养老保险福利的提升效应。本书进一步将农村老人对社会养老保险的认可度分为较高层次养老保障能力认可度和较低层次养老保障能力认可度，目前来看，农村老人对社会养老保险较高层次养老保障能力的认可度较低，但是对较低层次养老保障能力认可度较高，但无论怎样，只要农村老人对社会养老保险养老保障能力的认可度越高，那么其越认可社会养老保险福利的提升效应，因此，目前可以先实现社会养老保险的较低层次养老保障能力，然后再进一步达到较高层次养老保障能力。

五　社会养老保险对农村老人的福利效应存在养老阶段的差异

一方面，社会养老保险对农村老人的经济福利效应存在养老阶段的差异。相对于处于自养阶段和他养阶段的农村老人而言，处于半自养阶段的农村老人更认可社会养老保险收入福利的提升效应；相对于处于自养阶段和他养阶段的农村老人而言，处于半自养阶段的农村老人认为社会养老保险对自己消费支出福利的提升效应更明显。另一方面，社会养老保险对农村老人非经济福利的影响也存在养老阶段的差异。处于不同养老阶段的农村老人对社会养老保险闲暇福利效应的评价不同，处于自养阶段和半自养阶段的农村老人相对于处于他养阶段的农村老人更认可社会养老保险闲暇福利的提升效应，也即更认可社会养老保险的实施可以增加其闲暇时间。不过，社会养老保险对农村老人的休闲娱乐福利效应不存在养老阶段的差异。社会养老保险对农村老人的夫妻关系福利效应不存在养老阶段的差异，但对农村老人的代际关系福利效应却存在养老阶段的差异，相对于处于自养阶段的农村老人而言，处于半自养阶段的农村老人认为社会养老保险对自己所在家庭代际关系福利的提升效应更明显。当然，社会养老保险对农村老人的心理福利效应也存在养老阶段的差异，相对于处于自养阶段和他养阶段的农村老人而言，仍然是处于半自养阶段的农村老人认为社会养老保险对自己心理福利的提升效应更明显。综合来看，基本研究假设 4 得到了验证，即农村老人所处的养老阶段不同，相应地认为社会养老保险产生的福利效应也不同。另外，本书的研究发现处于半自养阶段的农村老人相对于处于自养阶段和他养阶段的农村老人更认可社会养老保险福利的提升效应。

根据前文对养老阶段理论模型的阐释可以发现，农村老人养老阶段基于生活资源的供给状况可以分为自养阶段、半自养阶段和他养阶段，处于自养阶段的农村老人生活资源主要来源于自己，处于他养阶段的农村老人则完全依靠子女等的支持，而处于半自养阶段的农村老人生活资源一方面来自自己，另一方面来自子女等的支持。应该说处于自养阶段、半自养阶段、他养阶段农村老人生活资源的需求量是递减的，所以面对外部嵌入的社会养老保险，处于他养阶段的农村老人感受到的福利提升效应应该最明显，其次是处于半自养阶段的农村老人，最后是处于自养阶段的农村老人。但是，本书的研究结果似乎并非如此，从经济福利角度来看，处于半自养阶段的农村老人更认可社会养老保险的收入和消费支出福利的提升效应。再来看非经济福利，仍然是处于半自养阶段的农村老人更认可社会养老保险的非经济福利效应。总体来看，处于半自养阶段的农村老人更认可社会养老保险的福利提升效应。可能因为，处于半自养阶段的农村老人自养不足，需要子女等的支持，处于一种“青黄不接”的状态，所以处于半自养阶段的农村老人更可能认可社会养老保险对其经济福利的提升效应。而因为处于半自养阶段的农村老人自养不足，所以需要子女支持，这时候很容易导致代际关系的紧张，所以社会养老保险的嵌入可以降低处于半自养阶段农村老人对子女等支持的依赖，降低代际之间的紧张关系，进而增进代际关系。因此说，社会养老保险的实施对处于半自养阶段的农村老人的福利效应更明显。

六　社会养老保险对农村老人的福利效应存在禀赋特征的差异

第一，社会养老保险对农村老人的经济福利效应存在个人禀赋和家庭禀赋特征的差异。从收入福利角度看，没有配偶的相对于有配偶的农村老人，更认可社会养老保险收入福利的提升效应；相对于完全退出劳动的农村老人，兼业或全职非农的农村老人更认可社会养老保险收入福利的提升效应；农村老人的个人收入越低，那么其越认可社会养老保险收入福利的提升效应；家庭代际数越多，农村老人越认可社会养老保险收入福利的提升效应；所在家庭是政府补助对象的农村老人，更认可社会养老保险收入福利的提升效应。从消费支出福利角度看，农村老人的年龄越大，其越认可社会养老保险消费支出福利的提升效应；兼业或全职非农的农村老人认为社会养老保险对自己消费支出福利的提升效应更明显；居住平房的农村老人相对于居住楼房的更认可社会养老保险消费支出福利的提升效应。

第二，社会养老保险对农村老人非经济福利的影响存在个人禀赋和家庭禀赋特征的差异。从闲暇福利效应角度看，没有配偶的农村老人，更认可社会养老保险闲暇福利的提升效应；兼业或全职非农的农村老人相对于全职务农的农村老人更认可社会养老保险闲暇福利的提升效应；家庭常住人口数越多，那么其越认可社会养老保险闲暇福利的提升效应。从休闲娱乐福利效应角度看，没有配偶的农村老人更认可社会养老保险休闲娱乐福利的提升效应；相对于部分退出劳动的农村老人，全职务农和完全退出劳动的农村老人认为社会养老保险休闲娱乐福利的提升效应更明显；收入水平越高的农村老人，越认可社会养老保险休闲娱乐福利的提升效应；家庭常住人口数越多，那么其越认可社会养老保险休闲娱乐福利的提升效应。从夫妻关系福利效应角度看，农村老人的身体健康状况越差，其越认可社会养老保险夫妻关系福利的提升效应；完全退出劳动的农村老人相对于部分退出劳动的，更认可社会养老保险夫妻关系福利的提升效应；所在家庭是政府补助对象的农村老人更认可社会养老保险夫妻关系福利的提升效应。从代际关系福利效应角度来看，有配偶的农村老人更认可社会养老保险代际关系福利的提升效应；常住人口数越多，农村老人越认可社会养老保险代际关系福利的提升效应。从心理福利效应角度来看，兼业或全职非农的农村老人相对于全职务农和完全退出劳动的农村老人而言，认为社会养老保险对自己心理福利的提升效应更明显；所在家庭是政府补助对象的农村老人，更认可社会养老保险对其心理福利的提升效应。

综合来看，基本研究假设 5 得到了验证，即农村老人的禀赋特征不同，相应地认为社会养老保险产生的福利效应也不同。正如前文分析不同禀赋特征的农村老人所处需求层次存在一定的差异，或者说具有不同禀赋特征的农村老人有着不同的需求。当然农村老人的某些禀赋特征只能划分群体，很难进行内部比较，比如性别、婚姻状况、劳动状况等，但有些禀赋特征则在进行群体划分的同时很好地形成群体之间相对的层次差异，比如年龄、个人收入、居住房子类型、是否政府补贴对象等，从经济福利角度看年龄越大、健康状况越差、个人收入越低，农村老人越认可养老金的经济福利提升效应，居住平房的、是政府补贴对象的相对更认可养老金的经济福利效应。应该说年龄较大、健康状况较差、收入较低、居住平房、是政府补贴对象的农村老人相对于年龄较小、健康状况较好、收入较高、居住楼房、非政府补贴对象的农村老人所处的需求层次相对较低，所以对每月数十元的养老金收入反应较明显，也就更认可养老金经济福利的提升效应。但是对于非经济福利来说，状况相对比较复杂，本书所述的非经济福利总体来看分三个层次，第一个层次是闲暇与休闲，第二个层次是家庭关系，第三个层次是心理，很大程度上可以对应克雷顿·奥尔德的“ERG”理论，即生存需求、相互关系需求、成长发展需求，对于不同的需求具有不同禀赋特征的农村老人会有不同的反应，所以没有配偶的农村老人更认可社会养老保险闲暇与休闲娱乐福利的提升效应，但是有配偶的农村老人更认可社会养老保险代际关系福利的提升效应。[①] 兼业或全职非农的农村老人更认可社会养老保险闲暇福利及心理福利的提升效应，而全职务农和完全务农的农村老人更认可社会养老保险休闲娱乐福利的提升效应，完全退出劳动的农村老人相对于部分退出劳动的农村老人更认可社会养老保险夫妻关系福利的提升效应。研究也发现，家庭常住人口数似乎对社会养老保险非经济福利的影响比较一致，家庭常住人口数越多农村老人越认可社会养老保险非经济福利的提升效应。是政府补贴对象的农村老人则更认可社会养老保险夫妻关系福利以及心理福利的提升效应。

第二节　政策建议

一　通过增进政策认知水平提高适龄农村居民的参保率

社会养老保险可以提高农村老人的福利，应该说其是一种纯惠农政策，因此应进一步提高农村适龄参保人员的参保率，扩大受益面，做到“应保尽保”，使社会养老保险的福利效应得到充分发挥。目前社会养老保险已经实现了对全国所有县级行政单位的全覆盖，也即实现了“地区全覆盖”，但是距离实现“人群全覆盖”还有一定的距离。一些地区出现老年农民投保积极，年轻农民不愿参保的保险逆向选择问题，对新农保的可持续性提出了挑战。[②] 因此，应积极实现由“地区全覆盖”向“人群全覆盖”的转变，提高农村地区适龄参保人员的参保率。

要提高农村地区适龄参保人员的参保率，需要提升适龄参保人员对社会养老保险福利提升效应的认可度，首先就需要提高农村居民对社会养老保险的政策认知。所以，相关部门应继续做好对当前农村地区社会养老保险政策的宣传工作，加强关于账户结构、补贴政策和未来收益等具体内容

---

① Alderfer, C. P., “An Empirical Test of a New Theory of Human Needs”, *Organizational Behavior & Human Performance*, Vol. 4, No. 2, 1969, pp. 142 - 175.

② 黄丽、罗锋：《新型农村社会养老保险收入再分配效应研究》，《西北农林科技大学学报》（社会科学版）2014 年第 5 期。

的解释工作，使农民充分认识到社会养老保险的养老保障作用及其收益状况，改善与提高农民对社会养老保险的预期。这就要求各级政府及相关部门积极拓展多种宣传渠道，充分利用电视、广播、报纸、杂志等媒体开展政策宣传，并通过积极悬挂宣传横幅、召开村民代表会议、发放宣传材料、张贴公益广告等形式使农民对政策有更进一步的了解。

二 着力提升社会养老保险的保障水平

提升社会养老保险的保障水平是增进农村老人福利的基础。当前农村地区社会养老保险的养老金由基础养老金和个人账户养老金组成，要提升社会养老保险的保障水平需要提高这两个组成部分的水平。相对于个人账户养老金，基础养老金在提升社会养老保险养老保障水平上效果更明显，所以中央及地方政府在保持政府财政可负担水平的范围内，应适度提高基础养老金的水平。欣喜的是，2015 年 1 月 15 日，经国务院批准，从 2014 年 7 月 1 日起，全国城乡居民基本养老保险基础养老金最低标准将在每人每月 55 元的基础上增加至每人每月 70 元。这是我国首次统一提高这一群体基础养老金标准。基础养老金与个人账户的财政补贴不同，前者按月支付，而后者按年补贴，前者较小的提升幅度就会引起较大的财政压力，因此目前尚不宜采用递进式的基础养老金发放模式，即缴费的档次越高，领取的基础养老金越高。而随着经济发展水平的提高，今后可逐渐过渡到递进式的基础养老金发放模式，进一步提高对农民选择较高档次缴费的激励效果。

当然，个人账户养老金与农民缴费紧密相关，但在目前农民普遍选择最低档次缴费的情况下，① 个人账户养老金对社会养老保险保障水平的提升贡献不足。因此需促进农民选择较高档次参保，这又要通过改善制度的补贴模式来实现。社会养老保险个人账户缴费的财政补贴模式不宜采用固定 30 元，而宜采用递进式补贴模式或者比率式补贴模式。递进式补贴模式还包括固定递进补贴模式与非固定递进补贴模式，前者要求在各缴费档次的财政补贴标准之间设置相同的间距，例如以 10 元作为间

① 聂建亮、钟涨宝：《新农保养老保障能力的可持续研究——基于农民参保缴费档次选择的视角》，《公共管理学报》2014 年第 3 期。

距，那么参保缴费选择100元至500元档次，财政补贴分别为30元、40元、50元、60元、70元；而后者要求在各缴费档次的财政补贴标准之间设置合理且递进的间距，例如以10元递增，则参保缴费选择100元至500元档次，财政补贴分别为30元、40元、60元、90元、130元。比例式补贴模式包括固定比率补贴模式和递进比率补贴模式，前者要求按照固定的比率进行补贴，比如设定补贴比率为20%，那么参保缴费选择100元至500元档次，财政补贴分别为20元、40元、60元、80元、100元；后者则要求在各缴费档次的财政补贴标准之间设置合理且递进的比率间距，比如设定补贴比率为20%，递增比率为5%，那么参保缴费选择100元至500元档次，财政补贴分别为20元、50元、90元、140元、200元。从四种补贴模式来看，非固定递进补贴模式、固定比率补贴模式与递进比率补贴模式相对固定递进补贴模式的激励效果要好，但是对地方财政的压力也更大。这几种财政补贴模式补贴标准之间的间距以及补贴的比率都可以进行调整，从而形成不同的激励效果，对地方财政也会形成不同的压力。所以，各地区选择何种补贴模式，要充分考虑当地经济和社会发展的现实情况，不过，应该注意的是，财政补贴模式的设定应以“高档次、高回报”为落脚点。

三　处理好社会养老保险与其他保障的关系

农村地区现行的社会养老保险的基本原则之一便是“保基本”，从农村实际出发，低水平起步，而目前从农村实际来看，社会养老保险的养老金尚不足以应对农村老人的基本生活开支，因此还需要其他保障方式的支持，甚至以其他方式为主，社会养老保险为辅。所以，应处理好基本保障和补充保障之间的关系，基本保障即社会养老保险，补充保障即农村原有的保障方式以及商业养老保险等。从养老保障的来源主体来看，尤其要处理好社会养老保险与家庭养老的关系，充分发挥传统家庭养老的作用。家庭保障的功能在某些方面是社会保障无法替代的，尤其是在精神层面，家庭保障也有长期的历史传统和文化支撑。虽然随着工业化、城镇化的发展和计划生育政策的实施，中国的家庭结构已经发生了巨大的变化，家庭的保障功能也在持续弱化，但是中国的“亲子”文化和“尊老养老”文化并没有消失，尤其是在农村，家庭保障仍然是农民最基本的生活保障方式。[1] 最终实现将目前保障形式的“以家庭养老为主，社会养老为辅”，逐渐转变为“以社会养老为主，家庭养老为辅”。

另外，从养老内容来看，养老包括经济支持、生活照料和精神慰藉。在养老保障体系中，最容易实现的是经济保障，而且相对容易进行评估。目前农村地区社会养老保险最先扩展开来实现全覆盖的仍然是经济保障，农村地区经济社会发展，服务保障也成为社会保障体系建设中需要完善的内容，因此，也要大力推动服务保障。

四　社会养老保险制度的设计与实施需考虑群体及地区差异

本书发现，社会养老保险对农村老人福利的影响存在养老阶段的差异和禀赋特征的差异，亦即存在群体差异，因此就要求社会养老保险制度的设计与实施考虑到群体差异。各地政府在制定新农保实施办法时，应充分考虑本地区的特殊性，同时考虑不同农民的个体及家庭禀赋特征，制定适宜的政策，实现农民福利的有效提升。

---

① 郑功成主编：《社会保障学》，中国劳动社会保障出版社 2005 年版，第 169 页。

附 录 一

县级农村社会养老保险基本方案(试行)

一 指导思想和基本原则

农村社会养老保险是国家保障全体农民老年基本生活的制度，是政府的一项重要社会政策。建立农村社会养老保险制度，要从我国农村的实际出发，以保障老年人基本生活为目的；坚持资金个人缴纳为主，集体补助为辅，国家予以政策扶持；坚持自助为主、互济为辅；坚持社会养老保险与家庭养老相结合；坚持农村务农、务工、经商等各类人员社会养老保险制度一体化的方向。由点到面，逐步发展。

二 保险对象及缴纳、领取保险费的年龄

1. 保险对象：市城镇户口、不由国家供应商品粮的农村人口。一般以村为单位确认（包括村办企业职工、私营企业、个体户、外出人员等），组织投保。乡镇企业职工、民办教师、乡镇招聘干部、职工等，可以以乡镇或企业为单位确认，组织投保。少数乡镇因经济或地域等原因，也可以先搞乡镇企业职工的养老保险。外来劳务人员，原则上在其户口所在地参加养老保险。

2. 交纳保险年龄不分性别、职业为20周岁至60周岁。领取养老保险金的年龄一般在60周岁以后。

三 保险资金的筹集

资金筹集坚持以个人缴纳为主，集体补助为辅，国家给予政策扶持的原则。个人缴纳要占一定比例；集体补助主要从乡镇企业利润和集体积累中支付；国家予以政策扶持，主要是通过对乡镇企业支付集体补助

予以税前列支体现。

1. 在以个人缴纳为主的基础上，集体可根据其经济状况予以适当补助（含国家让利部分）。具体方法，可由县或乡（镇）、村、企业制定。

2. 个人的缴费和集体的补助（含国家让利），分别记账在个人名下。

3. 同一投保单位，投保对象平等享受集体补助。

按计划生育有关政策，在没有实行独生子女补助的地区，独生子女父母参加养老保险，集体补助可高于其他对象。具体办法由地方政府制定。

4. 乡镇企业职工的个人交费、企业补助分别记账在个人名下，建立职工个人账户，企业补助的比例，可同地方或企业根据情况决定。企业对职工及其他人员的集体补助，应予按工资总额的一定比例税前列支。具体办法由地方政府制定。

四　交费标准、支付及变动

1. 多档次，月交费标准设 2 元、4 元、6 元、8 元、10 元、12 元、14 元、16 元、18 元、20 元十个档次，供不同的地区以及乡镇、村、企业和投保人选择。各业人员的缴费档次可以有所区别。缴费标准范围的选择以及按月交费还是按年缴费为范围，均由县（市）政府决定。

2. 养老保险费可以补缴和预缴。个人补缴或预缴保险费，集体可视情况决定是否给予补助。补缴后，总缴费年数不得超过四十年。预缴年数一般不超过三年。

3. 个人或集体根据收入的提高或下降，经社会养老保险管理部门批准，可按规定调整缴纳档次。

4. 当遇到各种自然灾害或其他原因，个人或集体无能力缴纳养老保险金，经社会养老保险管理部门批准，在规定的时间内可暂时停缴保费。恢复缴费后，对于停缴期的保费，有条件也可以自愿补齐。服刑者停缴保险费，刑满回原籍者，原保险关系可以恢复，继续投保。

5. 投保人在缴费期间身亡者，个人缴纳全部本息，退给其法定继承人或指定受益人。

6. 领取养老金从 60 周岁以后开始，根据缴费的标准、年限，确定支付标准（具体标准，另行下发）。调整缴费标准或中断缴费者，其领取养老金标准，需待缴费终止时，将各档次，各时期积累的保险金额合并，重新计算。

投保人领取养老金，保证期为十年。领取养老金不足十年身亡者，保证期内的养老金余额可以继承。无继承人或指定受益人者，按农村社会养老保险管理机构的有关规定支付丧葬费用。

领取养老金超过10年的长寿者，支付养老金直至身亡为止。

7. 投保对象从本县（市）迁往外地，若迁入地已建立农村社会养老保险制度，需将其保险关系（含资金）转入迁入地农村社会养老保险管理机构。若迁入地尚未建立养老保险制度，可将其个人缴纳全部本息退发本人。

8. 投保人招工、提干、考学等农转非，可将保险关系（含资金）转入新的保险轨道，或将个人缴纳全部本息退还本人。

五　基金的管理与保值增值

基金以县为单位统一管理。保值增值主要是购买国家财政发行的高利率债券和存入银行，不直接用于投资。基金使用，必须兼顾当前利益和长远利益，国家利益和地方利益，同时要建立监督保障机制。

1. 县（市）农村社会养老保险机构，在指定的专业银行设立农村社会养老保险基金专户，专账专管，专款专用。民政部门和其他部门都不能动用资金。

2. 各乡镇缴纳的养老保险基金直接入银行的专户。

3. 养老保险基金除需现支付部分外，原则上应及时转为国家债券。国家以偿还债务的形式返回养老金。现金通过银行收付。

4. 养老保险基金用于地方建设，原则上不由地方直接用于投资，而是存入银行，地方通过向银行贷款，用于建设。具体做法，另行规定。

5. 农村社会养老基金和按规定提取的管理服务费以及个人领取的养老金，都不计征税、费。

六　立法、机构、管理和经费

1. 根据《基本方案》，由县（市）政府制定《农村社会养老保险暂行管理办法》。通过实践，补充完善后，由政府发布决定或命令，依法建立农村社会养老保险制度。

2. 县级以上人民政府要设立农村社会养老保险基金管理委员会，实施对养老保险基金管理的指导和监督。委员会由政府主管领导同志任主任，其成员由民政、财政、税务、计划、乡镇企业、审计、银行等部门的负责同志和投保人代表组成。乡（镇）、村两级群众性的社会保障委员会要协助工作，并发挥监督作用。

3. 县（市）成立农村社会养老保险事业管理处（隶属民政局），为非营利性的事业机构，经办农村社会养老保险的具体业务，管理养老保险基金。

4. 乡镇设代办站或招聘代办员，负责收取、支付保费、登记建账及其他日常工作。

5. 村由会计、出纳代办，负责收取保费、发放养老金等工作。

6. 农村社会养老保险，按人立户记账建档，实行村（企业）、乡、县三级管理。保险费必须按期交纳，按规定进入银行专用账户。逾期可罚缴滞纳金。发给投保人保险费缴费凭证，到领取年龄后，换发支付凭证。随着条件的成熟，逐步建立个人社会保障号码，运用计算机管理，提高效率。

7. 县（市）成立的事业性质农村社会养老保险机构，地方财政可一次性拨给开办费，逐步过渡到全部费用由管理服务费支出。管理服务费按国家的规定提取并分级使用。

七　理顺关系，稳妥处理与部分现行养老办法的衔接

农民的社会养老保险，是国家在农村建立的基本养老保障制度，标准较低，覆盖面大。除此之外，乡村（含乡镇企业）还可根据其经济力量，自办各种形式的补充养老保障，鼓励发展个人的养老储蓄。同时应充分发挥农村已有的各种基层社会保障形式的功能，形成更为完善、具有中国特色的农村社会保障体系。

1. 由保险公司开办的各种保险，可暂时维持现状，但不能再扩大，避免给建立农村社会养老保险制度造成困难。

2. 对于目前一些部门已搞的养老保险和乡（镇）、村或乡镇企业的退

休办法等，要慎重对待。一些以集体经济为基础的现收现支养老办法和其他形式的做法，有的可作为社会养老保险的补充层次而保留。有的待工作开展后，逐步调整。

3. 对于优抚对象、社会救济对象、五保户、贫困户，现行保障政策不变。

附 录 二

国务院关于开展新型农村社会养老保险试点的指导意见

国发〔2009〕32 号

各省、自治区、直辖市人民政府，国务院各部委、各直属机构：

根据党的十七大和十七届三中全会精神，国务院决定，从 2009 年起开展新型农村社会养老保险（以下简称新农保）试点。现就试点工作提出以下指导意见：

一　基本原则

新农保工作要高举中国特色社会主义伟大旗帜，以邓小平理论和“三个代表”重要思想为指导，深入贯彻落实科学发展观，按照加快建立覆盖城乡居民的社会保障体系的要求，逐步解决农村居民老有所养问题。新农保试点的基本原则是“保基本、广覆盖、有弹性、可持续”。一是从农村实际出发，低水平起步，筹资标准和待遇标准要与经济发展及各方面承受能力相适应；二是个人（家庭）、集体、政府合理分担责任，权利与义务相对应；三是政府主导和农民自愿相结合，引导农村居民普遍参保；四是中央确定基本原则和主要政策，地方制订具体办法，对参保居民实行属地管理。

二　任务目标

探索建立个人缴费、集体补助、政府补贴相结合的新农保制度，实行社会统筹与个人账户相结合，与家庭养老、土地保障、社会救助等其他社会保障政策措施相配套，保障农村居民老年基本生活。2009 年试点覆盖面为全国 10% 的县（市、区、旗），以后逐步扩大试点，在全国普遍实施，2020 年之前基本实现对农村适龄居民的全覆盖。

三　参保范围

年满 16 周岁（不含在校学生）、未参加城镇职工基本养老保险的农村居民，可以在户籍地自愿参加新农保。

四　基金筹集

新农保基金由个人缴费、集体补助、政府补贴构成。

（一）个人缴费。参加新农保的农村居民应当按规定缴纳养老保险费。缴费标准目前设为每年 100 元、200 元、300 元、400 元、500 元 5 个档次，地方可以根据实际情况增设缴费档次。参保人自主选择档次缴费，多缴多得。国家依据农村居民人均纯收入增长等情况适时调整缴费档次。

（二）集体补助。有条件的村集体应当对参保人缴费给予补助，补助标准由村民委员会召开村民会议民主确定。鼓励其他经济组织、社会公益组织、个人为参保人缴费提供资助。

（三）政府补贴。政府对符合领取条件的参保人全额支付新农保基础养老金，其中中央财政对中西部地区按中央确定的基础养老金标准给予全额补助，对东部地区给予 50% 的补助。

地方政府应当对参保人缴费给予补贴，补贴标准不低于每人每年 30 元；对选择较高档次标准缴费的，可给予适当鼓励，具体标准和办法由省（区、市）人民政府确定。对农村重度残疾人等缴费困难群体，地方政府为其代缴部分或全部最低标准的养老保险费。

五　建立个人账户

国家为每个新农保参保人建立终身记录的养老保险个人账户。个人缴费，集体补助及其他经济组织、社会公益组织、个人对参保人缴费的资助，地方政府对参保人的缴费补贴，全部记入个人账户。个人账户储存额目前每年参考中国人民银行公布的金融机构人民币一年期存款利率计息。

六　养老金待遇

养老金待遇由基础养老金和个人账户养老金组成，支付终身。

中央确定的基础养老金标准为每人每月 55 元。地方政府可以根据实际情况提高基础养老金标准，对于长期缴费的农村居民，可适当加发基础养老金，提高和加发部分的资金由地方政府支出。

个人账户养老金的月计发标准为个人账户全部储存额除以 139（与现行城镇职工基本养老保险个人账户养老金计发系数相同）。参保人死亡，个人账户中的资金余额，除政府补贴外，可以依法继承；政府补贴余额用于继续支付其他参保人的养老金。

七　养老金待遇领取条件

年满 60 周岁、未享受城镇职工基本养老保险待遇的农村有户籍的老年人，可以按月领取养老金。

新农保制度实施时，已年满 60 周岁、未享受城镇职工基本养老保险待遇的，不用缴费，可以按月领取基础养老金，但其符合参保条件的子女应当参保缴费；距领取年龄不足 15 年的，应按年缴费，也允许补缴，累计缴费不超过 15 年；距领取年龄超过 15 年的，应按年缴费，累计缴费不少于 15 年。

要引导中青年农民积极参保、长期缴费，长缴多得。具体办法由省（区、市）人民政府规定。

八　待遇调整

国家根据经济发展和物价变动等情况，适时调整全国新农保基础养老金的最低标准。

九　基金管理

建立健全新农保基金财务会计制度。新农保基金纳入社会保障基金财政专户，实行收支两条线管理，单独记账、核算，按有关规定实现保值增值。试点阶段，新农保基金暂实行县级管理，随着试点扩大和推开，逐步提高管理层次；有条件的地方也可直接实行省级管理。

十 基金监督

各级人力资源社会保障部门要切实履行新农保基金的监管职责，制定完善新农保各项业务管理规章制度，规范业务程序，建立健全内控制度和基金稽核制度，对基金的筹集、上解、划拨、发放进行监控和定期检查，并定期披露新农保基金筹集和支付信息，做到公开透明，加强社会监督。财政、监察、审计部门按各自职责实施监督，严禁挤占挪用，确保基金安全。试点地区新农保经办机构和村民委员会每年在行政村范围内对村内参保人缴费和待遇领取资格进行公示，接受群众监督。

十一 经办管理服务

开展新农保试点的地区，要认真记录农村居民参保缴费和领取待遇情况，建立参保档案，长期妥善保存；建立全国统一的新农保信息管理系统，纳入社会保障信息管理系统（“金保工程”）建设，并与其他公民信息管理系统实现信息资源共享；要大力推行社会保障卡，方便参保人持卡缴费、领取待遇和查询本人参保信息。试点地区要按照精简效能原则，整合现有农村社会服务资源，加强新农保经办能力建设，运用现代管理方式和政府购买服务方式，降低行政成本，提高工作效率。新农保工作经费纳入同级财政预算，不得从新农保基金中开支。

十二 相关制度衔接

原来已开展以个人缴费为主、完全个人账户农村社会养老保险（以下称老农保）的地区，要在妥善处理老农保基金债权问题的基础上，做好与新农保制度衔接。在新农保试点地区，凡已参加了老农保、年满60周岁且已领取老农保养老金的参保人，可直接享受新农保基础养老金；对已参加老农保、未满60周岁且没有领取养老金的参保人，应将老农保个人账户资金并入新农保个人账户，按新农保的缴费标准继续缴费，待符合规定条件时享受相应待遇。

新农保与城镇职工基本养老保险等其他养老保险制度的衔接办法，由人力资源社会保障部会同财政部制定。要妥善做好新农保制度与被征地农民社会保障、水库移民后期扶持政策、农村计划生育家庭奖励扶助政策、农村五保供养、社会优抚、农村最低生活保障制度等政策制度的配套衔接工作，具体办法由人力资源社会保障部、财政部会同有关部门研究制订。

十三　加强组织领导

国务院成立新农保试点工作领导小组，研究制订相关政策并督促检查政策的落实情况，总结评估试点工作，协调解决试点工作中出现的问题。

地方各级人民政府要充分认识开展新农保试点工作的重大意义，将其列入当地经济社会发展规划和年度目标管理考核体系，切实加强组织领导。各级人力资源社会保障部门要切实履行新农保工作行政主管部门的职责，会同有关部门做好新农保的统筹规划、政策制定、统一管理、综合协调等工作。试点地区也要成立试点工作领导小组，负责本地区试点工作。

十四　制定具体办法和试点实施方案

省（区、市）人民政府要根据本指导意见，结合本地区实际情况，制定试点具体办法，并报国务院新农保试点工作领导小组备案；要在充分调研、多方论证、周密测算的基础上，提出切实可行的试点实施方案，按要求选择试点地区，报国务院新农保试点工作领导小组审定。试点县（市、区、旗）的试点实施方案由各省（区、市）人民政府批准后实施，并报国务院新农保试点工作领导小组备案。

十五　做好舆论宣传工作

建立新农保制度是深入贯彻落实科学发展观、加快建设覆盖城乡居民社会保障体系的重大决策，是应对国际金融危机、扩大国内消费需求的重大举措，是逐步缩小城乡差距、改变城乡二元结构、推进基本公共服务均等化的重要基础性工程，是实现广大农村居民老有所养、促进家庭和谐、增加农民收入的重大惠民政策。

各地区和有关部门要坚持正确的舆论导向，运用通俗易懂的宣传方式，加强对试点工作重要意义、基本原则和各项政策的宣传，使这项惠民政策深入人心，引导适龄农民积极参保。

各地要注意研究试点过程中出现的新情况、新问题，积极探索和总结解决新问题的办法和经验，妥善处理改革、发展和稳定的关系，把好事办好。重要情况要及时向国务院新农保试点工作领导小组报告。

国务院

二〇〇九年九月一日

附 录 三

国务院关于建立统一的城乡居民基本养老保险制度的意见

国发〔2014〕8 号

各省、自治区、直辖市人民政府，国务院各部委、各直属机构：

按照党的十八大精神和十八届三中全会关于整合城乡居民基本养老保险制度的要求，依据《中华人民共和国社会保险法》有关规定，在总结新型农村社会养老保险（以下简称新农保）和城镇居民社会养老保险（以下简称城居保）试点经验的基础上，国务院决定，将新农保和城居保两项制度合并实施，在全国范围内建立统一的城乡居民基本养老保险（以下简称城乡居民养老保险）制度。现提出以下意见：

一 指导思想

高举中国特色社会主义伟大旗帜，以邓小平理论、“三个代表”重要思想、科学发展观为指导，贯彻落实党中央和国务院的各项决策部署，按照全覆盖、保基本、有弹性、可持续的方针，以增强公平性、适应流动性、保证可持续性为重点，全面推进和不断完善覆盖全体城乡居民的基本养老保险制度，充分发挥社会保险对保障人民基本生活、调节社会收入分配、促进城乡经济社会协调发展的重要作用。

二 任务目标

坚持和完善社会统筹与个人账户相结合的制度模式，巩固和拓宽个人缴费、集体补助、政府补贴相结合的资金筹集渠道，完善基础养老金和个人账户养老金相结合的待遇支付政策，强化长缴多得、多缴多得等制度的激励机制，建立基础养老金正常调整机制，健全服务网络，提高管理水平，为参保居民提供方便快捷的服务。“十二五”末，在全国基本实现新农保和城居保制度合并实施，并与职工基本养老保险制度相衔接。2020 年前，全面建成公平、统一、规范的城乡居民养老保险制度，与社会救助、社会福利等其他社会保障政策相配套，充分发挥家庭养老等传统保障方式的积极作用，更好保障参保城乡居民的老年基本生活。

三　参保范围

年满 16 周岁（不含在校学生），非国家机关和事业单位工作人员及不属于职工基本养老保险制度覆盖范围的城乡居民，可以在户籍地参加城乡居民养老保险。

四　基金筹集

城乡居民养老保险基金由个人缴费、集体补助、政府补贴构成。

（一）个人缴费

参加城乡居民养老保险的人员应当按规定缴纳养老保险费。缴费标准目前设为每年 100 元、200 元、300 元、400 元、500 元、600 元、700 元、800 元、900 元、1000 元、1500 元、2000 元 12 个档次，省（区、市）人民政府可以根据实际情况增设缴费档次，最高缴费档次标准原则上不超过当地灵活就业人员参加职工基本养老保险的年缴费额，并报人力资源社会保障部备案。人力资源社会保障部会同财政部依据城乡居民收入增长等情况适时调整缴费档次标准。参保人自主选择档次缴费，多缴多得。

（二）集体补助

有条件的村集体经济组织应当对参保人缴费给予补助，补助标准由村民委员会召开村民会议民主确定，鼓励有条件的社区将集体补助纳入社区公益事业资金筹集范围。鼓励其他社会经济组织、公益慈善组织、个人为参保人缴费提供资助。补助、资助金额不超过当地设定的最高缴费档次标准。

（三）政府补贴

政府对符合领取城乡居民养老保险待遇条件的参保人全额支付基础养老金，其中，中央财政对中西部地区按中央确定的基础养老金标准给予全额补助，对东部地区给予50%的补助。

地方人民政府应当对参保人缴费给予补贴，对选择最低档次标准缴费的，补贴标准不低于每人每年30元；对选择较高档次标准缴费的，适当增加补贴金额；对选择500元及以上档次标准缴费的，补贴标准不低于每人每年60元，具体标准和办法由省（区、市）人民政府确定。对重度残疾人等缴费困难群体，地方人民政府为其代缴部分或全部最低标准的养老保险费。

五　建立个人账户

国家为每个参保人员建立终身记录的养老保险个人账户，个人缴费、地方人民政府对参保人的缴费补贴、集体补助及其他社会经济组织、公益慈善组织、个人对参保人的缴费资助，全部记入个人账户。个人账户储存额按国家规定计息。

六　养老保险待遇及调整

城乡居民养老保险待遇由基础养老金和个人账户养老金构成，支付终身。

（一）基础养老金。中央确定基础养老金最低标准，建立基础养老金最低标准正常调整机制，根据经济发展和物价变动等情况，适时调整全国基础养老金最低标准。地方人民政府可以根据实际情况适当提高基础养老金标准；对长期缴费的，可适当加发基础养老金，提高和加发部分的资金由地方人民政府支出，具体办法由省（区、市）人民政府规定，并报人力资源社会保障部备案。

（二）个人账户养老金。个人账户养老金的月计发标准，目前为个人账户全部储存额除以139（与现行职工基本养老保险个人账户养老金计发系数相同）。参保人死亡，个人账户资金余额可以依法继承。

七　养老保险待遇领取条件

参加城乡居民养老保险的个人，年满 60 周岁、累计缴费满 15 年，且未领取国家规定的基本养老保障待遇的，可以按月领取城乡居民养老保险待遇。

新农保或城居保制度实施时已年满 60 周岁，在本意见印发之日前未领取国家规定的基本养老保障待遇的，不用缴费，自本意见实施之月起，可以按月领取城乡居民养老保险基础养老金；距规定领取年龄不足 15 年的，应逐年缴费，也允许补缴，累计缴费不超过 15 年；距规定领取年龄超过 15 年的，应按年缴费，累计缴费不少于 15 年。

城乡居民养老保险待遇领取人员死亡的，从次月起停止支付其养老金。有条件的地方人民政府可以结合本地实际探索建立丧葬补助金制度。社会保险经办机构应每年对城乡居民养老保险待遇领取人员进行核对；村（居）民委员会要协助社会保险经办机构开展工作，在行政村（社区）范围内对参保人待遇领取资格进行公示，并与职工基本养老保险待遇等领取记录进行比对，确保不重、不漏、不错。

八　转移接续与制度衔接

参加城乡居民养老保险的人员，在缴费期间户籍迁移、需要跨地区转移城乡居民养老保险关系的，可在迁入地申请转移养老保险关系，一次性转移个人账户全部储存额，并按迁入地规定继续参保缴费，缴费年限累计计算；已经按规定领取城乡居民养老保险待遇的，无论户籍是否迁移，其养老保险关系不转移。

城乡居民养老保险制度与职工基本养老保险、优抚安置、城乡居民最低生活保障、农村五保供养等社会保障制度以及农村部分计划生育家庭奖励扶助制度的衔接，按有关规定执行。

九　基金管理和运营

将新农保基金和城居保基金合并为城乡居民养老保险基金，完善城乡居民养老保险基金财务会计制度和各项业务管理规章制度。城乡居民养老保险基金纳入社会保障基金财政专户，实行收支两条线管理，单独记账、独立核算，任何地区、部门、单位和个人均不得挤占挪用、虚报冒领。各地要在整合城乡居民养老保险制度的基础上，逐步推进城乡居民养老保险基金省级管理。

城乡居民养老保险基金按照国家统一规定投资运营，实现保值增值。

十 基金监督

各级人力资源社会保障部门要会同有关部门认真履行监管职责，建立健全内控制度和基金稽核监督制度，对基金的筹集、上解、划拨、发放、存储、管理等进行监控和检查，并按规定披露信息，接受社会监督。财政部门、审计部门按各自职责，对基金的收支、管理和投资运营情况实施监督。对虚报冒领、挤占挪用、贪污浪费等违纪违法行为，有关部门按国家有关法律法规严肃处理。要积极探索有村（居）民代表参加的社会监督的有效方式，做到基金公开透明，制度在阳光下运行。

十一 经办管理服务与信息化建设

省（区、市）人民政府要切实加强城乡居民养老保险经办能力建设，结合本地实际，科学整合现有公共服务资源和社会保险经办管理资源，充实加强基层经办力量，做到精确管理、便捷服务。要注重运用现代管理方式和政府购买服务方式，降低行政成本，提高工作效率。要加强城乡居民养老保险工作人员专业培训，不断提高公共服务水平。社会保险经办机构要认真记录参保人缴费和领取待遇情况，建立参保档案，按规定妥善保存。地方人民政府要为经办机构提供必要的工作场地、设施设备、经费保障。城乡居民养老保险工作经费纳入同级财政预算，不得从城乡居民养老保险基金中开支。基层财政确有困难的地区，省市级财政可给予适当补助。

各地要在现有新农保和城居保业务管理系统基础上，整合形成省级集中的城乡居民养老保险信息管理系统，纳入“金保工程”建设，并与其他公民信息管理系统实现信息资源共享；要将信息网络向基层延伸，实现省、市、县、乡镇（街道）、社区实时联网，有条件的地区可延伸到行政村；要大力推行全国统一的社会保障卡，方便参保人持卡缴费、领取待遇和查询本人参保信息。

十二　加强组织领导和政策宣传

地方各级人民政府要充分认识建立城乡居民养老保险制度的重要性，将其列入当地经济社会发展规划和年度目标管理考核体系，切实加强组织领导；要优化财政支出结构，加大财政投入，为城乡居民养老保险制度建设提供必要的财力保障。各级人力资源社会保障部门要切实履行主管部门职责，会同有关部门做好城乡居民养老保险工作的统筹规划和政策制定、统一管理、综合协调、监督检查等工作。

各地区和有关部门要认真做好城乡居民养老保险政策宣传工作，全面准确地宣传解读政策，正确把握舆论导向，注重运用通俗易懂的语言和群众易于接受的方式，深入基层开展宣传活动，引导城乡居民踊跃参保、持续缴费、增加积累，保障参保人的合法权益。

各省（区、市）人民政府要根据本意见，结合本地区实际情况，制定具体实施办法，并报人力资源社会保障部备案。

本意见自印发之日起实施，已有规定与本意见不一致的，按本意见执行。

国务院

2014 年 2 月 21 日

附 录 四

社会养老保险对农村老年人福利影响的调查问卷

农民朋友：

您好！我们是华中农业大学社会学系的研究生。我们正在进行一项对农村老年人的社会调查，目的是了解新型农村社会养老保险/城乡居民社会养老保险（简称“养老保险”）的实施效果。经过严格的科学抽样，我们选中了您作为访问对象。您的合作对于我们了解有关情况和提出社会政策建议有十分重要的意义。

问卷中问题的回答，没有对错之分，您只需根据平时的想法和实际情况回答就行。调查不记姓名，只用于统计分析，请您不要有任何顾虑。希望您协助我们完成这次访问，谢谢您的合作！

华中农业大学社会学系

2014 年 9 月

★ 问卷填答说明：以下问题如果没有特殊说明，请只选一项，并在合适的选项数字上打“√”；如遇“________”，请直接填写。非常感谢您的合作！

A 部分：个人与家庭基本情况

A1. 性别：

1. 男　2. 女

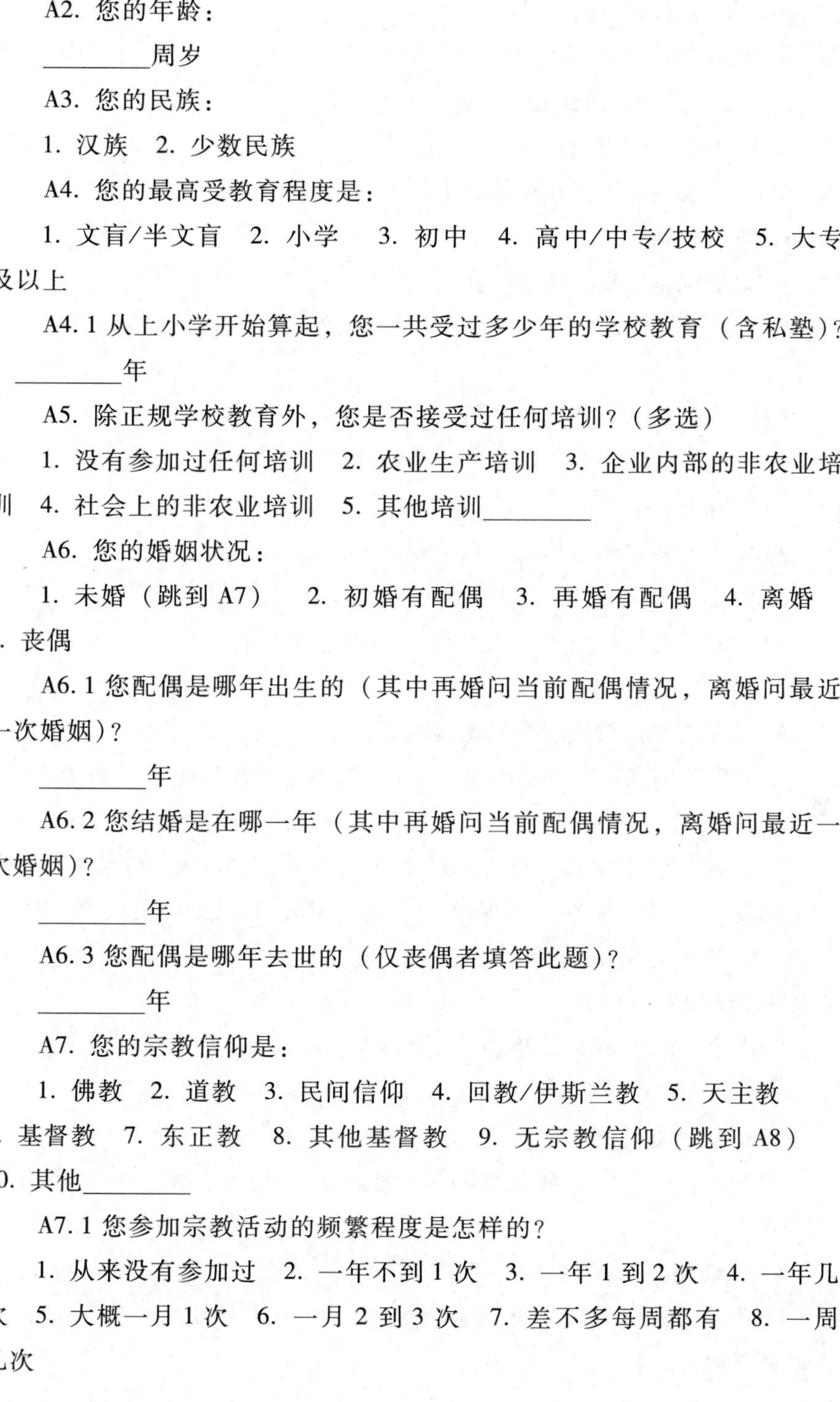

A2. 您的年龄：

________周岁

A3. 您的民族：

1. 汉族 2. 少数民族

A4. 您的最高受教育程度是：

1. 文盲/半文盲 2. 小学 3. 初中 4. 高中/中专/技校 5. 大专及以上

A4.1 从上小学开始算起，您一共受过多少年的学校教育（含私塾）？________年

A5. 除正规学校教育外，您是否接受过任何培训？（多选）

1. 没有参加过任何培训 2. 农业生产培训 3. 企业内部的非农业培训 4. 社会上的非农业培训 5. 其他培训________

A6. 您的婚姻状况：

1. 未婚（跳到 A7） 2. 初婚有配偶 3. 再婚有配偶 4. 离婚 5. 丧偶

A6.1 您配偶是哪年出生的（其中再婚问当前配偶情况，离婚问最近一次婚姻）？

________年

A6.2 您结婚是在哪一年（其中再婚问当前配偶情况，离婚问最近一次婚姻）？

________年

A6.3 您配偶是哪年去世的（仅丧偶者填答此题）？

________年

A7. 您的宗教信仰是：

1. 佛教 2. 道教 3. 民间信仰 4. 回教/伊斯兰教 5. 天主教 6. 基督教 7. 东正教 8. 其他基督教 9. 无宗教信仰（跳到 A8） 10. 其他________

A7.1 您参加宗教活动的频繁程度是怎样的？

1. 从来没有参加过 2. 一年不到 1 次 3. 一年 1 到 2 次 4. 一年几次 5. 大概一月 1 次 6. 一月 2 到 3 次 7. 差不多每周都有 8. 一周几次

A8. 您的政治身份是：

1. 中共党员 2. 民主党派 3. 群众

A9. 您是否曾经担任过村干部/小组干部？

1. 担任过 2. 没有担任过

A9.1 您现在是否正在担任村干部/小组干部？

1. 是 2. 否

A10. 您觉得您现在的身体状况如何？

1. 很差，不能自理 2. 较差，但可自理 3. 一般 4. 较好 5. 很好

A11. 您配偶的身体状况如何？

1. 很差，不能自理 2. 较差，但可自理 3. 一般 4. 较好 5. 很好 6. 不适用

A12. 您觉得您的身体状况和一年之前比较起来如何？

1. 更差 2. 没有变化 3. 更好

A13. 您是否患有慢性病或者有长期的健康问题？

1. 是 2. 否

A14. 您对您的健康状况满意吗？

1. 非常不满意 2. 不太满意 3. 一般 4. 比较满意 5. 非常满意

A15. 当您身体不舒服或者生病需要照顾时，一般由谁来照顾？

1. 配偶 2. 子女或其配偶 3. 孙子女或其配偶 4. 其他家庭成员 5. 朋友 6. 社会服务 7. 保姆 8. 无人照料（自己照料自己）

A16. 按照您现在的身体状况，您觉得自己至少可以活多大岁数（可从大往小试探着问）？

1.65 岁 2.70 岁 3.75 岁 4.80 岁 5.85 岁 6.90 岁 7.95 岁 8.100 岁

A17. 您抽烟的频率如何？

1. 我不抽烟 2. 一年几次甚至更少 3. 一个月几次 4. 一周几次 5. 每天抽

A18. 您喝酒的频率如何？

1. 我不喝酒 2. 一年几次甚至更少 3. 一个月几次 4. 一周几次 5. 每天喝

A19. 您是否参加了商业养老保险？

1. 是　2. 否（跳到 A20）

A19. 1 您参加商业养老保险的钱是谁交的？

1. 自己或配偶　2. 子女或其配偶　3. 亲戚朋友　4. 村集体　5. 其他________

A20. 您是否参加了其他商业保险（除养老保险外，如意外险、疾病险、财产险等）？

1. 是　2. 否

A21. 您是否参加了新农合？

1. 是　2. 否（跳到 A22）

A21. 1 新农合目前您每年要缴纳多少钱？

________元/年（当地规定）

A21. 2 最近一次参合的钱是谁交的？（多选）

1. 自己（配偶）　2. 子女　3. 亲戚朋友　4. 村集体　5. 其他________

A22. 您对新农合制度满意吗？

1. 非常不满意　2. 不太满意　3. 一般　4. 比较满意　5. 非常满意

A23. 您与下列各类人员打交道的频繁程度如何？

	经常	有时	很少	从不
1. 本村人	4	3	2	1
2. 外村人	4	3	2	1
3. 城里人	4	3	2	1
4. 村干部	4	3	2	1
5. 乡镇干部	4	3	2	1
6. 县级以上干部	4	3	2	1
7. 城里的亲戚朋友（若无则选“从不”）	4	3	2	1
8. 专业技术人员（教师、医生、农技师等）	4	3	2	1
9. 国有或集体企业领导、管理人员	4	3	2	1
10. 私有企业老板、管理人员	4	3	2	1

A24. 您家共有________代人，（以下未婚者不问）一共有________个儿子，________个女儿，________个孙子，________个孙女，________个外孙子，________个外孙女，________个重（外）孙子，________个重（外）孙女。

A24.1 您的子女是否都已经结婚了？

1. 是（跳到 A25） 2. 否 3. 无子女（跳到 A25）

A24.2 您还有几个子女没有结婚？

________个，其中________个儿子，________个女儿

A25. 您现在居住房子的类型是：

1. 平房（含瓦房） 2. 小楼房 3. 单元房 4. 其他________

A25.1 您现在居住的房子大约在什么时候建成的？

1. 近 10 年 2. 距今 11—20 年 3. 距今 20 年以上

A25.2 您现在居住房子的建筑面积大约：

________平方米（可根据长宽进行估算，不含院子）

A25.3 您现在居住的房子主要由谁建造的？

1. 父母出钱建造 2. 自己出钱建造 3. 子女出钱建造 4. 其他

A25.4 您现在居住的房子有没有浴室？

1. 有专门的浴室 2. 没有浴室

A25.5 您现在居住地的饮用水主要是：

1. 自来水 2. 井水 3. 堰塘水 4. 其他________

A25.6 您家做饭用的最主要的燃料是（指最近 3 个月，若有两种或以上主要燃料，就以炒菜的为主）：

1. 柴草 2. 煤炭 3. 煤气/液化气/天然气 4. 沼气 5. 电 6. 其他________

A25.7 您对您的居住条件满意吗？

1. 非常不满意 2. 不太满意 3. 一般 4. 比较满意 5. 非常满意

A26. 在这个房子常住在一起的家人一共有________人，其中 18 岁以下的一共有________人，18 至 59 周岁的一共有________人，60 岁及以上的一共有________人。

A27. 您现在的居住方式是（如果选择 4 则回答 A27.1，选择其他的选项则跳到 A28）：

1. 自己单独居住　2. 自己与配偶单独居住　3. 自己与父母一起居住　4. 自己与固定子女一起居住（跳到 A27.1）　5. 在不同子女家轮流居住　6. 自己与孙子女一起居住　7. 在养老院或福利院居住　8. 其他________

A27.1 与您一起居住的子女是：

1. 儿子　2. 女儿

A27.2 其在儿子中或女儿中的排行是：

1. 老大　2. 老幺　3. 独子/独女　4. 其他排行________

A27.3 一起居住的子女是否常年在外打工或做买卖？

1. 是　2. 否

A28. 您认为三代（老年人、已婚子女、孙子女）同住在一起，理想不理想（好不好）？

1. 理想　2. 不理想

A29. 目前您的父母及配偶父母的情况是（如果某位去世则空起来，如果都已去世则跳到 A31）：

	a. 父亲	b. 母亲	c. 配偶父亲	d. 配偶母亲
一、健康状况：1. 健康　2. 基本健康　3. 不健康，但生活能自理　4. 生活不能自理	________	________	________	________
二、居住情况：1. 独居（或仅与配偶居住）　2. 与子女同住　3. 在不同子女家轮流居住　4. 在敬老院或福利院居住　5. 其他	________	________	________	________
三、最近一年，他/她的生活费用最主要是由谁提供：1. 老人自己及配偶　2. 您或您的配偶　3. 老人的其他子女　4. 老人的子女分摊　5. 社会养老保险　6. 其他	________	________	________	________

A30. 总体来看，对您的家庭而言在为双方父母养老方面，您觉得负担重吗？

1. 没负担 2. 负担不太重 3. 负担一般 4. 负担比较重 5. 负担非常重

A31. 您家是否是以下政府确定的补助对象？

1. 低保户 2. 残疾人员家属 3. 五保户 4. 以上都不是

B 部分：生产经营与收入

B1. 您目前的劳动工作状况是怎样的？

1. 全职务农 2. 兼业务农 3. 全职从事非农工作 4. 部分退出劳动，必要的时候务农或从事非农工作 5. 完全退出农业劳动和非农工作（跳到 B1.3）

B1.1 您仍从事劳动的原因是什么？（多选）

1. 身体还好，还可以劳动 2. 主要的收入来源 3. 减轻子女的赡养负担 4. 可以锻炼身体 5. 可以打发时间 6. 子女供养不足，补贴家用 7. 其他________

B1.2 您觉得按您现在的身体条件，您至少还可以干多少年？（回答后，跳到 B2）

1. 1 年 2. 5 年 3. 10 年 4. 15 年 5. 20 年 6. 25 年 7. 30 年

B1.3 您是哪年开始不再干农活（非农工作），完全退出劳动的？

________年，那一年您________周岁

B2. 您对您目前的劳动工作状况满意吗？

1. 非常不满意 2. 不太满意 3. 一般 4. 比较满意 5. 非常满意

B3. 您配偶目前的劳动工作状况是怎样的？

1. 全职务农 2. 兼业务农 3. 全职从事非农工作 4. 部分退出劳动，必要的时候务农或从事非农工作 5. 完全退出农业劳动和非农工作 6. 不适用

B4. 您是否曾外出务工经商？

1. 近 10 年内出去过 2. 10 年之前出去过 3. 没有出去过

B5. 您家目前是否有集体分配的耕地（含已出租出去的，但不含完全送给子女及被征用的），或者从别人那里租用的耕地（这里的家指老人所在家庭，即分家以后的）？

1. 有（跳到 B6） 2. 无

B5.1 您家没有集体分配的耕地的主要原因是什么（回答后，跳到B14）？（多选）

1. 集体没有分配　2. 给子女种了　3. 被征用了　4. 卖给别人种了　5. 其他________

B6. 您家拥有多少亩集体分配的耕地？

________亩；您家实际经营多少亩耕地？________亩

B7. 您所在村（社区）的耕地每年的流转价格大概是多少？

1. 平均________元/亩　2. 不知道（不读出）

B8. 您家是否将部分或全部耕地流转给了别人？

1. 是，________亩　2. 否

B9. 您家是否从别人（包括集体）那儿转入耕地？

1. 是，________亩　2. 否

B10. 最近一次土地调整后，您家是否经历过耕地被全部或部分征用？

1. 是　2. 否

B11. 您自己是否愿意种地？

1. 愿意　2. 不愿意

B12. 您是否愿意转出承包地？

1. 愿意　2. 不愿意

B13. 对您来说，土地在您养老中发挥的作用大不大？

1. 非常小　2. 比较小　3. 一般　4. 比较大　5. 非常大

B14. 您觉得现在农村土地的所有权属于谁？

1. 国家所有　2. 集体所有　3. 农民家庭所有　4. 不知道

B15. 您现在从事农业劳动吗？

1. 是　2. 否（跳到 B16）

B15.1 目前，您一年用于农业劳动的时间大约有多少天？

________天

B16. 您现在是否还从事非农工作？

1. 是　2. 否（跳到 B17）

B16.1 目前，您一年用于非农工作的时间大约有多少天？

________天

B16.2 您平均每天从事这一非农工作的时间有几个小时？

________小时

B17. 您家是否加入了某种合作社（互助组）之类的组织：

1. 是 2. 否

B18. 过去一年，您个人的全年收入（自己单独收入加上与别人合作的收入÷合作劳动力数）及您家的全年收入中（家指统一核算单位，即一起核算收支），下列收入各有多少？（注：一起核算收支的有________人）

收入项目	a. 个人收入	b. 家庭收入
1. 农业生产纯收入（总产量×市价－成本）	________元	________元
2. 非农工作纯收入	________元	________元
3. 土地出租/入股收入	________元	________元
4. 农业补贴	________元	________元
5. 社会养老保险金收入（55元×12月＝660元）	________元	________元
6. 子女及其他家庭成员供养（赡养性质）	________元	________元
7. 其他收入	________元	________元

B19. 您家的经济状况在当地大体属于哪一个层次？

1. 远低于平均水平 2. 低于平均水平 3. 平均水平 4. 高于平均水平 5. 远高于平均水平

B20. 您家的经济状况在当地老年人群体中大体属于哪一个层次？

1. 远低于平均水平 2. 低于平均水平 3. 平均水平 4. 高于平均水平 5. 远高于平均水平

B21. 与5年前相比，您家的生活水平有什么变化？

1. 下降很多 2. 略有下降 3. 没变化 4. 略有上升 5. 上升很多

B22. 您感觉在未来的5年中，您家的生活水平将会怎样变化？

1. 下降很多 2. 略有下降 3. 没变化 4. 略有上升 5. 上升很多 6. 不好说（不读出）

B23. 您对您家的收入状况感到满意吗？

1. 非常不满意 2. 不太满意 3. 一般 4. 比较满意 5. 非常满意

C 部分：闲暇与消费

C1. 您是否正在使用手机？

1. 是　2. 否（跳到 C2）

C1. 1 您平时用手机与什么人联系的最多？

1. 父母　2. 子女　3. 亲戚　4. 朋友　5. 同事　6. 生意伙伴　7. 其他________

C2. 平时除睡觉、家务劳动、农业和非农劳动之外，您空闲的时间多不多？

1. 不多　2. 较多　3. 很多

C3. 您平时主要的休闲娱乐活动有哪些？（多选）

1. 看电视　2. 看电影　3. 听广播　4. 上网　5. 打牌下棋　6. 跳舞（如广场舞）　7. 串门聊天　8. 看书看报　9. 运动健身　10. 旅游　11. 其他________

C3. 1 您每天花在休闲娱乐活动上的时间大概有多长？

________小时

C4. 您对您的休闲娱乐状况感到满意吗？

1. 非常不满意　2. 不太满意　3. 一般　4. 比较满意　5. 非常满意

C5. 您平时吃的蔬菜的主要来源是：

1. 全部自产　2. 大部分自产　3. 一半自产，一半购买　4. 大部分购买　5. 全部购买

C6. 您平时吃的主食（米、面）的主要来源是：

1. 全部自产　2. 大部分自产　3. 一半自产，一半购买　4. 大部分购买　5. 全部购买

C7. 您平时的服装（衣、帽、鞋、袜等）的主要来源是：

1. 全部自己买　2. 大部分自己买　3. 一半自己买，一半别人买　4. 大部分别人买　5. 全部别人买

C8. 您及全家最近一年的生活消费支出中，下列支出各有多少？（记录具体数字）

食品支出（主要指购买的食品）	a. 个人消费支出	b. 家庭消费支出
主要是米、面、菜、肉、油、盐、酱、醋、茶等	________元/月	________元/月
服装支出（衣、帽、鞋、袜等）	________元/年	________元/年
住房支出		
购房、建房、租房（含装修）支出	________元/年	________元/年
居住支出（水电、煤气等）	________元/月	________元/月
家庭设备、用品		
耐用消费品（家电、家具、交通工具）	________元/年	________元/年
快速消费品（洗漱、纸巾、洗洁剂、洗发水等日化用品、品牌包装食品饮料、烟酒等）	________元/月	________元/月
交通通信支出（车费、油费、电话费等）	________元/月	________元/月
教育支出（自身进修以及支付子孙辈教育方面的支出）	________元/年	________元/年
文化休闲娱乐支出		
书刊、有线电视费用、光碟、娱乐器具等	________元/月	________元/月
医疗支出（最近一年医疗自费部分）	________元/年	________元/年
人情送礼支出	________元/年	________元/年
赡养（对于被访老人上一辈的赡养）及赠予支出	________元/年	________元/年

C9. 您周围老人的生活消费支出水平与您相比如何？

1. 都比我低　2. 大部分比我低　3. 跟我差不多　4. 大部分比我高　5. 都比我高

C10. 您的消费观念最符合以下哪种情况？

1. 尽量节省着花钱，能留一点是一点　2. 有多少花多少　3. 没钱借钱也要花

C11. 您家日用品一般去哪里购买？

1. 城里（县里）的商店　2. 镇（街道）上的商店　3. 村里（社区）的商店　4. 集市　5. 其他________

C12. 请问您家距您常去的集镇（经济中心）有多远？

________公里

C12.1 去那里您最常用的交通工具是什么？

1. 步行　2. 自行车/三轮自行车　3. 电动车/三轮电动车　4. 拖拉

机、农用车　5. 摩托车/三轮摩托车　6. 汽车　7. 船　8. 其他________

C12.2 去那里单程通常需要花多长时间？

________分钟

C12.3 您一般多久去一次？

1. 几乎每天都去　2. 一个星期左右去一次　3. 半个月左右去一次　4. 一个月左右去一次　5. 其他________

C13. 您所在地区的环境卫生状况如何？

1. 非常差　2. 比较差　3. 一般　4. 比较好　5. 非常好

C14. 您所在地区的治安状况如何？

1. 非常差　2. 比较差　3. 一般　4. 比较好　5. 非常好

D 部分：养老观念与家庭关系

D1. 下面想问一下您对于年老的看法：

	非常担心	比较担心	一般	不太担心	完全不担心
1. 您担心以后生活不能够自理吗？	5	4	3	2	1
2. 您担心以后不得不让别人替您拿主意吗？	5	4	3	2	1
3. 您担心以后在经济上完全依赖别人吗？	5	4	3	2	1

D2. 您有心事或想法时，一般最先向谁说？

1. 配偶　2. 儿子　3. 女儿　4. 儿媳/女婿　5. 孙子女　6. 朋友　7. 藏在心里，谁都不说　8. 其他________

D3. 您与配偶的关系如何？

1. 很不亲近　2. 不太亲近　3. 一般　4. 比较亲近　5. 非常亲近　6. 不适用

D4. 您对您跟配偶的关系感到满意吗？

1. 很不满意　2. 不太满意　3. 一般　4. 比较满意　5. 很满意　6. 不适用

D5. 您认为农村老人的养老应该主要由谁负责？

1. 主要由政府负责 2. 主要由子女负责 3. 主要由老人自己负责 4. 政府/子女/老人责任均摊

D6. 最近一年，您衣食住行等方面的花费，除养老金、农业补贴等外，由以下哪些主体提供：（多选）

1. 自己及配偶 2. 同住的子女 3. 不同住的子女 4. 子女间分摊 5. 商业养老保险 6. 其他________

D7. 如果直接跟子女要钱（生活费），您是否会觉得不好意思？

1. 是 2. 否

D8. 以下关于养老的说法，您更同意哪一种？

1. 养老就是能吃饱穿暖 2. 养老就是要吃得好、穿得体面

D9. 您现在或曾经是否为了应对自己的养老问题而进行储蓄（存钱）？

1. 是 2. 否（跳到 D10）

D9.1 您是否动用过您用来养老的储蓄？

1. 经常用 2. 很少用 3. 基本没用过

D10. 您子女家的经济状况平均来说在当地属于哪一个层次？

1. 远低于平均水平 2. 低于平均水平 3. 平均水平 4. 高于平均水平 5. 远高于平均水平

D11. 最近6个月，您与子女的关系如何（主要指儿子，女儿户则主要指女儿）？

1. 都不太亲近 2. 大部分不亲近 3. 亲近与不亲近的差不多 4. 大部分比较亲近 5. 都比较亲近

D12. 最近6个月，您与子女们是否有以下交往活动？（多选）

1. 您为子女提供经济帮助 2. 子女为您提供经济帮助 3. 您为子女料理家务（打扫、做饭、买东西等） 4. 子女为您料理家务 5. 您为子女照看孩子 6. 子女照看您 7. 以上都没有

D13. 您对您跟子女的关系感到满意吗？

1. 很不满意 2. 不太满意 3. 一般 4. 比较满意 5. 很满意

D14. 目前来看，在对您（及配偶）的赡养方面，您觉得您子女的负担重吗？

1. 没负担 2. 不太重 3. 一般 4. 比较重 5. 非常重

D15. 您觉得在农村中，家庭子女比较理想的性别构成是怎样的？

1. 至少应该有个男孩　2. 至少应该有个女孩　3. 应该有男有女　4. 无所谓

D16. 您认为一个家庭中有几个子女最理想？

1. 零个　2. 一个　3. 二个　4. 三个　5. 四个　6. 五个及以上

D17. 您是否同意这句话“生儿子对自己养老作用更大”？

1. 完全不同意　2. 不太同意　3. 一般同意　4. 比较同意　5. 非常同意

D18. 总体而言，您对自己所过的生活的感觉是怎么样的呢？您感觉您的生活是：

1. 很不幸福　2. 不太幸福　3. 一般　4. 比较幸福　5. 非常幸福

E 部分：社会养老保险政策认知

E1. 您了解新型农村社会养老保险/城乡居民社会养老保险（社会养老保险）吗？

1. 没听说过　2. 了解很少　3. 一般了解　4. 比较了解　5. 非常了解

E2. 您主要是通过哪些渠道了解养老保险的？(多选)

1. 电视　2. 收音机广播　3. 报纸、杂志　4. 互联网　5. 亲戚朋友告知　6. 村里广播　7. 村干部上门宣传　8. 村组开会宣传　9. 其他________

E3. 当地是从哪年开始启动养老保险的（或开始发放基础养老金）？

1. ________年　2. 不清楚（不读出）

E4. 在养老保险启动时，当地对养老保险政策宣传的力度如何？

1. 力度很小　2. 力度一般　3. 力度很大

E5. 您是否愿意参加养老保险？

1. 愿意　2. 不愿意

E6. 您对养老保险政策的总体认识是怎样的？

1. 对农民根本没有好处，根本没有必要　2. 对农民的好处不大，可有可无　3. 对农民有一定的好处，有必要　4. 对农民有非常大的好处，非常有必要

E7. 您对养老保险制度感到满意吗？

1. 很不满意 2. 不太满意 3. 一般满意 4. 比较满意 5. 非常满意

E8. 您认为当地养老保险实施的效果怎么样？

1. 效果非常差 2. 效果比较差 3. 效果一般 4. 效果比较好 5. 效果非常好

E9. 您觉得您享受的养老保险和城镇职工养老保险相比待遇怎么样？

1. 比城镇职工养老保险待遇低很多 2. 跟城镇职工养老保险待遇差不多 3. 比城镇职工养老保险待遇高很多 4. 不知道

（当地如果直接实施的是城乡居民社会养老保险则跳到 F 部分）

E10. 您是否听说过新农保与城居保合并为城乡居民养老保险？

1. 听说过 2. 没听说过

E11. 您觉得新农保与城居保合并为城乡居民养老保险对农民来说有什么好处？

1. 合并后对农民有利 2. 合并不合并没什么区别 3. 合并后对农民不利 4. 不清楚

F 部分：享受养老金待遇情况

F1. 您是否清楚现在每月平均领取多少养老金？

1. 清楚，________元/月 2. 不清楚

F2. 在领取养老金之前，您是否缴纳过养老保险费？

1. 缴过 2. 没有缴过（跳到 F3）

F2. 1 您是从那年开始缴费的？

________年

F2. 2 到领取养老金为止，您缴纳过多少次养老保险费？

________次

F2. 3 您是否补缴过养老保险费？

1. 是 2. 否（跳到 F2. 4）

F2. 3. 1 您当时补缴了多少？

________元

F2. 4 您最后一次参保缴费时选择的缴费档次是多少？

________元/年（如果是补缴则算平均）

F2.5 您为何选择这一缴费档次？（多选）

1. 自家经济水平决定　2. 这个档次最划算　3. 担心以后政策落实情况　4. 村里只收了这个标准　5. 看别人缴多少，我也缴多少　6. 多缴多得　7. 其他________

F2.6 您的最后一次养老保险费是由谁缴的？

1. 自己（配偶）　2. 子女　3. 亲戚朋友　4. 村集体　5. 其他________

F2.7 最后一次缴纳养老险费是到什么地方？

1. 村组干部上门收缴　2. 到村委会或其他固定地点缴费　3. 到乡镇（街道）政务服务中心　4. 到乡镇（街道）银行/信用社　5. 其他________

F2.8 如果您不止一次缴费，那么最后一次缴费的档次比第一次缴费的档次：（如果只有 1 次则直接跳到 F3；如果第一次是补缴，档次以平均数计算）

1. 降低了　2. 没有变　3. 提高了

F3. 您是否一直都领取到了足额的养老金？

1. 是　2. 否　3. 不知道

F4. 您的养老金发放是否及时？

1. 总是及时　2. 有时不及时　3. 一直都不及时　4. 不知道

F5. 当地规定多久可以领取一次养老金？

1. 每个月都可以领取　2. 三个月领取一次　3. 半年领取一次　4. 一年领取一次　5. 不知道

F6. 您一般多久去领取一次养老金？

1. 每月领取一次　2. 两个月左右领取一次　3. 三个月左右领取一次　4. 半年左右领取一次　5. 一年左右领取一次　6. 不确定

F7. 您的养老金一般到什么地方领取呢？

1. 村里　2. 乡镇/街道上　3. 县城/区里/市里

F8. 您的养老金一般由谁来领取？

1. 自己　2. 配偶　3. 儿子　4. 女儿　5. 儿媳　6. 女婿　7. 孙子女　8. 亲戚　9. 朋友　10. 村组干部　11. 普通村民　12. 其他________

F9. 在领取养老金时，您是否遇到过以下问题？（多选）

1. 手续太复杂，不好操作 2. 服务人员态度不好 3. 经常需要排很长的队 4. 以上问题均未遇到过

F10. 您的养老金一般由谁支配？

1. 自己 2. 配偶 3. 儿子 4. 女儿 5. 儿媳 6. 女婿 7. 孙子女 8. 其他________

F11. 您觉得目前养老保险的养老金待遇怎么样？

1. 待遇很低 2. 待遇比较低 3. 待遇一般 4. 待遇比较高 5. 待遇很高

F12. 在您看来，目前养老保险的养老金对您的生活影响大不大？

1. 没什么影响 2. 影响很小 3. 影响一般 4. 影响比较大 5. 影响非常大

F13. 在您看来，目前您领取的养老保险金能否满足您的基本生活需求？

1. 完全不能满足 2. 很难满足 3. 基本能满足 4. 完全能满足

F14. 您觉得，每个月大概多少钱（养老金）可以满足您目前基本生活的需要？

________元/月

F15. 在您看来，当前的养老保险在改善老年贫困人口的生活方面有多大作用？

1. 几乎没有什么作用 2. 作用较小 3. 作用一般 4. 作用较大 5. 作用非常大

F16. 在养老保险实施之前，您是否想过政府会出钱帮助养老？

1. 想过 2. 没想过

F17. 以下关于养老保险的看法，您更赞同哪一种？

1. 养老保险是国家对农村老年人的一种恩惠 2. 养老保险是农村老年人应享有的权利

F18. 您同意“社会上大多数人是值得信任的”这句话吗？

1. 完全不同意 2. 不太同意 3. 一般同意 4. 比较同意 5. 非常同意

F19. 您是否参加过最近一次的村委会（社区居委会）选举（投票）？

1. 是 2. 否

F20. 您是否愿意参加下一次村委会（社区居委会）选举（投票）？

1. 愿意　2. 不愿意

G 部分：社会养老保险的福利效应

G1. 下列关于养老保险的影响，您认同的情况是怎样的？（说明：同 G2）

	非常赞同	比较赞同	不好说	不太赞同	很不赞同
1. 养老保险实施后，本地农民的生育意愿降低了	5	4	3	2	1
2. 养老保险实施后，本地养老的社会风气变得更好了	5	4	3	2	1

G2. 下列关于养老保险实施后对您的影响，您赞同的程度如何？（说明：如果享受养老金后与之前一样，即没有影响，则选择“不好说”；如果影响与题干描述一致，则根据影响程度选择“比较赞同”或“非常赞同”；而如果影响与题干描述相反，则根据影响程度选择“不太赞同”和“很不赞同”）

	非常赞同	比较赞同	不好说	不太赞同	很不赞同
1. 享受养老金后，我可支配的收入提高了	5	4	3	2	1
2. 享受养老金后，我的手头不像原来那么紧了	5	4	3	2	1
3. 享受养老金后，我每天吃得更好了	5	4	3	2	1
4. 享受养老金后，我对日常生活用品的购买能力提高了	5	4	3	2	1
5. 享受养老金后，我对大件商品的购买能力提高了	5	4	3	2	1

续表

	非常赞同	比较赞同	不好说	不太赞同	很不赞同
6. 享受养老金后，我的劳动时间减少了	5	4	3	2	1
7. 享受养老金后，我的空闲时间增加了	5	4	3	2	1
8. 享受养老金后，我休闲娱乐的时间增加了	5	4	3	2	1
9. 享受养老金后，我对子女的经济依赖降低了	5	4	3	2	1
10. 享受养老金后，子女对我的态度更好了	5	4	3	2	1
11. 享受养老金后，子女与我交流的时间更多了	5	4	3	2	1
12. 享受养老金后，子女对我的经济资助减少了	5	4	3	2	1
13. 享受养老金后，夫妻关系变得更好了	5	4	3	2	1
14. 享受养老金后，我与亲戚朋友的联系增多了	5	4	3	2	1
15. 享受养老金后，我养老时对土地的依赖降低了	5	4	3	2	1
16. 享受养老金后，我对生活更有信心了	5	4	3	2	1
17. 享受养老金后，我觉得活得更有尊严了	5	4	3	2	1
18. 享受养老金后，我更愿意参加村里的公共事务了	5	4	3	2	1
19. 享受养老金后，我的生活质量提高了	5	4	3	2	1
20. 享受养老金后，我对生活的满意度提高了	5	4	3	2	1

续表

	非常赞同	比较赞同	不好说	不太赞同	很不赞同
21. 享受养老金后，我更加不担心自己的养老问题了	5	4	3	2	1
22. 享受养老金后，我感觉生活更加幸福了	5	4	3	2	1

访问到此结束，感谢您对我们工作的支持，祝您身体健康，生活愉快！

以下信息，请访问员填写：

S1. 调查地点：________市________县（市、区）________乡（镇、街道）________村（社区）

S2. 调查日期：________年________月________日

S3. 开始时间________点________分，结束时间________点________分，用时共________分钟

S4. 调查地处于什么地形？

1. 平原　2. 丘陵　3. 山地

S5. 调查村距离县城（市、区）有多远？

________公里

S6. 所调查的乡（镇、街道）在所调查的县（市、区）中经济水平处于什么层次？

1. 低于平均水平　2. 平均水平左右　3. 高于平均水平

S7. 所调查的村（社区）在所调查的乡（镇、街道）中经济水平处于什么层次？

1. 低于平均水平　2. 平均水平左右　3. 高于平均水平

参考文献

1. ［澳］黄有光：《福祉经济学——一个趋于更全面分析的尝试》，张清津译，东北财经大学出版社 2005 年版。

2. ［法］迪尔凯姆：《社会学方法的规则》，胡伟译，华夏出版社 1998 年版。

3. ［法］H. 孟德拉斯：《农民的终结》，李培林译，中国社会科学出版社 1991 年版。

4. ［美］戈布尔：《第三思潮：马斯洛心理学》，吕明、陈红雯译，上海译文出版社 1987 年版。

5. ［印度］阿玛蒂亚·森：《伦理学和经济学》，王宇、王文玉译，商务印书馆 2000 年版。

6. ［印度］阿玛蒂亚·森：《以自由看待发展》，任赜、于真译，中国人民大学出版社 2002 年版。

7. ［英］A. C. 庇古：《福利经济学》，朱泱等译，商务印书馆 2006 年版。

8. ［英］李特尔：《福利经济学评述》，陈彪如译，商务印书馆 2014 年版。

9. 白重恩：《养老保险抑制消费》，《上海经济》2011 年第 9 期。

10. 柏杰：《养老保险制度安排对经济增长和帕累托有效性的影响》，《经济科学》2000 年第 1 期。

11. 柏杰、席酉民：《中国养老保险改革的评价及对策：可计算一般均衡分析》，《当代经济科学》1998 年第 6 期。

12. 柏杰、席酉民：《扩大社会保险范围对经济系统的影响：可计算一般均衡分析》，《管理科学学报》1999 年第 1 期。

13. 包蕾萍：《生命历程理论的时间观探析》，《社会学研究》2005 年第4期。

14. 北京大学中国经济研究中心宏观组：《中国社会养老保险制度的选择：激励与增长》，《金融研究》2000 年第 5 期。

15. 《社会福利开支与经济增长——美国经济学家彼得·林德特访谈》，《国外社会科学文摘》2005 年第 2 期。

16. 别朝霞：《社会保障与经济增长：一个文献述评》，《上海经济研究》2004 年第 5 期。

17. 别朝霞：《养老保障与经济增长文献述评》，《经济评论》2004 年第 5 期。

18. 陈传波：《中国小农户的风险及风险管理研究》，博士学位论文，华中农业大学，2004 年。

19. 陈池波、张攀峰：《新型社会保障、收入类型与农村居民消费——基于截面数据的经验分析》，《经济管理》2012 年第 2 期。

20. 陈丰元、［英］Athar Hussain、蔡泽昊：《中国农村养老保险：政策回顾与评价》，《东吴学术》2013 年第 6 期。

21. 陈华帅、曾毅：《“新农保”使谁受益：老人还是子女?》，《经济研究》2013 年第 8 期。

22. 陈梦真：《养老社会保障与城镇居民消费：理论分析与实证检验》，《社会保障研究》2010 年第 1 期。

23. 陈荣卓、颜慧娟：《农民眼中的“新农保”：认知、意愿与评价——基于湖北省 4 县 763 位农民的调查》，《华中农业大学学报》（社会科学版）2013 年第 2 期。

24. 程杰：《养老保障的劳动供给效应》，《经济研究》2014 年第 10 期。

25. 程令国、张晔、刘志彪：《“新农保”改变了中国农村居民的养老模式吗?》，《管理世界》2013 年第 8 期。

26. 戴翔：《美国贸易逆差的福利效应研究——基于 OLG 和 R-C-K 理论的实证分析》，《世界经济研究》2010 年第 12 期。

27. 邓大松、刘昌平主编：《新农村社会保障体系研究》，人民出版社 2007 年版。

28. 邓大松、刘远风：《制度替代与制度整合：基于新农保的规范分析》，《经济学家》2011 年第 4 期。

29. 邓大松、薛惠元：《新型农村社会养老保险替代率的测算与分析》，《山西财经大学学报》2010 年第 4 期。
30. 邓道才、蒋智陶：《知沟效应、政策认知与新农保最低档次缴费困境——基于安徽调查数据的实证分析》，《江西财经大学学报》2014 年第 1 期。
31. 丁煜：《新型农村社会养老保险制度的缺陷与完善》，《厦门大学学报》（哲学社会科学版）2011 年第 3 期。
32. 范斌：《福利社会学》，社会科学文献出版社 2006 年版。
33. 范辰辰、陈东：《新型农村社会养老保险的减贫增收效应——基于“中国健康与营养追踪调查”的实证检验》，《求是学刊》2014 年第 6 期。
34. 范辰辰、李文：《新农保、宗族网络与农村家庭代际转移》，《北京社会科学》2015 年第 1 期。
35. 樊士德：《中国外流劳动力的社会福利效应研究——基于微观调研的经验分析》，《新疆社会科学》2014 年第 2 期。
36. 范永茂：《新型农村养老保险财政管理问题研究——以某省会城市四个县区的改革试点为例》，《中山大学学报》（社会科学版）2011 年第 4 期。
37. 费孝通：《家庭结构变动中的老年赡养问题——再论中国家庭结构的变动》，《北京大学学报》（哲学社会科学版）1983 年第 3 期。
38. 封进：《中国养老保险体系改革的福利经济学分析》，《经济研究》2004 年第 2 期。
39. 封进、宋铮：《中国人口年龄结构与养老保险制度的福利效应》，《南方经济》2006 年第 11 期。
40. 封铁英、高鑫：《新农保政策主导下的农村养老方式选择偏好及其融合效应研究》，《经济社会体制比较》2013 年第 6 期。
41. 风笑天：《社会学研究方法》第二版，中国人民大学出版社 2005 年版。
42. 付洪垒、仪秀琴、胡胜德：《黑龙江省新农保资金筹集制度完善研究——基于农民保险金收入替代率的视角》，《农业技术经济》2013 年第 6 期。
43. 高君：《基本养老保障从城乡统筹迈向城乡一体化——基于浙江德清

县新农保推广的思考》，《西北农林科技大学学报》（社会科学版）2013 年第 3 期。

44. 高启杰等：《福利经济学：以幸福为导向的经济学》，社会科学文献出版社 2012 年版。

45. 高文书：《新型农村社会养老保险参保影响因素分析——对成都市的实地调查研究》，《华中师范大学学报》（人文社会科学版）2012 年第 4 期。

46. 公维才：《中国农民养老保障论》，社会科学文献出版社 2007 年版。

47. 郭玲霞：《农地城市流转对失地农户福利影响及征地补偿研究》，博士学位论文，华中农业大学，2012 年。

48. 郭于华、常爱书：《生命周期与社会保障——一项对下岗失业工人生命历程的社会学探索》，《中国社会科学》2005 年第 5 期。

49. 何东琪：《消费储蓄理论：一个生命周期描述模型的理论思考——兼论中国社会福利制度改革的重点》，《西北大学学报》（哲学社会科学版）2004 年第 5 期。

50. 何晖、殷宝明：《“新农保”基础养老金计发办法与筹资机制研究》，《中国软科学》2012 年 12 月。

51. 贺立龙、姜召花：《新农保的消费增进效应——基于 CHARLS 数据的分析》，《人口与经济》2015 年第 1 期。

52. 何立新：《中国城镇养老保险制度改革的收入分配效应》，《经济研究》2007 年第 3 期。

53. 何立新、封进、佐藤宏：《养老保险改革对家庭储蓄率的影响：中国的经验证据》，《经济研究》2008 年第 10 期。

54. 郝金磊、贾金荣：《西部地区农民新农保参与意愿研究》，《西北人口》2011 年第 2 期。

55. 侯慧丽：《养老保险制度再分配效应的结构性透视》，《中国社会科学院研究生院学报》2014 年第 5 期。

56. 侯志远：《新型农村合作医疗福利效应研究——基于山东和宁夏六县实证分析》，博士学位论文，山东大学，2012 年。

57. 胡动刚、闫广超、彭开丽：《武汉城市圈农地城市流转微观福利效应研究》，《中国土地科学》2013 年第 5 期。

58. 胡君辰、徐凯：《ERG 理论视角下的员工情绪管理》，《人力资源管理》2008 年第 6 期。

59. 胡仕勇：《新型农村社会养老保险实施对家庭养老影响研究》，《社会保障研究》2013 年第 1 期。

60. 胡晓义主编：《走向和谐：中国社会保障发展 60 年》，中国劳动社会保障出版社 2009 年版。

61. 胡晓义：《我国农村社会保险制度的政策要点和社会实践》，《行政管理改革》2010 年第 7 期。

62. 黄宏伟、展进涛、陈超：《“新农保”养老金收入对农村老年人劳动供给的影响》，《中国人口科学》2014 年第 2 期。

63. 黄丽：《社会养老保险福利效应研究述评》，《社会保障研究》2014 年第 2 期。

64. 黄丽、罗锋：《新型农村社会养老保险收入再分配效应研究》，《西北农林科技大学学报》（社会科学版）2014 年第 5 期。

65. 黄瑞芹：《贫困地区新型农村社会养老保险可持续发展研究——基于两个贫困民族自治县的调查》，《社会保障研究》2013 年第 1 期。

66. 黄少安、孙涛：《非正规制度、消费模式和代际交叠模型——东方文化信念中居民消费特征的理论分析》，《经济研究》2005 年第 4 期。

67. 黄贻芳：《农村宅基地退出中农民权益保护问题研究》，博士学位论文，华中农业大学，2014 年。

68. 黄莹、林金忠：《现收现付制与经济增长关系的实证研究》，《人口与经济》2009 年第 6 期。

69. 纪昀：《1998 年度诺贝尔经济学奖得主阿玛蒂亚·森对福利经济学的贡献》，《世界经济》1999 年第 3 期。

70. 贾丽萍：《新型农村养老保险和城市居民养老保险运行情况及制度整合研究——以吉林省为个案的分析》，《社会科学战线》2013 年第 5 期。

71. 贾宁、袁建华：《基于精算模型的“新农保”个人账户替代率研究》，《中国人口科学》2010 年第 3 期。

72. 姜伟：《我国社会养老保险对储蓄率的影响》，《金融经济》2008 年第 8 期。

73. 焦娜:《社会养老保险会改变我国农村家庭的代际支持吗?》,《人口研究》2016 年第 4 期。

74. 金刚、柳清瑞:《新农保补贴激励、政策认知与个人账户缴费档次选择——基于东北三省数据的有序 Probit 模型估计》,《人口与发展》2012 年第 4 期。

75. 赖德胜、田永坡:《社会保障与人力资本投资》,《中国人口科学》2004 年第 2 期。

76. 李放、黄阳涛:《农民对新农保满意度影响因素的实证研究——以江苏三县为例》,《晋阳学刊》2011 年第 6 期。

77. 李齐云、席华:《新农保对家庭贫困脆弱性的影响——基于中国家庭追踪调查数据的研究》,《上海经济研究》2015 年第 7 期。

78. 李强、邓建伟、晓筝:《社会变迁与个人发展:生命历程研究的范式与方法》,《社会学研究》1999 年第 6 期。

79. 李琼:《基于新农保视角的缩小城乡居民收入差距探讨》,《求实》2015 年第 5 期。

80. 李珍:《美国社会保障制度改革与经济增长》,《经济社会体制比较》1997 年第 6 期。

81. 李珍主编:《社会保障理论》第二版,中国劳动社会保障出版社 2007 年版。

82. 黎春娴:《新农保背景下农村老年人的社会支持与生活满意度研究》,《华南农业大学学报》(社会科学版)2013 年第 4 期。

83. 梁润、汪浩:《医疗保险的福利效应》,《南方经济》2010 年第 6 期。

84. 林闽钢:《社会政策:全球本地化视角的研究》,中国劳动社会保障出版社 2007 年版。

85. 林淑周:《农民参与新型农村社会养老保险意愿研究——基于福州市大洋镇的调查》,《东南学术》2010 年第 4 期。

86. 林乐芬、金媛:《农地流转方式福利效应研究——基于农地流转供求方的理性选择》,《南京社会科学》2012 年第 9 期。

87. 刘冰、赵子乐、曾福生:《“新农保”有利于计划生育政策的执行吗?——一个经济学解释》,《南京农业大学学报》(社会科学版)2012 年第 1 期。

88. 刘冰、仇梦晖：《“新农保”有利于农村居民生活水平的改善吗?》，《湘潭大学学报》（哲学社会科学版）2014 年第 5 期。
89. 刘畅：《社会保障水平对居民消费影响的实证分析》，《消费经济》2008 年第 3 期。
90. 刘昌平：《新型农村社会养老保险制度模式分析——以六个典型试点地区为例》，社会保障问题研究——和谐社会构建与社会保障国际论坛，武汉，2007 年。
91. 刘昌平、殷宝明、谢婷：《中国新型农村社会养老保险制度研究》，中国社会科学出版社 2008 年版。
92. 刘海宁：《辽宁农村基本养老保险适度保障水平分析——基于生存公平的思考》，《社会科学辑刊》2011 年第 5 期。
93. 刘玲芬：《老年社会保障制度变迁与路径选择》，首都经济贸易大学出版社 2009 年版。
94. 刘宁、吴鹏飞：《东盟自由贸易区的福利效应分析》，《国际贸易问题》2003 年第 9 期。
95. 刘西国、刘晓慧：《基于断点回归法的“新农保”主观福利效应检验》，《统计与信息论坛》2017 年第 5 期。
96. 刘晓梅：《中国农村社会养老保险理论与实务研究》，科学出版社 2010 年版。
97. 柳清瑞：《部分积累制养老保险计划对消费决策的影响》，《中国人口科学》2005 年第 S1 期。
98. 柳清瑞、穆怀中：《基于代际交叠模型的养老保险对资本存量和福利的影响》，《辽宁大学学报》（哲学社会科学版）2003 年第 2 期。
99. 柳清瑞、穆怀中：《养老金替代率对私人储蓄的影响：一个理论模型》，《社会保障研究》2009 年第 2 期。
100. 刘一伟：《挤入还是挤出？新农保对子女经济供养老人行为的实证分析——以河南省 HX 市为例》，《农村经济》2014 年第 9 期。
101. 卢海元：《中国农村社会养老保险制度建立条件分析》，《经济学家》2003 年第 5 期。
102. 卢海元：《创新与突破——北京市新型农村社会养老保险制度之探索》，《中国劳动保障》2006 年第 3 期。

103. 卢海元:《我国新型农村社会养老保险制度试点问题研究》,《毛泽东邓小平理论研究》2010 年第 6 期。
104. 鲁欢、王国辉:《经济欠发达地区提高“新农保”保障水平的路径选择——基于对辽宁省阜新市彰武县 400 家农户调查的研究》,《劳动保障世界》(理论版) 2011 年第 11 期。
105. 罗遐:《政府行为对农民参保选择影响的实证分析——基于新农保试点的调查》,《山东大学学报》(哲学社会科学版) 2012 年第 12 期。
106. 马光荣、周广肃:《新型农村养老保险对家庭储蓄的影响:基于 CFPS 数据的研究》,《经济研究》2014 年第 11 期。
107. 马伟:《新型农村社会养老保险基金保值增值问题研究》,《西安交通大学学报》(社会科学版) 2012 年第 5 期。
108. 米红主编:《农村社会养老保障理论、方法与制度设计》,浙江大学出版社 2007 年版。
109. 米红、杨翠迎:《农村社会养老保障制度基础理论框架研究》,光明日报出版社 2008 年版。
110. 苗珊珊:《中国粮食价格波动的农户福利效应研究》,《资源科学》2014 年第 2 期。
111. 穆怀中、闫琳琳:《新型农村养老保险参保决策影响因素研究》,《人口研究》2012 年第 1 期。
112. 聂建亮:《农村老人需要多少养老金?——对农村老人养老金需求数量的实证分析》,《北京社会科学》2017 年第 7 期。
113. 聂建亮、钟涨宝:《新型农村社会养老保险推进的基层路径——基于嵌入性视角》,《华中农业大学学报》(社会科学版) 2014 年第 1 期。
114. 聂建亮、钟涨宝:《新农保养老保障能力的可持续研究——基于农民参保缴费档次选择的视角》,《公共管理学报》2014 年第 3 期。
115. 聂建亮、钟涨宝:《农民群体分异与新农保制度评价——基于对湖北省孔镇的问卷调查》,《人口与经济》2014 年第 5 期。
116. 聂建亮、钟涨宝:《家庭保障、社会保障与农民的养老担心——基于对湖北省孔镇的实证调查》,《农村经济》2014 年第 6 期。
117. 聂建亮、钟涨宝:《养老观念与新农保养老保障能力认可度关系的再探讨》,《学习与实践》2014 年第 9 期。

118. 宁满秀、叶菲菲：《养老金收入对农村老年人生活满意度影响研究》，《电子科技大学学报》（社会科学版）2016 年第 1 期。
119. 彭浩然、申曙光：《现收现付制养老保险与经济增长：理论模型与中国经验》，《世界经济》2007 年第 10 期。
120. 彭浩然、肖敏慧、徐政：《我国城乡养老保险制度衔接研究——基于参保人权益保护的视角》，《保险研究》2013 年第 11 期。
121. 彭开丽：《农地城市流转的社会福利效应》，博士学位论文，华中农业大学，2008 年。
122. 蒲晓红：《养老保险的储蓄效应》，《当代经济研究》2003 年第 11 期。
123. 人力资源和社会保障部社会保险事业管理中心主编：《新型农村社会养老保险经办实务手册》，中国劳动社会保障出版社 2010 年版。
124. 任雅姗、戴绍文：《我国新型农村社会养老保险制度再分配效应研究》，《海南金融》2013 年第 7 期。
125. 沙莲香主编：《社会心理学》，中国人民大学出版社 2002 年版。
126. 沈毅：《农村社会养老保险收入再分配模型及实证分析——基于新农保的实践》，《改革与战略》2014 年第 9 期。
127. 沈毅、穆怀中：《新型农村社会养老保险对农村居民消费的乘数效应研究》，《经济学家》2013 年第 4 期。
128. 盛学军、刘广明：《“新农保”个人缴费“捆绑制”的实践考察与理论研判》，《河北法学》2012 年第 3 期。
129. 苏保忠：《中国农村养老问题研究》，清华大学出版社 2009 年版。
130. 苏东海、周庆：《新农保试点中的问题及对策研究——基于宁夏新农保试点县的调查分析》，《社会科学》2010 年第 9 期。
131. 孙丹、王国辉、曲帅：《新农保对阜新农村劳动力迁移流动的影响》，《辽宁工程技术大学学报》（社会科学版）2013 年第 4 期。
132. 孙烽：《关税、走私和福利效应》，《财经研究》2001 年第 9 期。
133. 孙光德、董克用主编：《社会保障概论》，中国人民大学出版社 2012 年版。
134. 孙坚强：《农产品期货市场福利效应分析》，博士学位论文，厦门大学，2006 年。
135. 谭华清、周广肃、王大中：《新型农村社会养老保险对城乡劳动力转移的影响：基于 CFPS 的实证研究》，《经济科学》2016 年第 1 期。

136. 唐宜红：《出口补贴的福利分析及其对反补贴的含义》，《数量经济技术经济研究》2003 年第 12 期。

137. 田存志、杨志刚：《养老金投资对经济增长的影响研究——一种新的理论视角》，《财经研究》2006 年第 2 期。

138. 田银华、龙朝阳：《养老保险现收现付制的挤出效应——一个内生生育率模型》，《西北人口》2008 年第 6 期。

139. 田永坡、和川、于月芳：《人力资本投资软环境研究：基于社会保障制度和劳动力市场分割的视角》，《中国人口·资源与环境》2006 年第 5 期。

140. 万春、许莉：《养老保险缴费率变动的经济增长效应分析——基于资本视角》，《财经理论与实践》2006 年第 6 期。

141. 王翠琴、薛惠元：《新型农村社会养老保险与相关制度衔接问题初探》，《经济体制改革》2011 年第 4 期。

142. 王翠琴，薛惠元：《新型农村社会养老保险收入再分配效应研究》，《中国人口·资源与环境》2012 年第 8 期。

143. 王国辉、陈洋、魏红梅：《新农保最低档缴费困境研究——基于辽宁省彰武县新农保的调查》，《经济经纬》2013 年第 2 期。

144. 王海江：《我国农村养老保险面临的挑战和农村社会养老保险制度的建立》，《人口学刊》1998 年第 6 期。

145. 王珊：《公益性和非公益性农地城市流转的农户福利效应研究》，博士学位论文，华中农业大学，2013 年。

146. 王珊、张安录、张叶生：《农地城市流转的农户福利效应测度》，《中国人口·资源与环境》2014 年第 3 期。

147. 王思斌：《对社会变迁的积极回应：从社会学角度看农村社会养老保险》，参见民政部专家组《农村社会养老保险基本论证报告》，中国民政部，1995 年。

148. 王文素：《中国古代社会保障研究》，中国财政经济出版社 2009 年版。

149. 王小春、苑帅民：《新型农村社会养老保险制度可持续性评价指标体系研究》，《社会福利》2013 年第 5 期。

150. 王志刚、周永刚、朱艺云：《“养儿防老”与“新农保”：替代还是互补——基于福建省厦门、漳州和龙岩三市的问卷调查》，《中国经济问题》2013 年第 11 期。

151. 王智慧：《社会保障制度的经济功能》，《经济问题探索》2002 年第 1 期。

152. 王永礼、林本喜、郑传芳：《新农保制度下农民参保行为影响因素分析——对福建 656 户农民的实证研究》，《福建论坛》（人文社会科学版）2012 年第 6 期。

153. 吴晓忠、肖尧：《“新农保”制度：收入再分配效应评析与政策建议》，《现代管理科学》2014 年第 1 期。

154. 吴玉锋：《新型农村社会养老保险参与行为实证分析——以村域社会资本为视角》，《中国农村经济》2011 年第 10 期。

155. 肖云、刘培森：《新型农村社会养老保险满意度影响因素分析》，《经济体制改革》2011 年第 5 期。

156. 解垩：《“新农保”对农村老年人劳动供给及福利的影响》，《财经研究》2015 年第 8 期。

157. 徐景峰、田存志：《中国养老金投资与经济增长的实证研究》，《经济管理》2006 年第 6 期。

158. 许崴：《试论福利经济学的发展轨迹与演变》，《国际经贸探索》2009 年第 12 期。

159. 薛惠元：《新型农村社会养老保险财政保障能力可持续性评估——基于政策仿真学的视角》，《中国软科学》2012 年第 5 期。

160. 薛惠元：《新农保能否满足农民的基本生活需要》，《中国人口·资源与环境》2012 年第 12 期。

161. 薛惠元：《新型农村社会养老保险减贫效应评估》，《现代经济探讨》2013 年第 3 期。

162. 薛惠元、曹立前：《农户视角下的新农保政策效果及其影响因素分析——基于湖北省 605 份问卷的调查分析》，《保险研究》2012 年第 6 期。

163. 薛惠元、邓大松：《新农保基金入市及资产配置比例模拟分析》，《江西财经大学学报》2012 年第 4 期。

164. 薛惠元、张德明：《新型农村社会养老保险筹资机制探析》，《现代经济探讨》2010 年第 2 期。
165. 薛薇编著:《SPSS 统计分析及应用》，电子工业出版社 2013 年版。
166. 杨河清主编:《劳动经济学》第三版，中国人民大学出版社 2010 年版。
167. 杨河清、陈汪茫:《中国养老保险支出对消费的乘数效应研究——以城镇居民面板数据为例》,《社会保障研究》2010 年第 3 期。
168. 杨燕绥主编:《中国老龄社会与养老保障发展报告（2013)》，清华大学出版社 2014 年版。
169. 易晓文:《我国住房价格波动的作用机制与福利效应研究》，博士学位论文，厦门大学，2008 年。
170. 尹志宏主编:《消费经济学》第二版，中国人民大学出版社 2012 年版。
171. 于建华、魏欣芝:《新型农村社会养老保险对农民消费水平影响的实证分析》,《消费经济》2014 年第 4 期。
172. 于凌云、蒋玉石:《养老保险、人力资本的公共支出效应研究》,《财贸经济》2008 年第 2 期。
173. 岳爱、杨矗、常芳、田新、史耀疆、罗仁福、易红梅:《新型农村社会养老保险对家庭日常费用支出的影响》，《管理世界》2013 年第 8 期。
174. 乐章:《依赖与独立：新农保试行条件下的农民养老问题》,《中国农村经济》2012 年第 11 期。
175. 袁志刚、宋铮：《人口年龄结构、养老保险制度与最优储蓄率》,《经济研究》2000 年第 11 期。
176. 张朝华:《农户参加新农保的意愿及其影响因素——基于广东珠海斗门、茂名茂南的调查》,《农业技术经济》2010 年第 6 期。
177. 张川川:《养老金收入与农村老年人口的劳动供给——基于断点回归的分析》,《世界经济文汇》2015 年第 6 期。
178. 张川川、[世界银行] John Giles、赵耀辉:《新型农村社会养老保险政策效果评估——收入、贫困、消费、主观福利和劳动供给》,《经济学（季刊)》2015 年第 1 期。
179. 张大勇、李茜、于占杰：《农民养老保障制度的实现途径仍需探索——胶东农村社会养老保险试点区制度运行困境的观察和思考》,《中国农业大学学报》(社会科学版）2005 年第 1 期。

180. 赵光、李放、黄俊辉：《新农保农民参与行为、缴费选择及其影响因素——基于江苏省的调查数据》，《中国农业大学学报》（社会科学版）2013 年第 1 期。
181. 赵建国、海龙：《"逆向选择"困局与"新农保"财政补贴激励机制设计》，《农业经济问题》2013 年第 9 期。
182. 张海川：《中西家庭文化下老年保障的制度基础研究》，西南财经大学出版社 2013 年版。
183. 张璐琴、景勤娟：《养老保险制度与经济增长的关系——基于新增长理论模型的思考》，《人口与经济》2007 年第 4 期。
184. 张思锋、杨潇：《新型农村社会养老保险账户结构研究》，《人文杂志》2012 年第 1 期。
185. 张思锋、张文学：《我国新农保试点的经验与问题——基于三省六县的调查》，《西安交通大学学报》（社会科学版）2012 年第 2 期。
186. 张思锋、张园、何江平：《"新农保"对农村老年居民基本生活的保障程度研究》，《中国人口科学》2013 年第 1 期。
187. 张盈华、杜跃平：《社会保障与人力资本积累：研究综述》，《经济学家》2008 年第 5 期。
188. 张盈华、杜跃平：《社会保障与经济增长的最新研究综述》，《西安电子科技大学学报》（社会科学版）2009 年第 2 期。
189. 赵殿国：《建立新型农村社会养老保险制度》，《中国金融》2007 年第 6 期。
190. 赵京：《农地整理对农户农业生产及福利的影响研究》，博士学位论文，华中农业大学，2012 年。
191. 赵丽琴、刘召贤：《基于断点回归设计的新农保政策实施效果研究》，《山东财经大学学报》2016 年第 6 期。
192. 赵书博：《出口退税福利效应研究》，《管理世界》2008 年第 5 期。
193. 赵蔚蔚、于长永、乐章：《新型农村合作医疗福利效应研究》，《人口与经济》2012 年第 2 期。
194. 郑秉文、胡云超：《英国养老制度市场化改革对宏观经济的影响》，《国际经济评论》2014 年第 1—2 期。
195. 郑秉文、胡云超：《英国社会养老制度市场化改革对储蓄的影响》，

《欧洲研究》2004 年第 1 期。

196. 郑秉文、胡云超：《英国养老制度市场化改革对劳动力市场的影响——对中国的三点重要启示》，《中国人口科学》2004 年第 2 期。

197. 郑桂环、汪寿阳：《关税递减的福利效应及其实证分析——CEPA 货物贸易零关税的一种验证》，《公共管理学报》2005 年第 3 期。

198. 郑功成：《社会保障学——理念、制度、实践与思辨》，商务印书馆 2000 年版。

199. 郑功成主编：《社会保障学》，中国劳动社会保障出版社 2005 年版。

200. 郑功成：《中国社会保障 30 年》，人民出版社 2008 年版。

201. 郑桂环、汪寿阳：《关税递减的福利效应及其实证分析——CEPA 货物贸易零关税的一种验证》，《公共管理学报》2005 年第 3 期。

202. 郑伟、孙祁祥：《中国养老保险制度变迁的经济效应》，《经济研究》2003 年第 10 期。

203. 中国社会科学院经济研究所社会保障课题组：《多轨制社会养老保障体系的转型路径》，《经济研究》2013 年第 12 期。

204. 钟涨宝、李飞：《动员效力与经济理性：农户参与新农保的行为逻辑研究——基于武汉市新洲区双柳街的调查》，《社会学研究》2012 年第 3 期。

205. 钟涨宝、聂建亮：《农民的泛国家意识与土地的类私有特征探讨——基于农民的认知视角》，《中南民族大学学报》（人文社会科学版）2011 年第 3 期。

206. 钟涨宝、聂建亮：《新农保制度的可持续性探讨——基于农民参保行为选择的视角》，《中国农村观察》2013 年第 6 期。

207. 钟涨宝、聂建亮：《农民的养老观念与新农保养老保障能力评价》，《中南民族大学学报》（人文社会科学版）2014 年第 1 期。

208. 钟涨宝、聂建亮：《政策认知与福利判断：农民参加新农保意愿的实证分析——基于对中国 5 省样本农民的问卷调查》，《社会保障研究（京）》2014 年第 2 期。

209. Alderfer, C. P., "An Empirical Test of a New Theory of Human Needs", *Organizational Behavior & Human Performance*, Vol. 4, No. 2, 1969.

210. Alessandra C., Carlo D., "Capital-skill Complementarities and the Re

distributive effects of Social Security Reform", *Journal of Public Economics*, Vol. 92, 2008.

211. Aaron, H. J. "The Social Insurance Paradox", *Canadian Journal of Economics and Political Science*, Vol. 32, No. 3, 1966.

212. Barro, R. J., "Are Government Bonds Net Wealth?", *Journal of Political Economy*, Vol. 82, No. 6, 1974.

213. Bergson, A., "A Reformulation of Certain Aspects of Welfare Economics", *The Quarterly Journal of Economics*, Vol. 52, No. 2, 1938.

214. Bernheim, B. D., Scholz, J. K., "Private Saving and Public Policy", *Social Science Electronic Publishing*, Vol. 7, 1992.

215. Boskin, M. J., "Too Many Promises: The Uncertain Future of Social Security", *Irwin Professional Pub*, 1986.

216. Cagan P., "Effect of Pension Plans on Aggregate Saving: Evidence from a Sample Survey", *Journal of Finance*, Vol. 21, No. 3, 1965.

217. Danziger, S., Robert H. & Robert P., "How Income Transfer Payments Affect Work, Saving, and the Incom Distribution: A Critical Review", *Journal of Economic Literature*, Vol. 19, No. 3, 1981.

218. Davis E. P., *Pension Funds Retirement Income Security and Capital Markets—A International Perspective*, Oxford: Clarendon Press, 1995.

219. Diamond Peter, "National Debt in a Neoclassical Growth Model", *American Economic Review*, Vol. 55, No. 5, 1965.

220. Feldstein, M. "The Missing Piece of Policy Analysis: Social Security Reform", *American Economic Review*, Vol. 86, No. 2, 1996.

221. Feldstein, M., "Social Security and the Distribution of Wealth", *Journal of the American Statistical Association*, Vol. 71, No. 356, 1976.

222. Feldstein, M., "Social Security, Induced Retirement and Aggregate Capital Accumulation", *Journal of Political Economy*, Vol. 82, No. 5, 1974.

223. Feldstein, M., "Social Security, Induced Retirement and Aggregate Capital Accumulation: A Correction and Updating", *NBER Working Paper*, No. 579, 1980.

224. Feldstein, M. , "Social Security and Private Saving: Reply", *Journal of Political Economy*, Vol. 90, No. 3, 1982.

225. Franco M. , "Life Cycle, Individual Thrift, and the Wealth of Nations", *American Economic Review*, Vol. 76, No. 3, 1986.

226. Hicks, J. R. , "Foundations of Welfare Economics", *Economics Journal*, Vol. 49, No. 196, 1939.

227. Hicks, J. R. , "The Valuation of Social Income", *Economic*, Vol. 7, No. 26, 1940.

228. Hicks, J. R. , "The Rehabilitation of Consumer's Surplus", *Review of Economic Studies*, Vol. 8, No. 2, 1941.

229. Hubbard, R. G. , Judd, K. L. , "Liquidity Constraints, Fiscal Policy, and Consumption", *Brooking Papers on Economic Activity*, No. 1, 1986.

230. Ippolito R A. "A Study of the Regulatory Effect of the Employee Retirement Income Security Act", *Journal of Law & Economics*, Vol. 31, No. 1, 1988.

231. Jha, Rgahbendra, *Modern Public Economics*, Routledge, 1998.

232. Kaldor, N. , "Welfare Propositions of Economics and Interpersonal Comparisons of Utility", *Economic Journal*, Vol. 49, No. 195, 1939.

233. Kotlikoff L. , "Simulating the Privatization of Social Security in General Equilibrium", In Martin Feldstein, ed. , *Privatizing Social Security*, Chicago: University of Chicago Press, 1998.

234. Liebman B. J. , "Redistribution in the Current U. S. Social Security System", In M. Feldstein and J. Liebman, eds. , *Distributional Aspects of Social Security and Social Security Reform*, Chicago: University of Chicago Press, 2002.

235. Little, I. M. D. , "The Foundations of Welfare Economics", *Oxford Economic Papers*, Vol. 1, No. 2, 1949.

236. Little, I. M. D. , "Direct Versus Indirect Taxes", *Economic Journal*, Vol. 61, No. 243, 1951.

237. Munnell, A. , *The Effect of Social Security on Personal Saving*, Cambridge, Massachusetts: Ballinger Publishing Company, 1974.

238. Munnell, A., "Private Pensions and Saving: New Evidence", *Journal of Public Economics*, Vol. 84, No. 5, 1976.

239. Naijun Hu, Yansui Yang., "The Real Old-Age Dependency Ratio and the Inadequacy of Public Pension Finance in China", *Journal of Population Ageing*, Vol. 5, No. 3, 2012.

240. Ng, Y. K., *Welfare Economics: Introduction and Development of Basic Concepts*, 2th ed., London: Macmillan, 1983.

241. Ng, Y. K., "Welfare Economics: Introduction and Development of Basic Concepts", *Canadian Journal of Economics/revue Canadienne D` economique*, 1979.

242. Ng, Yew-Kwang, "Quasi-Pareto Social Improvements", *American Economic Review*, Vol. 74, No. 5, 1984.

243. Pigou, Arthur C., *The Economics of Welfare*, 4th ed., London: Macmillan, 1932.

244. Rowntree, B. S., *Poverty: A Study of Town Life*, Bristol: Policy Press, 1901.

245. Samuelson, P. A., *Foundation of Economic Analysis*, Cambridge, Mass: Harvard University Press, 1947.

246. Samuelson, P. A., "An Exact Consumption-Loan Model of Interest with or without the Social Contrivance of Money", *Journal of Political Economy*, Vol. 66, No. 6, 1958.

247. Sen, A. K., Collective Choice and Social Welfare, Amsterdam: North-Holland, 1970a.

248. Sen, A. K., "Interpersonal Aggregation and Partial Comparability", *Econometrica*, Vol. 38, No. 3, 1970b.

249. Sen, A. K., "Informational Basis of Alternative Welfare Approaches: Aggregation and Income Distribution", *Journal of Public Economics*, No. 3, 1974.

250. Sen, A. K., "On Weights and Measures: Informational Constraints in Social Welfare Analysis", *Econometrica*, Vol. 45, No. 7, 1977.

251. Scitovsky, T. D., "A Note on Welfare Propositions in Economics", *Re-*

view of Economic Studies, Vol. 9, No. 1, 1941.

252. Steuerle, C. E., Spiro, C., "Must Privatization Mean Less Progressivity?", *Urban Institute*, 1999.

253. Thaler, R., Hersh, S., *Quasi Rational Economics*, New York: Russell Sage Foundation, 1991.

254. Walker R. L., *Social Security and Welfare Concepts and Comparisons*, Open University Press, 2005.

后　记

本书是在我的博士学位论文基础上修改而成的。此书现在得以出版，首先要感谢我的导师华中农业大学农村社会建设与管理研究中心主任钟涨宝教授。从本科开始我便有幸师从钟涨宝教授，钟老师不仅在学习上悉心点拨，倾囊相授，在生活上也是关心备至。应该说，我能顺利完成博士学位论文，结束高等学位教育，离不开钟老师的操劳和尽心尽力，俗话说“一日为师，终身为父”，十年为师，又岂止“终身为父”，浩荡师恩，没齿难忘。

感谢一直关心和帮助我的华中农业大学社会学系及社会工作系的万江红教授、张翠娥教授、龚继红教授、田北海教授等，他们见证了我的成长。还有狄金华副教授、吴娅丹老师、范成杰老师、周娟老师、李飞老师、袁泉老师等，他们亦师亦友，在学习和生活中给我很多帮助。当然，在我博士就读期间离不开华中农业大学经济管理学院领导和老师们的指导和帮助，感谢他们！

2013 年初，我申请了北京郑杭生社会发展基金会学子项目并获得批准，对我博士期间的研究增益颇多。如今，郑先生已仙逝，但吃水不忘挖井人，在此仍然要对郑先生致以崇高的敬意！

博士学位论文的完成诚然离不开以上老师和领导的教导，但也离不开师弟师妹们的支持和帮助。感谢韦宏耀博士和冯华超博士，感谢陶强和郭莉莉，特别感谢博士论文问卷调查中一直支持帮助我的师弟师妹，他们是杨柳、贺亮、路佳、寇永丽，还要感谢卢扬、李飞、杨威、谢林、杜冲、石白玉、胡梦琪、侯春燕、夏立艳、袁孜、沈迁、曾研、宋锟、李秋炆。当然还要感谢在问卷调查中给予我帮助的县乡村领导以及淳朴的村民。

感谢西北大学公共管理学院对本书出版的资助，感谢西北大学公共管理学院领导及老师们对我工作生活的关心和帮助。感谢家人对我的支持和爱护，家人是我学习工作的动力，也将是我永远的牵挂。

感谢中国社会科学出版社的马明老师，正是他的辛勤工作使得本书得以顺利出版。

需要感谢的人真的太多太多，请原谅我不能在这里一一道谢，但是我将永远心存感激。所以，我感谢所有我生命中出现过的人，是你们让我的生活五彩斑斓！

聂建亮

2017 年 8 月于古都西安